Jobs für Sportfreaks

campus concret
Band 58

Uta Glaubitz hat sich nach ihrem Philosophiestudium als Berufs-
beraterin selbstständig gemacht. Sie bietet ihren Workshop *Individuelle Berufsfindung* – auch in Zusammenarbeit mit Schulen und
Universitäten – im gesamten Bundesgebiet an. Bei Campus erschien ihr Bestseller *Der Job, der zu mir passt* (1999).
Information: www.berufsfindung.de

Uta Glaubitz

Jobs für Sportfreaks

Machen Sie Ihr Hobby zum Beruf

Campus Verlag
Frankfurt/New York

Die Deutsche Bibliothek – CIP-Einheitsaufnahme

Ein Titeldatensatz für diese Publikation ist bei
Der Deutschen Bibliothek erhältlich
ISBN 3-593-36548-0

Copyright © 2001 Campus Verlag GmbH, Frankfurt/Main
Umschlaggestaltung: Guido Klütsch
Umschlagmotiv: © The Image Bank
Satz: Fotosatz L. Huhn, Maintal-Bischofsheim
Druck und Bindung: Media-Print, Paderborn
Gedruckt auf säurefreiem und chlorfrei gebleichtem Papier.
Printed in Germany

Besuchen Sie uns im Internet: www.campus.de

Inhalt

Teil I
Machen Sie Ihr Hobby zum Beruf

1. Mit Sport Geld verdienen 13

Worum geht's? 13
Berufliche Chancen für Sportfreaks 14
Über dieses Buch 16

2. Fünf Fragen zu *Jobs für Sportfreaks* 18

Für wen eignet sich dieses Buch? 18
Muss man heute nicht froh sein, überhaupt einen Job
zu haben? 19
Ist es nicht gefährlich, sich festzulegen? 20
Wer garantiert mir, dass das Konzept der Individuellen
Berufsfindung auch funktioniert? 20
Wer hilft mir, wenn ich nicht weiterkomme? 21

Teil II
Reportagen

3. Drei Porträts 25

Olympionikin und eine verdammt starke Frau:
Monique Riesterer, Gewichtheberin 25
Ein Torwart, der auf Angriff setzt:
Jörg Sievers von Hannover 96 27

Kampfsportler auf dem Weg nach Hollywood:
Cengiz Koc, Boxer im Superschwergewicht 28

4. Jobs in Sportvereinen 31

Jugendtrainer 32
Jugendwart 34
Trainer 36
Sportphysiotherapeut 39
Schiedsrichter 42
Vereinspressesprecher 45
Vereinsmanager 47
Fanbeauftragter 50
Weitere Jobs in Sportvereinen 52

5. Sport und Tourismus 54

Tour-Operator 55
Outdoor-Guide 59
Survival-Trainer 62
Fahrrad-Guide 64
Diashow-Presenter 66
Animateur 69
Skilehrer 71
Gleitschirm- und Drachenfluglehrer 73
Sportevent-Reisen 75
Sportsbar-Manager 78
Weitere Jobs im Bereich Sport und Tourismus 79

6. Sport und Medien 81

TV-Sportmoderator 82
Fußballkonferenzschaltungsreporter 84
Sportjournalist bei der Tageszeitung 86
Sportfotograf 88
Sportmodel-Vermittler 91
Sportbuchautor 93
Sparten-TV 96
Weitere Jobs im Bereich Sport und Medien 99

7. Jobs in Sportfirmen 100

Verkäufer im Sportgeschäft 102
Sport-Discount 105
Sportgeräteentwickler 108
Sportmodedesigner 112
Produktmanager 115
Entwickler von Sportlernahrung 117
Pressesprecher 119
Sport-Eventmanager 122
Sportsponsoring-Berater 124
Weitere Jobs in Sportfirmen 128

8. Dienstleistungen für Sportler 130

Spielermanager 131
Mental Coach 134
Laufbahnberater 137
Talent-Scout 140
Spielergewerkschaft 141
Medientrainer 144
Weitere Jobs im Bereich Dienstleistungen für Sportler . . 147

9. Jobs in Sportanlagen 148

Fitness-Trainer 149
Rasenmanager im Stadion 153
Stadionsprecher 156
Stadion-TV-Moderator 158
Tanzlehrer 160
Reitlehrer 162
Therapeutisches Reiten 164
Greenkeeper 166
Barkeeper 168
Weitere Jobs in Sportanlagen 170

10. Gesundheit, Fitness, Wellness 171

Personal Trainer 173
Köchin für Sportler und Gesundheitsbewusste 175
Ernährungsberater 177
Masseur 180
Bewegungsberater 182
Wellness-Trainer 183
Wellness-Redakteur 185
Ressortleiter Wellness 186
Weitere Jobs im Bereich Gesundheit, Fitness, Wellness . 188

11. Am Rande des Sports 190

Stuntman 191
Choreograf 193
Maskenbildnerin im Tanztheater 195
Und zum Schluss: Changemanagerin 197

Teil III
Workshop

12. Workshop zur Individuellen Berufsfindung 203

Schritt 1: Was kann ich? 204
Schritt 2: Was will ich? 205
Schritt 3: Was ich tun würde, wenn ich nicht
              scheitern könnte 206
Zwischen-
ergebnis: Die Anatomie Ihres Traumberufs 207
Schritt 4: Welche Tätigkeitsfelder ergeben sich aus
              diesen Interessen und Motivationen? 209
Schritt 5: Spezialisierung 210
Schritt 6: Wo gibt es solche Tätigkeiten? 211
Schritt 7: Informationsphase 213
Schritt 8: Gezielt persönliche Kontakte aufbauen . . . 215
Schritt 9: Erste Arbeitserfahrungen sammeln schon
              vor der Bewerbung 217

Schritt 10: Gezielt an den gewünschten Arbeitgeber
herantreten 219

**Teil IV
Service**

Zeitmanagement für Sportler 227

Kleines Wörterbuch 230

Anmerkungen 237

Berufsverzeichnis 239

Teil I
Machen Sie Ihr Hobby zum Beruf

Lieber arbeiten als sich langweilen.

Gustave Flaubert

Wenn ich so viel Erfolg hatte, dann nur, weil ich nie auf die Leute gehört habe, die dauernd sagten, was ich machen muss, um Erfolg zu haben.

Jack Nicholson, Hollywoodstar

No Sports!

Winston Churchill auf die Frage, wie er sich im hohen Alter fit hält

1.

Mit Sport Geld verdienen

Werden Sie unruhig, wenn Sie zu lange sitzen? Ist Sport für Sie mehr als die schönste Nebensache der Welt? Haben Sie schon einmal darüber nachgedacht, aus dieser Leidenschaft einen Beruf zu machen? Dann hilft Ihnen dieses Buch, den Job zu finden, der zu Ihnen passt.

Wenn Sie sportbegeistert sind, bieten sich zahlreiche Karrieren an: Denken Sie nur an Trainer und Coaches, die ihre Schützlinge jeden Tag zu Höchstleistungen animieren. Denken Sie an Radio- und Fernsehreporter, die Sportereignisse in aller Welt kommentieren, Interviews mit berühmten Athleten führen und große Sportereignisse wie die Olympischen Spiele oder Weltmeisterschaften kommentieren. Denken Sie an Schiedsrichter, Sportreiseveranstalter und -begleiter, persönliche Trainer und Animateure. Für die ganz Fitten (und Jungen) kommt außerdem eine Karriere als Profisportler in Frage.

Auf den folgenden Seiten begegnen Sie Leuten, die sich in diesen Bereichen betätigen – sportlich *und* beruflich. Dabei machen wir Sie mit zahlreichen, ganz unterschiedlichen Berufen bekannt: vom Talent-Scout über Spielergewerkschafter, Sportlerberaterin, Sponsoring-Experte bis hin zur Sportmodel-Vermittlerin.

Worum geht's?

»Arbeit muss wehtun.« Und: »Qualität kommt von quälen.« Mit diesen und ähnlichen Sätzen sind die meisten von uns groß geworden. Kein Wunder also, dass viele blockiert sind, wenn es darum geht, einen Job zu finden, der nicht nur das nötige Kleingeld ins Portemonnaie schafft, sondern auch Spaß macht und ein erfülltes berufliches Leben verspricht.

Traditionell läuft Berufsfindung etwa so: Man fragt sich:

- Was könnte ich mit dieser oder jener Ausbildung werden?
- Welche Stellen könnte es für mich geben?
- Was kann ich mit meinem Schulabschluss werden?
- Was kann ich mit meinem Notendurchschnitt studieren?
- Was kann ich mit meinem Studium werden?
- Welche Weiterbildungen werden vom Arbeitsamt angeboten?
- Was raten meine Eltern, meine Freunde, mein Partner, meine Partnerin?
- In welchen Berufen hat man heute die größten Chancen?

Leider helfen solche Fragen überhaupt nicht dabei herauszufinden, welcher Job wirklich zu Ihnen passt. Dieses Buch geht daher anders vor. Es fragt: Was für ein Typ sind Sie? Und welcher Beruf passt dazu? Zur Anregung finden Sie zahlreiche Berichte über Leute, die mit Sport ihr Geld verdienen, sowie eine Anleitung, wie Sie aus Ihrer Begeisterung für Fitness, Gesundheit und Bewegung einen Job machen.

Dabei kommt es nicht darauf an, ob Sie bereits in einem Beruf arbeiten – und möglicherweise keinen Spaß daran haben – oder ob Sie als Schülerin, Student oder Arbeitsloser auf der Suche sind nach einer Tätigkeit, die zu Ihnen passt.

Berufliche Chancen für Sportfreaks

Sport ist nicht einfach nur Bewegung. Was früher harmloses Vergnügen war, ist heute ein millionenschweres Geschäft: Freizeitsportler sind heiß umworbene Konsumenten von Ausrüstungen, Ernährungsprodukten, modischen Outfits und Accessoires. Sie sind außerdem gefragt als Teilnehmer von Sportreisen (Reiten in Arizona, Surfen in der Bretagne), als Vereinsmitglieder und Wettkampfteilnehmer. Große Sportstudiobetreiber wie Healthland, Jopp und TC mieten Räume, investieren in Versicherungen, Geräte und Personal.

Leistungssportler wie Jan Ullrich, Henry Maske, Steffi Graf, Boris Becker, Franziska van Almsick, Michael Schumacher und natürlich die Fußballer sind millionenschwere Werbeträger – manche noch nach ihrer aktiven Zeit. Fitness-Gurus wie Ulrich Strunz geben Tagesgagen von 20 000 Euro an.[1]

Natürlich sind nicht alle Sportjobs glamourös. In den 6 500 bundesweiten Fitness-Studios arbeiten Geschäftsführer, Marketingfachleute, Projektmanager, Kundenbetreuer, Trainer, Aerobiclehrer und Servicepersonal. Auch Sportlehrer wie Ski-, Snowboard- und Reitlehrer, Boxtrainer und Bergwanderführer verdienen mit dem Sport ihr Geld. Wer Sport mag, aber die Bewegung scheut, kann bei großen Sportfirmen wie Nike, Reebok und Adidas als Verkäufer, Manager oder Pressesprecher Karriere machen.

Auch die Tourismusbranche bietet berufliche Chancen für Sportfreaks: Ferienclubs suchen Reit-, Tennis- und Tauchlehrer. Auch Bogenschützen und Golfpros sind gefragt. Für die Arbeit bei Club Med oder Robinson sollte man ein geselliger und kommunikativer Typ sein und nach Möglichkeit zusätzliche Fähigkeiten wie Singen oder ein Instrument spielen besitzen. Spezialisierte Reisebüros bieten Ausflüge zu Wettkämpfen und Großveranstaltungen wie Olympische Spiele, Marathonläufe und Weltmeisterschaften an.

Wie Sie sehen, gibt es ganz unterschiedliche Bereiche, in denen Sie Ihre Begeisterung für Sport und Bewegung Gewinn bringend einsetzen können. Dabei reicht es natürlich nicht aus, schnell laufen, hoch springen oder gut Fußball spielen zu können. Für die meisten Jobs benötigen Sie zusätzliches betriebswirtschaftliches, medizinisches oder naturwissenschaftliches Wissen. Manchmal kommt es darauf an, gut reden zu können, gute Kontakte oder eine flotte Schreibe zu haben.

Über dieses Buch

Sie möchten wissen, wie man mit Sport, Gesundheit und Bewegung Geld verdient? Im zweiten Teil des Buchs werden zahlreiche Jobs für Sportfreaks und Leute, die sich gern bewegen, präsentiert. Dabei haben wir darauf geachtet, vor allem Berufe vorzustellen, die sich auch für Umsteiger eignen, für die Sie also nicht unbedingt eine weitere formale Ausbildung oder ein zusätzliches Studium benötigen. Das bedeutet allerdings nicht, dass Sie keinerlei Fachkenntnisse brauchen. In den meisten Fällen werden Sie sehr viel dazulernen müssen. Ob Sie dafür jedoch (noch einmal) eine Ausbildung machen oder eine Universität besuchen, liegt ganz bei Ihnen. In jedem Fall finden Sie Hinweise, wo es das nötige Zusatzwissen gibt und wie Sie Ihre Fähigkeiten ausbauen können.

Die vorgestellten Tätigkeiten werden durch konkrete Beispiele und Interviews mit Leuten aus der Praxis illustriert. Dabei bietet sich natürlich nicht jeder Beruf für jeden an: Wer gerne und viel Fitness-Sport treibt, wird kaum eine Karriere als Reit- oder Tennislehrer ins Auge fassen. Daher haben wir immer ein besonderes Augenmerk auf die Frage gelegt: Wie haben die Sportler ihr Hobby zum Beruf gemacht? Was muss man beim Einstieg in die Branche beachten? Wie haben die Leichtathleten, Marathonläufer, Fußball-, Basketball- und Fitness-Begeisterten sich zusätzliches Wissen angeeignet? Und welche Tipps geben sie anderen? So können Sie in jedem Beispiel auch Hinweise für Ihre eigene Karriere und für den Einstieg in die Sportbranche finden.

Neben dem Profisport stellen wir Ihnen sportliche Karrieren in folgenden Bereichen vor:

- Sportvereine
- Sport & Tourismus
- Sport & Medien
- Sportindustrie
- Dienstleistungen für Sportler
- Sportanlagen
- Gesundheit, Fitness & Wellness

Tipps von Experten, Literaturangaben, Adressen und Informationen runden die jeweiligen Berufsporträts ab.

Die vorgestellten Berufe dürfen jedoch über eins nicht hinwegtäuschen: Keins der Beispiele erspart es Ihnen, sich über den Job, der zu Ihnen passt, eigene Gedanken zu machen. Im dritten Teil finden Sie daher einen Workshop, mit dem Sie sich ein individuelles Berufsziel erarbeiten können. Schritt für Schritt erklären wir Ihnen, wie Sie sich über Ihre Fähigkeiten und Motivationen klar werden können.

Egal für welchen Beruf Sie sich nach der Lektüre entscheiden: Ein neues berufliches Projekt anzuschieben kostet Zeit. Das kann für Sportverrückte schnell zum Problem werden, wenn beispielsweise der Trainingsplan mit dem beruflichen Terminkalender konkurriert. Im Anhang erfahren Sie deshalb etwas über Zeitmanagement für Sportler. Wir erklären, wie Sie es schaffen, Ihr tägliches Trainingspensum mit der Karriere zu verbinden.

Die Arbeitswelt von heute ist voll von Anglizismen. Niemand bemüht sich mehr, Ausdrücke wie Personal Trainer oder Spinning zu übersetzen. Daher finden Sie am Ende des Buches ein kleines Wörterbuch für die im Text gebrauchten Begriffe.

Noch ein Tipp, bevor Sie mit dem Lesen beginnen: Umgeben Sie sich während der Lektüre dieses Buchs mit Leuten, die nicht nur körperlich, sondern auch im Kopf fit sind und die Sie beruflich antreiben. Bremsklötze mit ihrem ewigen »das bringt doch sowieso nichts« oder »das schaffst du nie« können Sie jetzt nicht gebrauchen. Auch ich habe mich während des Schreibens streng an diesen Grundsatz gehalten.

Viele Leute erscheinen heute in einem anderen Licht. Die Fachautorin Andrea Dornseif erwies sich als Spezialistin in Feriensportarten wie Drachenfliegen, Überlebenstraining und Höhenbergsteigen. Sie kämpfte sich tapfer durch die bundesdeutsche Vereinslandschaft, um zwischen Umkleidekabinen und Pressestellen Chancen für Sportbegeisterte ausfindig zu machen. Die Pianistin Franziska Holeczek zeigte, dass sie nicht nur etwas von wohltemperierter Musik, sondern auch von Fitness, Wellness und Gesundheit versteht. Ohne die Journalisten und Journalistinnen Julia Richter, Katja Winckler und Thorsten Reinke wäre die Arbeit an dem Buch nur halb so schön gewesen. Tausend Dank an alle.

2.

Fünf Fragen zu Jobs für Sportfreaks

In diesem Buch geht es um die Frage, wie Sie für sich selbst ein Berufsziel erarbeiten – auch, wenn Sie noch keinen blassen Schimmer haben, in welchem Bereich Sie Ihre Begeisterung für Sport einsetzen könnten. Bevor Sie sich im Folgenden von Sportjournalisten, Gleitschirmlehrern, Vereinspressesprechern und Fanbeauftragten zu eigenen Berufsplänen inspirieren lassen, zunächst noch einige Antworten auf häufig gestellte Fragen.

Für wen eignet sich dieses Buch?

Sie halten mit diesem Ratgeber ein Werkzeug in der Hand, mit dessen Hilfe Sie eigene berufliche Ziele ausloten können. Damit ist *Jobs für Sportfreaks* geeignet für alle, die sich beruflich orientieren oder umorientieren möchten: Berufstätige und Arbeitslose, Schüler und Schülerinnen, Studenten und Studentinnen. Sie lernen, sich systematisch mit der Frage auseinander zu setzen, wie Sie Ihr berufliches Leben gestalten möchten. Dabei setzt die im dritten Teil des Buchs geschilderte Methode der Individuellen Berufsfindung keine bestimmten Qualifikationen voraus, sondern die Bereitschaft, Ihre bisherige Biografie zu durchleuchten und neue Wege zu gehen.

Muss man heute nicht froh sein, überhaupt einen Job zu haben?

Wer heutzutage über Befriedigung im Beruf, Spaß an der Arbeit und vielleicht sogar über den eigenen Traumberuf spricht, wird schnell mit Resignation und Aggressivität konfrontiert. »Heute kannst du froh sein, wenn du überhaupt etwas kriegst«, so lautet die gängige Antwort. Auf der Suche nach echten Motivationen und wirklichen Herzenswünschen wird man schnell zum Spinner abgestempelt.

Ist die Suche nach dem maßgeschneiderten Beruf tatsächlich nur etwas für wirtschaftlich gute Zeiten? Ganz sicher nicht: Gerade in schwierigen Situationen ist es für den Berufssuchenden notwendig, sich zu orientieren und konkret darüber nachzudenken, auf welchem Gebiet er wirklich arbeiten will. Schließlich ist er nur dort in der Lage, mit (zwangsläufig auftretenden) Rückschlägen fertig zu werden und langfristig gute Arbeit zu liefern. Dabei kann es sich niemand leisten, auf den Zufall zu hoffen und sich ohne einen konkreten Plan ziellos in der Arbeitswelt zu bewerben.

»Und selbst wenn das klappt: Wer mit seinem Hobby Geld verdient, hat garantiert sehr schnell keinen Spaß mehr daran.« Solche und ähnliche Sprüche geistern durch die Welt der Berufsberatung. Bei unseren Recherchen haben wir jedoch eines festgestellt: Keiner der befragten Sportfans stöhnte darüber, dass »ständig nur über Sport geredet wird« oder dass er beruflich viel zu viel mit anderen Sportlern zu tun hätte. Im Gegenteil: Gerade die Möglichkeit, in Bewegung zu sein und sich mit Gleichgesinnten auszutauschen, wird als befriedigend empfunden. Übrigens denkt auch niemand, Mick Jagger habe keine Lust mehr zum Singen, Andrej Kasparow keine Lust mehr zum Schachspielen und Jil Sander keine Lust mehr auf Mode. Die persönliche Leidenschaft und der Spaß an der Aufgabe sind vielmehr Voraussetzung für den beruflichen Erfolg.

Ist es nicht gefährlich, sich festzulegen?

Stellen Sie sich vor, Sie geben Ihr berufliches Ziel in einen Computer ein und starten ein Programm, mit dem der Computer automatisch einen Weg findet, dieses Ziel auch zu erreichen. Das hört sich gut an? So einen Computer besitzen Sie bereits: Es ist Ihr Gehirn. Wenn Sie ihm ein klares Ziel vorgeben, wird es auch einen Weg finden, dieses Ziel zu erreichen. Genau dafür wurden wir von Geburt an mit grauen Zellen ausgestattet. Bleibt Ihre Software jedoch ohne eindeutige Zielvorgabe, kann sie keinen Lösungsweg finden.

»Ich möchte gern etwas mit Medien machen« zählt dabei noch nicht als klare Zielangabe. Oft ist die Spezialisierung einer Journalistin, eines persönlichen Trainers oder Fotografen der Schlüssel zum Erfolg. Herkömmliche Berufsratgeber empfehlen dagegen oft das Gegenteil: »Bleiben Sie flexibel, legen Sie sich nicht zu sehr fest, und halten Sie sich möglichst viele Optionen offen.« Diese Strategie birgt jedoch einen entscheidenden Nachteil: Als Bewerber, der sich alle Möglichkeiten offen hält, werden Sie bei Ihrer Arbeitssuche stets auf viele hundert andere Bewerber treffen, die sich ebenfalls alle Optionen offen gehalten haben. Arbeitgeber suchen aber nicht Leute, die sich alle Optionen offen halten, sondern Arbeitskräfte, die für ein ganz bestimmtes Problem in ihrer Firma, ihrer Redaktion oder Agentur eine Lösung anbieten können.

Wer garantiert mir, dass das Konzept der Individuellen Berufsfindung auch funktioniert?

Mithilfe der Individuellen Berufsfindung legen Sie zwei Dinge fest: Ihr persönliches berufliches Ziel und den Weg dorthin. Damit allein haben Sie Ihre Chancen auf dem Arbeitsmarkt bereits um ein Vielfaches erhöht.

Der Rest wird sich an Ihrem persönlichen Einsatz, Ihrem Durchhaltevermögen und Ihrer Fähigkeit zur Überwindung des inneren

Schweinehunds entscheiden. Wenn Ihnen auf dem Weg zu Ihrem beruflichen Erfolg Zweifel kommen, so akzeptieren Sie diese als vollkommen normale Erscheinung. Die meisten haben jahre- und jahrzehntelang diverse Abwehrmechanismen trainiert, wenn es darum geht, das eigene Schicksal selbst in die Hand zu nehmen. Einer dieser Mechanismen ist die Produktion von Versagensängsten.

Sind Sie wieder einmal an dem Punkt angelangt, an dem Sie »ganz sicher« sind, dass Ihre beruflichen Pläne niemals funktionieren werden, halten Sie sich eine Situation vor Augen, in der Sie etwas geschafft haben, das Sie (und alle anderen) vorher für unmöglich hielten. Dann wird Ihnen wieder bewusst, dass man so ziemlich alles schaffen kann, wenn man es sich erst einmal in den Kopf gesetzt hat. Und noch etwas: Alle erfolgreichen Sportler, Sportmanager und Sportreporter, die in diesem Buch vorgestellt werden, haben auch einmal klein angefangen.

Wer hilft mir, wenn ich nicht weiterkomme?

Zu Beginn Ihres Berufsfindungsvorhabens engagieren Sie ein Unterstützungskomitee von etwa zwei bis vier Freundinnen und Freunden, die Ihnen während Ihrer Berufsfindung zur Seite stehen. Niemand bleibt von Phasen verschont, in denen es schwierig wird, den nächsten Schritt zu planen, oder in denen man sich einfach nur wenig zuversichtlich fühlt.

Viele Vorhaben scheitern daran, dass zahlreiche Berufssuchende einen wahren Fundus an Vermeidungsstrategien bereithalten, um gerade erst beschlossene Schritte auf keinen Fall in die Tat umsetzen zu müssen. Daher empfiehlt es sich, einen Freund einzuschalten, der einem gegebenenfalls auf die Füße tritt. Rufen Sie ihn an, sobald Sie eine Entscheidung gefällt haben. Teilen Sie ihm mit, bis wann welche Schritte in die Tat umgesetzt sein sollen. Verabreden Sie, dass er anruft und kontrolliert, ob Sie alles erledigt haben. Sie können Ihrem Freund, Ihrer Freundin auch eine Kopie Ihres schriftlich ausgearbeiteten Plans schicken. Bei Ankunft des Briefs gilt der Inhalt als verbindlich.

Diffuse Motivationsprobleme lösen Sie also am besten, indem Sie über andere Leute Verbindlichkeit schaffen. Das Wichtigste aber ist: Wenn in Ihrem Berufsfindungsprozess Probleme auftauchen, so ist das für Sie noch lange kein Grund aufzugeben. Beweisen Sie stattdessen Problemlösungskompetenz, und finden Sie Mittel und Wege. Wenn Ihnen keine einfallen, fragen Sie jemanden, der erfahrener ist als Sie. Aber lassen Sie sich nicht auf halbem Weg von lösbaren Problemen entmutigen. Das tun Sie beim Sport auch nicht.

Teil II
Reportagen

Es ist nicht schwierig, 42,195 Kilometer zu laufen. Schwierig sind die ersten 20 Zentimeter, in denen du deinen Hintern vom Stuhl hoch bewegst.

Marathonläufer-Weisheit

Sportler wie Jürgen Klinsmann oder Boris Becker können im Ausland mehr für ein positives Deutschlandbild tun als ein Goethe-Institut in zehn Jahren Programmarbeit.

Sebastian Körber, Chefredakteur Kulturaustausch

Ein Volk, das solche Boxer, Fußballer, Tennisspieler und Rennfahrer hat, kann auf seine Uniwersitäten ruhig verzichten.

Inschrift Ständige Vertretung (Abgeordneten-Tresen in Berlin)

3.
Drei Porträts

In den folgenden Kapiteln präsentieren wir Ihnen Leute, die mit dem Sport ihr Geld verdienen, ohne selbst Leistungssportler zu sein. Schließlich fällt die Entscheidung für den Profisport meist in jungen Jahren und lange vor der Lektüre dieses Buchs.

Zur Einstimmung jedoch drei Porträts von Profisportlern: Monique Riesterer, Jörg Sievers und Cengiz Koc.

Olympionikin und eine verdammt starke Frau: Monique Riesterer, Gewichtheberin

Monique Riesterer ist die stärkste Frau der Bundesrepublik. Sie misst 1,63 Meter und bringt 93 Kilo auf die Waage. Da vermutet man – mal böse gesagt – Damenbart und grobe Manieren. Doch weit gefehlt. Zwar passt Deutschlands fast einzige Gewichtheberin nicht in Kleidergröße 38, doch ist ihre Statur keineswegs bullig. Nur die Oberarme sind etwas stärker als bei einer 08/15-Frau, und auch die Beine strotzen nur so vor Muskeln. Ihr Gesicht ist eher zart, im dunklen, halblangen Haar schimmern rote Strähnchen, ihre Fingernägel sind regenbogenfarben lackiert.

Über Vorurteile kann die in Weil am Rhein geborene Athletin nur lachen. »Viele denken, dass man keine richtige Frau ist, nur weil man Gewichte hebt. Das ist natürlich Quatsch. Als ich mit 17 anfing, dachten meine Freundinnen, dass ich zum totalen Mannweib mutiere. Dabei bin ich noch immer dieselbe Frau wie vorher. Außer dass ich sehr viel selbstbewusster geworden bin.«

Im Sportverein ihrer Heimatstadt staunten die Männer nicht schlecht, als Riesterer plötzlich in der Turnhalle auftauchte und immer schwerere Gewichte auf die Stange packte. Doch mit der Zeit gab sich das. Die Gewichtheberin ist ein bescheidener Typ – ganz ohne Staralüren. »Meine Stärke ist, dass ich es nicht immer zeigen muss.« Deswegen winkt sie ab, wenn Männer sich am Kneipentisch mit ihr im Armdrücken messen wollen. »Die Gefahr, sich zu verletzen, ist viel zu groß. Das muss ich mir nicht geben.«

Zu diesem für Frauen reichlich ungewöhnlichen Sport kam sie über ihre Familie. Ihr Bruder und ihr Vater, beides Schwerathleten, hatten es ihr vorgemacht. Nachdem sie sämtliche Sportarten von Turnen, Leichtathletik bis hin zum Jazztanz ausprobiert hatte, fing sie an, sich für den schweren Sport zu interessieren. Der Jazztanz kam ihr dabei zugute, denn wer Gewichte stemmt, muss beweglich und schnell sein.

Doch damit nicht genug. Statt nur im Sport die erste Geige zu spielen, versuchte es Riesterer auch mit der Musik. Über 15 Jahre spielte sie im heimischen Musikverein Flügel- und Tenorhorn, Wochenendauftritte inklusive. Ein voller Stundenplan. »Aber das war nie Stress für mich, sondern Vergnügen«, betont sie.

Als Riesterer sich vornahm, ernsthafter zu trainieren, hieß es futtern, futtern, futtern und zehn Kilo zulegen. Sie bekam mehr Muskeln und ein breiteres Kreuz. »Aber das hat mir nichts ausgemacht. Ehrlich gesagt finde ich Bodybuilderinnen viel weniger weiblich als Gewichtheberinnen.«

Neben dem Trainingsplan lernte Riesterer Offsetdruckerin und arbeitete zehn Jahre lang in diesem Beruf. Dann ging sie – wie viele Leistungssportler – in die Sportförderungskompanie der Bundeswehr in Frankfurt/Oder. Ein Privileg, wie sie sagt, und ein geeigneter Weg, sich dem Sport professionell zu widmen. Dort stehen Sanitätsdienst, Schießübungen und politische Bildung auf dem Programm. Die Sportler und Sportlerinnen sind allerdings zu 70 Prozent vom Dienst freigestellt. »Ohne diese Unterstützung durch die Bundeswehr könnten wir international niemals mithalten.«

Doch die Hauptleistung kommt natürlich von den Sportlern selbst. Auch eine starke Frau wie Riesterer befindet sich dabei manchmal hart an der Grenze ihrer Kräfte. Als sie 1998 bei der Weltmeisterschaft einen Muskelfaserriss erlitt, dachte sie erst, jetzt sei alles vorbei. Sie biss die Zähne zusammen und zog den Wettkampf trotz heftiger Schmerzen durch. Die Tränen seien ihr dabei nur so runtergeflossen, sagt sie. »Dass ich nah am Wasser gebaut bin, habe ich mittlerweile abgelegt. Im Wettbewerb sehen die Kampfrichter nicht mehr, wie ich mich fühle.«

Ein Torwart, der auf Angriff setzt: Jörg Sievers von Hannover 96

Als Jörg Sievers Ende der achtziger Jahre für den damaligen Drittligisten VFL Wolfsburg im Tor stand, las er in der Zeitung von dem Chaos in Hannover: Abgestiegen in die zweite Bundesliga, der Trainer nach Bochum geflüchtet, nur zehn Spieler unter Vertrag. Ob er sich da einfach mal bewerben sollte?

Gedacht, gemacht. Sievers entwarf einen ausführlichen Lebenslauf mit Anschreiben und Foto und sendete die Mappe an die Geschäftsstelle von Hannover 96. Darüber hinaus rief er noch beim Management an. »Nach ein paar Tagen hatte ich den Job«, erzählt Sievers. »Ich habe die ganze Aktion nicht wie üblich über einen Spielervermittler abgewickelt, sondern bin selbst aktiv geworden.« Sicherlich unüblich, aber erfolgreich: »Wichtig war, dass ich strategisch vorgegangen bin. Ich wusste, wie es um den Verein steht und konnte meine Fähigkeiten auf der Linie und in der Strafraumbeherrschung richtig einschätzen.« Am Ende war das Glück mit dem Tüchtigen.

Und von Glück kann man auch für den Verein sprechen. 1992 hielt Sievers im Pokal-Endspiel gegen Borussia Mönchengladbach zwei Elfmeter, verwandelte selber einen und verhalf Hannover 96 damit zu einem ganz besonderen Sieg: Der Verein avancierte zum ersten Pokalsieger aus der zweiten Liga. Hannover 96 war dem Konkurs entkommen, Schulden konnten abgebaut werden. Seitdem gilt Colt Sievers – wie die Fans ihn nennen – als Retter des Traditionsvereins.

Ganz besonders deutlich wird der Grad der Berühmtheit in Sievers' Geburtsort: In Eddelstorf, einem 200-Seelen-Dorf in der Lüneburger Heide, liegt die prozentuale Dichte an Hannover-96-Fans höher als in der niedersächsischen Landeshauptstadt.

Auch Medienauftritte gehören zu Sievers' Karriere: »Ich freue mich, wenn mal wieder ein Lokaljournalist anruft und ein bisschen fußballerische Schnüffelarbeit betreibt«, erzählt er. Trotz seines Alters deutlich jenseits der 30 hat Sievers wenig mit Lothar Matthäus gemein. Verbale Steilausflüge sind nicht seine Sache. Fußballkritiker beschreiben den Torwart als sympathisch, intelligent und pfiffig. Regelmäßig rangiert er ganz oben auf der Beliebtheitsskala der zweiten Liga, was nicht immer mit Leistung zu tun haben muss. »Persönliches Marketing, freundlich und gesprächsbereit sein: Das ist manchmal wichtiger als ein gehaltener Elfmeter. Denn die Journalisten können einen schnell in die Mannschaft hinein, aber auch schnell wieder aus der Mannschaft heraus schreiben. Gute Kontakte hingegen sichern meine Zukunft unter der Latte.«

Was ihm über die Jahre geholfen hat: Das Vertrauen in die eigene Stärke, die Lust am Beruf, Ehrgeiz und absoluter Trainingsfleiß. Ein Blick fürs Machbare und trotzdem immer in Richtung Wunschtraum arbeiten, das ist die Taktik des gelernten Versicherungskaufmanns. Während der Verein Trainer verschleißt und die Torwartkonkurrenz auf der Bank schmort, zieht Sievers noch immer seine Kreise im 16-Meter-Raum.

Kampfsportler auf dem Weg nach Hollywood: Cengiz Koc, Boxer im Superschwergewicht

Manchmal fragt sich Cengiz Koc schon, was er da eigentlich treibt. Besonders nach diesem Boxkampf damals in Finnland. »Da habe ich mir die Nase komplett aufgerissen.« Dann denkt er darüber nach, warum er sich immer schlagen muss. Aber so richtig kann sich der Berliner die Frage auch nicht beantworten. Jedenfalls übt er seinen Sport so erfolgreich aus, dass man ihn – nach nur zwei Jahren Boxtraining und insgesamt 27 Kämpfen – nach Sydney zu den Olympischen Spielen schickte. »Dabei war ich ein absoluter Nobody und kannte Olympia nur aus dem Fernsehen«, so Koc.

Doch noch mal von vorn. Angefangen hat die Geschichte in einem Hinterhof. Als Koc neun Jahre alt war, besuchten seine Eltern Freunde im Berliner – sagen wir mal: Arbeiterbezirk – Neukölln. Dem damals sehr pummeligen Jungen und leidenschaftlichen Karatefilmgucker wurde bei den Erwachsenengesprächen langweilig. Er verdrückte sich in den Hinterhof.

Dort sah er den Eingang zu einem Sportstudio und schlich sich in die etwas schäbige Muckibude. Er sah schwitzende Männer mit vielen Tätowierungen und Goldkettchen, die sich an Hanteln und Maschinen abmühten. Koc war schwer begeistert. Eine Woche später hatte er seinen Eltern gegenüber das Thema Kickboxen durchgesetzt.

Aus dem kleinen Jungen ist heute ein mehr als stattlicher Mann geworden – ein ausrasiertes modisches Kinnbärtchen, besonders beliebt bei der türkischen Community Berlins, darf nicht fehlen. Und auch Selbstbewusstsein hat er mittlerweile getankt. Zu Recht: Mit 15 wurde er Vize-Europameister, mit 16 Europameister, mit 17 Weltmeister und mit 18 wieder Europameister. »Doch irgendwann hatte ich so ziemlich alles erreicht. Der Reiz war irgendwie weg. Ich wollte weiterkommen.« So wagte er sich an einen ähnlichen, aber doch ganz anderen Sport heran: das Boxen. »Boxen ist ein bisschen schwieriger als Kickboxen. Man arbeitet mehr mit dem Kopf, muss strategisch handeln, nicht einfach nur draufschlagen.«

Auf der Straße muss sich Koc schon lange nicht mehr beweisen. Der kahl rasierte Kopf und die Muskelpakete sorgen schon für ausreichenden Respekt. »Auch wenn ich böse aussehe, bin ich doch ein ganz Lieber. Mit 14 habe ich vielleicht noch den Macker raushängen lassen und auf der Straße provoziert.« Aber als Sportler fühle er sich ausgelastet. »Man geht mit Stresssituationen einfach relaxter um.«

Ein Boxer muss vor allem lernen, die Angst vor dem Kampf zu bezwingen und sich vor Verletzungen zu hüten. Einmal umknicken, dann ist es erst mal gelaufen für die nächsten zwei Wochen.

Steigt ihm der Erfolg auch mal zu Kopf? Koc scheint das im Griff zu haben. »Man muss versuchen, so zu bleiben, wie man ist. Es gibt leider viele Kampfsportler, die total abdrehen. Ich will aber auf dem Teppich bleiben. Arroganz ist das Schlimmste.«

Obwohl ihm der Sport über alles geht, würde Koc manchmal gerne einfach nur faulenzen. Doch dafür bleibt ihm keine Zeit, denn der Muskelmann betätigt sich auch noch als Schauspieler. Das Interesse für diesen Beruf wurde bereits in der Schule geweckt. Ein engagierter Lehrer und Kocs Mutter brachten ihn auf die Bühne. Irgendwann fiel er einem Theaterbesucher auf, der ihn dann zum Fernsehen brachte. Mittlerweile hat Koc in zwölf Filmen bei RTL und Pro Sieben mitgespielt. »Häufig die fiesen Rollen, Mörder und so.« Seine Kollegen waren unter anderem Heiner Lauterbach, Katja Riemann und Heinz Hoenig. Die Agentur Foreign Faces, die auf ausländisch aussehende Schauspieler spezialisiert ist, würde ihn gern häufiger vermitteln, doch momentan geht das Training vor. Später aber, wenn der Erfolg im Sport nachlassen sollte, will sich Koc ganz aufs Schauspielern konzentrieren.

4.
Jobs in Sportvereinen

Vereine haben im Sport eine besondere Funktion: Ein Leichtathlet kann beispielsweise nicht in Eigenregie trainieren und sich dann zu den Olympischen Spielen anmelden. Auch eine Thekenmannschaft muss erst zum Verein werden, bevor sie in der Bundesliga Fußball spielen kann. Die Folge ist, dass Sport mehr als jede andere Freizeitbeschäftigung in Vereinen stattfindet.

Wer also mehr als nur Joggen im Park und Yoga im heimischen Wohnzimmer betreiben will, kommt an der deutschen Vereinslandschaft kaum vorbei. Über 26 Millionen Mitglieder laufen, spielen, turnen und trainieren in 86 000 Sportvereinen.[2] Hier soll Sport Spaß machen, das psychische und physische Wohlbefinden steigern, den Körper formen, Abwechslung in den Alltag bringen, gesellschaftliches Ereignis sein, soziale Kompetenz schulen und Urlaubsoptionen gestalten.

Doch im Sportverein wird nicht nur trainiert. Überall dort, wo viele Menschen zusammenkommen, muss geplant, entschieden, kontrolliert, organisiert und betreut werden. Traditionell wird in Sportvereinen ehrenamtlich gearbeitet. Nach dem Motto »Sport für alle« stellen die Mitglieder ihre Zeit und ihr Know-how »der Solidargemeinschaft Sportverein« zur Verfügung. Die Möglichkeit, Sport zu treiben, soll jedem offen stehen.

Um sportlichen und finanziellen Erfolg zu gewährleisten, werden trotz ehrenamtlicher Strukturen auch professionelle Trainer, Manager, Pressesprecher und Nachwuchsförderer eingestellt. Das gilt vor allem für Vereine mit hohen Mitgliederzahlen. Ab etwa 2 000 Mitgliedern lässt sich die Arbeit nicht mehr nebenbei –

sprich ehrenamtlich – bewältigen. Im Management werden beispielsweise wirtschaftliche Kenntnisse, in der Jugendarbeit pädagogisches und psychologisches Know-how benötigt. Neue Trendsportarten können nur angeboten werden, wenn schnell professionelle Trainer zur Verfügung stehen.

Ein weiterer Grund für die Professionalisierung des Vereinslebens sind die privatwirtschaftlichen Angebote der Fitness-Zentren, Sportschulen, Freizeitparks und Touristikunternehmen. Die Turnhallenatmosphäre mit abgewetzten Übungsmatten und stickigen Umkleidekabinen hat attraktive Konkurrenz bekommen. Eine Modernisierung der Vereinslandschaft steht an.

Info-Box

Informationen über die Aus- und Weiterbildung von haupt- und ehrenamtlichen Führungskräften im Sport bei:

Führungs-Akademie des Deutschen Sportbundes
Willi Weyer Akademie
Priesterweg 6
10829 Berlin
Tel.: (0 30) 7 88 00 30
Fax: (0 30) 7 82 71 88
www.fuerungs-akademie.de

Jugendtrainer

Das Wichtigste am Sport sind die Jugendtrainer. Ohne Jugendtrainer kein Nachwuchs und ohne Nachwuchs kein Erfolg. Zum Beispiel im Fußball. Die Versuche, durch verstärkte Jugendarbeit bessere Spitzensportler heranzuziehen, fruchteten bislang wenig: »Wir haben seit zwei Jahren in Cottbus eine Fußballschule, aber dabei ist noch nichts rausgekommen. Ich habe noch kein einziges Supertalent gesehen«, klagt Eduard Geyer, Trainer des Erstligisten Energie Cottbus. Seiner Ansicht nach liegt das Problem auf der Jugendtrainerseite. In der Bundesrepublik gebe es zu wenige Übungsleiter, die junge Spitzensportler ausbilden. Außerdem fehlen, so Geyer, Profis, an denen die Jugendlichen sich orientieren können: »Wer von den lahmen Säcken soll denn Vorbild für den Nachwuchs sein?«, kommentiert er mit Blick auf die Nationalmannschaft.

Gute Jugendtrainer sind also Mangelware – eine Chance für Sportler, die ambitioniert sind, die Nachwuchsförderung zu verbessern. Viele Jugendtrainer haben selbst bereits jahrelang im Verein trainiert. Einer von ihnen ist Bernhard Kempter, der das Jugendtraining des Tischtennisvereins Zorneding bei München leitet. Anfangs arbeitete er ehrenamtlich. Die ersten Schecks trudelten ein, als er einen Übungsleiterschein vorweisen konnte. In Wochenendlehrgängen hatte er gelernt, wie ein Training aufgebaut ist, welche Übungen in die Aufwärmphase passen und was bei Verletzungen zu tun ist.

Auch an seiner eigenen Technik hat er immer weiter gefeilt. »Natürlich ist es von Vorteil, wenn man selbst überdurchschnittlich spielt. Aber um ein guter Jugendtrainer zu sein, muss man vor allem ein Händchen für die Leute haben«, betont Kempter. Der Jugendtrainer ist eine wichtige Bezugsperson für seine Schützlinge und führt, wenn nötig, auch mal Gespräche über pubertätstypische Probleme mit Eltern, Schule, Mädchen oder Jungen.

Zu Beginn des Trainings wärmen die 6- bis 18-Jährigen sich mit einem Ballspiel oder Gymnastikübungen inklusive Stretching auf. Danach werden die Tischtennisplatten aufgebaut, auch das gehört zum Programm. »Jugendliche wollen gefordert werden. Und sie sollen auch etwas lernen, und zwar nicht nur für den Sport, sondern fürs Leben: Organisation, Selbstverwaltung und dass einem nicht alles auf dem Silbertablett präsentiert wird«, betont der Trainer.

Der Trainingsablauf für Jugendliche muss abwechslungsreich gestaltet sein: Neben immer wieder neuen Aufwärmübungen und Trainingseinheiten in den Grundtechniken spielen die Jugendlichen mal in leistungsspezifischen Gruppen (zur Leistungssteigerung), mal in gemischten Teams (um zu lernen, sich auf andere einzustellen) und zum Spaß mit oder gegen wen man will.

Spaß ist das eine, Disziplin das andere. Der Jugendtrainer vermittelt, dass sportlicher Erfolg auch von der Trainingsdisziplin abhängt.

»Wenn einer schon Bundesliga spielt, dann weiß er, dass das viel Schweiß erfordert. Aber so ein Zehnjähriger, der hat von Ausdauervermögen noch nie etwas gehört«, so Kempter. Die schöne Seite der Arbeit eines Jugendtrainers sei es, die Fortschritte seiner Schützlinge zu sehen. Darunter versteht er nicht nur die sportliche Leistungssteigerung: Er freut sich besonders, wenn ein Außenseiter durch den Sport in die Gruppe integriert wird und dadurch sein Selbstbewusstsein wächst. Oder wenn einer, der schlecht in der Schule ist, durch den Sport neue Bestätigung findet. »Aber es kommt auch immer mal wieder vor, dass einer, der talentiert ist, keine Lust mehr hat. Damit muss man als Trainer einfach klarkommen.«

Ein Balanceakt ganz anderer Art ist die Arbeit mit Eltern. Einige denken, dass ihrem Kind eine Sonderbehandlung zuteil werden muss. »Da kann es schon mal passieren, dass man als Trainer in ein Spannungsfeld zwischen Verein, Jugendlichen und Eltern gerät, weil alle unterschiedliche Interessen und Ziele verfolgen«, erklärt Kempter. Einer der wichtigsten Grundsätze seiner Arbeit lautet daher, alle Jugendlichen gleich zu behandeln. Wer mit dem Gedanken spielt, eine Jugendtrainerlaufbahn einzuschlagen, der sollte, so Kempter, »einfach mal ein Training übernehmen und schauen, ob ihm oder ihr die Arbeit mit einer Gruppe Jugendlicher Spaß macht«.

Aufgabe des Jugendtrainers ist es auch, besonders Talentierte auf eine mögliche Profikarriere vorzubereiten. Denn im Bundesligaalltag fehlt die Zeit, sportliche Grundtugenden auszubilden. Bislang läge da noch viel im Argen, so Fußballtrainer Geyer: »Ich muss bei den Profis dauernd Mängel beheben, die eigentlich schon der Jugendtrainer hätte beheben müssen. Zum Beispiel, dass die Spieler ihre Schuhe mit zum Probetraining bringen sollen. Das weiß sogar meine Frau, und die hat nichts mit Fußball zu tun.«[3]

Jugendwart

Jeder glücklose Wettkampf heizt erneut die Diskussion an: Etwas ist faul im Sportstaate D. Einer der Gründe: Im Profifußball beispielsweise ist es für viele Vereine attraktiver, ausländische Stars für Millionenbeträge einzukaufen, anstatt die Jugend zu fördern. Für die deutschen Nationalmannschaften jedoch dürfen diese Sportlegionäre nicht antreten, und so reicht es für die schwarz-rot-goldenen Athleten oft nur zur Drittklassigkeit. Das Gejammer ist groß, die Konsequenzen bislang klein.

Ein weiterer Grund für die Misere liegt darin, dass die Jugendarbeit in der Regel nicht professionell, sondern ehrenamtlich geführt wird. »Das kann aber schnell ganz anders aussehen. In der Jugendarbeit ist alles in Bewegung geraten«, erklärt Cynthia Segner, Jugendwartin des Berliner Tennisverbands. In vielen Sportarten werde die Jugendarbeit in Zukunft aus den Vereinen ausgegliedert und professionalisiert. Vereine wie Borussia Dortmund und Hertha BSC planen, nach niederländischem Vorbild Fußballinternate einzurichten. Auch von Frankreich kann man lernen: Dort ist jeder Profifußballverein verpflichtet, eine eigene Schule zu unterhalten.

Durch diese Entwicklung – weg von der ehrenamtlichen Tätigkeit hin zur professionellen Nachwuchsbetreuung – tun sich neue berufliche Chancen für Sportbegeisterte auf. Ehrenämter können dabei durchaus Türöffner sein. »Man lernt als Jugendwart Gott und die Welt kennen. Wenn dann jemand gesucht wird, der die Jugendarbeit in Vollzeit betreut, dann kommen die auch auf einen zu. So ein Netzwerk ist gar nicht mit Geld zu bezahlen«, erklärt Segner. Leute, die sich engagieren, seien in jedem Verein immer händeringend gesucht.

Segner selbst begann im zarten Alter von sechs Jahren, Ski zu laufen. Von da an gehörte ihr Herz dem Wintersport. Mit 14 nahm eine Freundin sie mit zum Tennis. »Ich war begeistert. Aber bei uns zu Hause, das war ein richtiger SPD-Haushalt, da kam Tennis damals überhaupt nicht infrage«, erzählt sie. Trotzdem brachte sie es bis zur Regionalliga und machte mit 25 Jahren ihren Trainerschein.

Während des Studiums – Lehramt Deutsch und Geschichte – gab Segner Tenniskurse an der Freien Universität Berlin und Skigymnastik für jedermann. Nach dem Zweiten Staatsexamen baute sie Mitte der achtziger Jahre gemeinsam mit einer Freundin das erste Berliner Frauen-Fitness-Studio auf. Die nächsten Stationen ihrer sportlichen Karriere waren ein Lehrauftrag im Wahlpflichtfach Tennis, der Job als Jugendwartin im Verein, später im Verband. »Ich spiele nicht Tennis, ich lebe Tennis«, fasst Segner ihr Engagement zusammen.

Die Hauptaufgabe der Jugendwartin ist die Organisation der Jugendarbeit, inklusive der Kooperation mit dem Vereinsvorstand. »Das kann ein ziemlich mühsames Geschäft sein. Dauernd hört man: ›Das haben wir schon immer so gemacht.‹ Außerdem können viele der alten Herren sich Entwicklungen gar nicht so recht vorstellen. Die sehen nur, wo die Jugendlichen heute stehen, und nicht, wo sie in einem halben Jahr stehen könnten«, erzählt Segner über ihren Job. So lerne man im Verein mit Leuten zusammenzuarbeiten, die man ansonsten nicht ausstehen kann. »Auch eine wichtige Erfahrung«, kommentiert sie.

Segners Arbeit kann am ehesten als Projektmanagement bezeichnet werden: Organisation von Wettkämpfen, Anmeldung der Jugendlichen zu Turnieren, Kontakt zu den Eltern – all das gehört zu ihrem Job. Auch Probleme, beispielsweise mit dem Jugendtrainer, müsse sie lösen. »Meistens aber muss ich von mir aus die Dinge anschieben. Die Jugendlichen und auch die Eltern klemmen sich nicht so hinter das Training.«

Auch außerhalb des Vereins hält Segner die Jugendarbeit für reformbedürftig. Zum Beispiel in den Schulen: »Dieses Sportlehrergehabe! Die hetzen die armen Schüler über den Stufenbarren bis zum Gehtnichtmehr und verderben den jungen Leuten von vornherein den Spaß an der Bewegung.« Im privatwirtschaftlichen Bereich werden die Angebote bereits attraktiver. Veranstaltungen von Firmen wie Nike und Reebok bieten ein ganz anderes Flair, als es die meisten Jugendlichen aus der Schulturnhalle gewohnt sind.

Trainer

Je populärer die Sportart und je wichtiger der Wettkampf, desto berufener fühlt sich jedermann, Kommentare zu Taktik, Trainingsstand und Mannschaftsaufstellung zu geben. Der Erfolg hat viele Gesichter, die Niederlage nur eins: das des Trainers.

Das ist dann aber auch schon das Einzige, was Michael Komma, Trainer der Berlin Capitals, an seinem Job nervt. Er war früher selbst Eishockeyspieler, bekam nach einem schweren Bodycheck Probleme mit dem Gleichgewichtssinn und sattelte um auf Trainer.

Seit Ende 1999 führt der geborene Bayer seine Mannschaft. Die Ausbildung zum Profitrainer dauerte ein halbes Jahr und umfasste ein intensives Studium in Athletik, Training zur Schnelligkeit und Krafttraining, dazu Nebenfächer wie Rhetorik und Psychologie. »Vor allem aber braucht man ein bisschen Erfahrung im Sport und noch mehr im Leben«, so Komma. Dies sei im Arbeitsalltag und im Umgang mit den Spielern wichtiger als das Zertifikat.

Praxis-Box

Sportler zu sein ist das eine. Zum Trainer aber gehört mehr. Um sich auf eine Trainerausbildung vorzubereiten, hier zehn Tipps vom ehemaligen amerikanischen Basketballtrainer William Ray Heitzmann:[4]

1. Lesen Sie möglichst viel über Ihren Sport. Legen Sie nach und nach eine Bibliothek an. Auch Artikel, Studien und Fachmagazine zum Thema Trainieren gehören dazu. Wenn es Ihre Fremdsprachenkenntnisse erlauben, lesen Sie zusätzlich internationale Publikationen.
2. Besuchen Sie so viele Trainings wie möglich, und zwar auf unterschiedlichen Levels. Gerade ehemalige Leistungssportler neigen dazu, später andere so zu trainieren, wie sie selbst trainiert wurden.
3. Beobachten Sie während möglichst vieler Wettkämpfe das Verhalten der Trainer. Wann werden wie Anweisungen und Korrekturen gegeben? Welche Strategien werden sichtbar? Ihre Aufmerksamkeit sollte (beim Ballsport) nicht immer auf dem Ball, sondern auch auf dem Trainer liegen.
4. Lernen Sie das gesamte Regelwerk inklusive seiner Geschichte.

5. Wählen Sie einige Trainer als Vorbild. Versuchen Sie, Kontakt aufzunehmen und sammeln Sie Informationen über ihre Arbeit. Vielleicht haben die Trainer selbst etwas veröffentlicht.
6. Einer der besten Wege, den Sport zu verstehen, ist die Arbeit als Schiedsrichter. Beginnen Sie in einer Hobbyliga zu pfeifen.
7. Was passiert außerhalb der Saison? Sie sollten sich mit Kraft- und Konditionstraining, aber auch mit Sportlerernährung auskennen.
8. Finden Sie über Ihren Sportverband heraus, ob es Weiterbildungsseminare, Workshops und Konferenzen für Schiedsrichter und Trainer gibt. Fahren Sie hin.
9. Bleiben Sie sportlich.
10. Trainieren Sie Amateure und Freizeitsportler ehrenamtlich, auch als Assistenztrainer.

Der Trainer ist zugleich Lehrer, Kumpel und eine Art Vater für seine Schützlinge. Da ist es von Vorteil, wenn man die Sportart selbst betrieben hat, um sich besser in Mannschaft, Situationen und einzelne Spieler hineindenken zu können. »Es gibt nur ganz wenige Trainer, die nie aktiv waren«, bestätigt Komma. Doch das heißt nicht, dass ein guter Spieler auch automatisch ein guter Trainer ist. Sportliche Höchstleistungen schließen nicht unbedingt die Fähigkeit ein, auch andere zu Höchstleistungen zu bringen.

Der Trainer arbeitet nicht nur auf dem Spielfeld. Er ist Aushängeschild des Vereins und Ansprechpartner für die Presse. Er sollte eloquent sein und ein Händchen für den Umgang mit Journalisten haben. Fremdsprachenkenntnisse schaden nicht, denn in den meisten Ligen herrscht ein internationales Flair. Lust auf verschiedene Kulturen, Mentalitäten und Menschen gehört dazu. »Ich habe es mit 25 erwachsenen Einzelkämpfern zu tun. Da geht es um Verträge, um viel Geld und Ansehen. Das alles unter einen Hut zu kriegen, ist nicht immer leicht, aber auf jeden Fall eine reizvolle Aufgabe«, meint Komma.

Rund 100 Tage ist der Trainer mit seinen Spielern pro Saison unterwegs, zu Auswärtsspielen oder im Trainingslager. Außerhalb der Spielzeit stehen Vereinshausarbeiten an: neue Spieler aussuchen, kontaktieren und mit ihnen verhandeln. Der Trainer muss andere Vereine beobachten und Ausschau nach neuen Talenten halten. Für Komma ist das eigentlich ein Traumjob. »Endlich muss man nicht mehr so viel trainieren.«

Info-Box

Eine zentrale Aus-, Fort- und Weiterbildungsstätte für Trainer mit A-Lizenz, die die höchste deutsche Trainerlizenz erwerben möchten, ist:

Trainerakademie Köln
Guts-Muths-Weg 1
50933 Köln
Tel.: (02 21) 94 87 50
Fax: (02 21) 9 48 75 20
www.german.de/trainerakademie

Sportphysiotherapeut

Wenn Spitzenmannschaften bei wichtigen Wettkämpfen antreten, fahren mehr Spezialisten als Sportler mit: Die 22 Profispieler der Fußballnationalmannschaft beispielsweise werden von 28 Begleitern zur Europameisterschaft eskortiert. Fünf arbeiten als Delegation (Repräsentation, Medienarbeit), die übrigen gehören zum technischen Stab: Trainer, Zeugwarte, Ärzte und Physiotherapeuten. Letztere haben die Aufgabe, sich um die hoch bezahlten Achillessehnen und Adduktoren der Spieler zu kümmern. Sie sorgen für die körperliche Regeneration durch Massagen, Entlastungsverbände und andere physiotherapeutische Maßnahmen.

Praxis-Box

Um beim Deutschen Sportbund zur Lizenzierung als Sportphysiotherapeut zugelassen zu werden, muss man folgende
Voraussetzungen erfüllen:

- abgeschlossene Ausbildung zum Masseur, Medizinischen
  Bademeister oder Krankengymnast/Physiotherapeut
- Absolvierung eines Grundkurses Sportphysiotherapie
  nach den Richtlinien des Verbandes Physikalische Therapie oder des Deutschen Verbandes für Physiotherapie
- zweijährige sportphysiotherapeutische Erfahrung in mindestens einer Sportart
- Betreuung von Spitzenathleten, bestätigt durch einen
  Olympiastützpunkt oder einen Spitzenverband

Über die endgültige Zulassung entscheidet eine Kommission.

Siegfried Därr betreut die deutschen Leichtathleten bei Meisterschaften und Olympischen Spielen. Neben Sprintern, Hoch- und
Weitspringern pflegt er Turner, Eiskunstläufer und Radsportler. Er
arbeitet regelmäßig mit seinen Schützlingen und begleitet sie ins
Trainingslager. »Je früher man anfängt, die Athleten im Training
zu betreuen, desto besser. Denn wenn in der Wettkampfsituation
Beschwerden auftauchen, kann ich nicht mehr viel für den Sportler tun«, erklärt Därr.

Der Physiotherapeut ist Partner des Trainers. Gemeinsam beurteilen sie die körperliche Verfassung des Sportlers. Schließlich
müssen alle Anstrengungen und Maßnahmen punktgenau auf
den Wettkampf hin angelegt sein. »Wer als Erster ins Ziel
kommt, entscheidet sich häufig in einer Zehntelsekunde. Und genau auf diese Zehntelsekunde trainieren wir den Sportler«, so
Därr.

Entsprechend werden die Trainings- und Ernährungspläne erarbeitet. Die Ausrüstung (Schuhe!) muss auf die individuellen Stärken und Schwachpunkte des Athleten ausgerichtet sein, ebenso der

Trainingsaufbau. »Nicht jede Dehn- oder Aufwärmübung eignet sich für jeden«, erklärt Därr.

Der Physiotherapeut kann auch Korrektiv zum Trainer sein. Wenn er zum Beispiel feststellt, dass die Kondition bereits auf dem Höchststand ist, kann er empfehlen, das Training anders zu dosieren und statt der Kondition die Technik in den Vordergrund zu stellen.

Nach einer Verletzung überwacht der Physiotherapeut den Regenerationsprozess. Er führt Belastungstests durch, entwickelt einen Aufbautrainingsplan und gibt vor, wann der Sportler wieder mit dem Training beginnt. Er begleitet die medikamentöse Behandlung und achtet darauf, dass dem Sportler keine Stoffe, die auf der Dopingliste stehen, zugeführt werden.

Um am Körper des Sportlers zu arbeiten, sind fundierte medizinische und physiologische Kenntnisse nötig. »Am besten arbeitet man nach der Ausbildung in einer Praxis, die auch Spitzensportler betreut. Oder man bietet einem Verein mit Sportlern aus der Nationalmannschaft seine physiotherapeutischen Dienste an«, rät Därr. Wer sich dort engagiert, wird auf Empfehlung eines Sportlers oder eines etablierten Sportphysiotherapeuten auch schon mal mit ins Trainingslager genommen.

Auch Physiotherapeuten sind Teamplayer. Sie bilden gemeinsam mit Arzt, Trainer und Athlet eine Einheit. Sieg oder Niederlage hängt von vielen Einzelheiten ab: von der physischen und psychischen Verfassung des Sportlers, von Arzt und Physiotherapeut, von Elternhaus und Freunden. »Wenn der Erfolg sich einstellt, dann hat eben alles gestimmt«, so Därr.

Doch auch der Umgang mit Misserfolg gehört zum Beruf des Physiotherapeuten. »Ein hoch gehandelter Sportler, der als Fünfter ins Ziel kommt, muss von seinem Team sofort aufgefangen werden. Hier ist die Anteilnahme tausendmal wichtiger als bei Erfolg.« Im Lizenzierungsverfahren für Sportphysiotherapeuten ist daher Psychologie Pflichtfach.

Info-Box

Ausführliche Informationen über den Beruf des Physiotherapeuten erhält man bei:

Verband Physikalische Therapie-Vereinigung für
die physiotherapeutischen Berufe (VPT)
Bundesgeschäftsstelle
Hofweg 15
22085 Hamburg
Tel.: (040) 22 72 32 22
Fax: (040) 22 72 32 29
www.vpt-physio.com (Hier findet man unter anderem die Adressen aller Landesgruppen des VPT.)

Schiedsrichter

Urs Meier aus der Schweiz ist eigentlich Musiker, Günter Benko aus Schweden arbeitet wochentags als Krankenpfleger, Pierluigi Collina aus Italien ist von Haus aus Banker. Und Markus Merck, vom Deutschen Fußballbund zum Schiedsrichter 2000 gekürt, ist Zahnarzt. Ihr gemeinsamer Job: das Pfeifen von internationalen Fußballereignissen.

Viele Sportarten haben sich in den letzten Jahren professionalisiert. Die Konkurrenz ist größer, die Medienaufmerksamkeit und die Summen, die auf dem Spiel stehen, sind höher. Die Spieler sind schneller, athletischer und aggressiver geworden. Doch auch die Wahrnehmung der Zuschauer hat sich verändert: Sport ist nicht mehr in erster Linie körperliche Ertüchtigung, sondern Massenunterhaltung.

Und hier kommt der Schiedsrichter ins Spiel. Ob das Match spannend ist oder nicht, entscheidet sich auch am Unparteiischen. Jens Staudenmayer, einer der 25 Schiedsrichter im Bundesliga-Basketball, illustriert das so: »Stellen Sie sich doch mal vor, Sie schauen sich Ihre Lieblingsmannschaft an. Die Tribüne ist voll, die Stimmung bombig. Es gibt nur ein Problem: der Schiri pfeift alle zwei Minuten ab – und dann auch noch zugunsten des Gegners.«

Ob ein Spiel zerfasert ist oder fließt, ob es einen gezielten Spielaufbau oder nur zufällige Spielzüge gibt, hängt auch von der Kunst des Schiedsrichters ab. Staudenmayers Wahlspruch lautet daher: »So viel pfeifen wie nötig, um das Spiel unter Kontrolle zu halten. Aber so wenig wie möglich, um den Zuschauer bei Laune zu halten.«

Psychologie, Konfliktmanagement und Kommunikation sind also gefragt. »Der Schiedsrichter leitet das Spiel nicht mit Pfeife und roter Karte, sondern mit Persönlichkeit«, erklärt Staudenmayer. Auch Selbstvertrauen und ein dickes Fell sind nötig. Denn Schiedsrichter fungieren als Blitzableiter. »Wenn's nicht läuft, wird man attackiert von Spielern, Trainern und Zuschauern. Jeder versucht, den Schiedsrichter zum Sündenbock zu machen.«

Praxis-Box

Das amerikanische *Referee Magazine* gibt folgende Empfehlungen für Schiedsrichter:[5]

- Zeigen Sie Sportsgeist. Lassen Sie sich das Spiel nicht aus der Hand nehmen. Seien Sie besser!
- Setzen Sie Ihren Kopf ein. Die Trillerpfeife macht Ihre Entscheidungen nicht automatisch richtig.
- Spielen Sie nicht den starken Mann oder die starke Frau. Provozieren Sie weder Trainer noch Spieler.
- Passen Sie sich dem Spiel an: Unterschiedliche Spiele erfordern eine unterschiedliche Art zu pfeifen.
- Reden Sie ruhig, aber bestimmt. Brüllen ist ein Zeichen von Kontrollverlust, nicht nur über sich selbst, sondern auch über das Spiel.
- Ihre äußere Erscheinung sollte dazu geeignet sein, den Spielern Respekt abzuverlangen.
- Fans in der Gruppe zeigen drei Merkmale auf: (1) Unkenntnis der Regeln, (2) emotionale Aufgeladenheit, (3) Spaß daran, den Schiedsrichter zu provozieren. Vergessen Sie die Fans.

- Beantworten Sie berechtigte Fragen. Spieler und Trainer wollen Ihre Entscheidungen verstehen.
- Achten Sie auf Ihre Wortwahl, gerade in brenzligen Situationen. Wenn Sie aggressiv werden, treiben Sie Trainer und Spieler nur in die Defensive.
- Bleiben Sie cool – vor, während und nach dem Spiel. Nervöse Schiedsrichter bieten eine willkommene Angriffsfläche. No chewing gum!

Als erster Vorsitzender der Interessengemeinschaft der Basketball-Bundesliga-Schiedsrichter setzt sich Staudenmayer für ein differenziertes Aus- und Weiterbildungsprogramm für Schiedsrichter ein. Neben den traditionellen Lehrgängen, in denen die Anwärter stufenweise die Lizenzen für verschiedene Ligen erwerben, gewinnen Seminare und Workshops an Bedeutung. Hier werden die Entscheidungen der Schiedsrichter durch Videoarbeit analysiert und alternative Handlungsstrategien erarbeitet.

Schiedsrichter können auf der höchsten Ebene in einer Sportart aktiv sein, ohne selbst Hochleistungssport zu treiben. Lahme Enten sind allerdings nicht gefragt: Wer im Fußball pfeifen will, muss im so genannten Coopertest in zwölf Minuten mindestens 2 700 Meter laufen. Markus Merck schafft sogar 3 480 Meter.[6]

Info-Box

Informationen über Schiedsrichter-Lehrgänge erhält man über die Bundes- und Landesfachverbände der jeweiligen Sportarten.

Fachzeitschrift:
Referee
P.O. Box 161
USA-Franksville, WI 53126
Tel.: (0 01) (2 62) 6 32 88 55
Fax: (0 01) (2 62) 6 32 54 60
www.referee.com

Vereinspressesprecher

Wann fahren die Spieler ins Trainingslager? Welche Stars will der Verein verpflichten? Wann und gegen wen findet das nächste Freundschaftsspiel statt? Wie teuer sind die Dauerkarten für die nächste Saison? Solche Fragen von Journalisten und Fans beantwortet Hans-Georg Felder täglich per Telefon, Handy, Fax und E-Mail. Er ist Pressesprecher beim Fußballbundesligisten Hertha BSC in Berlin. Als Bindeglied zwischen Verein und Medien ist er für die Darstellung des Vereins nach außen hin verantwortlich.

Pressesprecher und -sprecherinnen schreiben Pressemitteilungen, organisieren und leiten Pressekonferenzen und betreuen vereinseigene Publikationen wie Magazine, Pressemappen, Videos und CD-Roms. Sie koordinieren PR-Termine und die Autogrammstunden der Sportler, veranstalten Tage der offenen Tür und Gewinnspiele.

Um jederzeit kompetent Auskunft geben zu können, schauen sich die Pressesprecher fast jeden Wettkampf an. »Ich fahre inzwischen sogar mit ins Trainingslager. Die Journalisten sind überall und wollen immer betreut werden«, berichtet Felder. Der gebürtige Rheinländer legte schon früh den Grundstein für seine Karriere und bediente als Kellner in einem Hotel die Spieler des 1. FC Köln.

Konzeptionelles Denken schulte Felder als Volontär bei einer PR-Agentur. »Wenn beispielsweise ein Heimspiel mit einem unattraktiven Gegner ansteht, weiß keiner, wie man die Zuschauer ins Stadion lockt. Da müssen richtige Marketingkonzepte her«, erklärt Felder.

Auch andere Klippen müssen in der Pressearbeit umschifft werden: Wolfgang Niersbach beispielsweise, Pressesprecher des deutschen Fußballbundes, steht in vorderster Front, wenn die deutsche Nationalelf ein Spiel verliert oder der Verband Schwierigkeiten hat, die Trainerposition zu besetzen. Niersbach erklärt dann immer aufs Neue, dass das Team sich bessern und die Verbandsspitze zusammentreten würde, dass man bestrebt sei, den Schaden zu begrenzen. Viele Termine, viele Interviews – viel Kritik, der es standzuhalten gilt. Doch nach langer Durststrecke gibt es auch wieder

Erfolg: Zusammen mit Kaiser Beckenbauer jubelte Niersbach kurz nach der vergeigten Europameisterschaft über die Vergabe der Weltmeisterschaft 2006 an Deutschland. Der Job eines Pressesprechers ist eben vielseitig, aber nicht immer angenehm.

Neben guten Umgangsformen, Organisationstalent und Einfallsreichtum ist sprachliches und schriftliches Ausdrucksvermögen gefragt. Ebenfalls wichtig ist das Verständnis für die Welt der Spieler, Trainer, Vereinsfunktionäre, Zuschauer und Fans. Deren Interessen können durchaus divergieren, beispielsweise wenn ein Spieler bei den Fans beliebt ist, innerhalb der Mannschaft aber das Gehaltsgefüge sprengt und deswegen verkauft werden muss.

In der Presse- und Öffentlichkeitsarbeit sind Kontakte alles. Man muss die Journalisten in den Sport- und Lokalredaktionen kennen und wissen, welche Meldung wann und für wen interessant ist. Obwohl er selbst Sport studiert hat, ist Felder überzeugt: »Kontakte knüpft man nicht im Hörsaal, sondern durch Praktika und freie Mitarbeit.« Sein Motto: Es gibt keinen Kontakt, der nichts wert ist.

Info-Box

Informationen zum Berufsfeld Öffentlichkeitsarbeit/Public Relations erhält man bei:

Deutsche Public Relations-
Gesellschaft
St. Augustiner Str. 21
53225 Bonn
Tel.: (02 28) 9 73 92 87
Fax: (02 28) 9 73 92 89
www.dprg.de

Deutsches Institut für
Public Relations
Postfach 10 16 28
41548 Kaarst
Tel.: (0 21 31) 76 89 70
Fax: (0 21 31) 76 89 71
dipr@junkers.d.eunet.de

Fachzeitschrift:
PR-Magazin (erscheint sechsmal jährlich)

Vereinsmanager

Große Vereine werden inzwischen wie Wirtschaftsunternehmen geführt. Kein Wunder bei den Summen, die im Spiel sind: Spitzenreiter der Fußballbundesliga ist der Hamburger Sportverein mit einem Saisonetat 2000/2001 von fast 60 Millionen Euro, dicht gefolgt vom Rekordmeister Bayern München mit 50 Millionen Euro.[7] Natürlich hat nicht jeder Vereinsmanager einen mehrstelligen Millionenbetrag zum Ausgeben. Trotzdem fällt genügend Arbeit an: Bereiche wie Verkauf, Mitgliederakquise, Pressearbeit und Verhandlungen mit Sponsoren müssen aufgebaut, organisiert, erweitert und professionalisiert werden. Dafür wählen Manager je nach Vereinsgröße professionelle Kräfte aus und führen die Ehrenamtlichen. Letztere sind fast immer »unheimlich engagierte Leute, die nicht über Geld motivierbar sind. Da muss man als Manager ganz anders mit umgehen können«, erklärt Jens-Uwe Babin, Geschäftsführer beim Fußballregionalligisten Darmstadt 98.

Babin ist für Marketing und Öffentlichkeitsarbeit, Verwaltung und Finanzen zuständig. Der ehemalige Pressesprecher des FC Homburg 08 promovierte als Betriebswirt über die Perspektiven des Sportsponsorings.

Heute liegt sein Hauptaugenmerk darauf, neue Zielgruppen für den Verein zu gewinnen: Er arbeitet mit Schülerzeitungen zusammen, die regelmäßig aus dem Stadion oder vom Training berichten, vergibt Freikarten an Jugendmannschaften und verhandelt mit ortsansässigen Unternehmen über Kartenkontingente für Mitarbeiter.

Babin ist auch als Controller tätig. Gemäß den Lizenzierungsvorgaben des Deutschen Fußballbunds fertigt er vierteljährliche Soll-Ist-Vergleiche an, überwacht die Finanzbuchhaltung und ist Ansprechpartner für den Steuerberater. Ab 30 000 Euro Jahresumsatz gelten nicht mehr die vereinsüblichen steuerlichen Vergünstigungen.

Bislang ist die Arbeit der deutschen Sportverbände wenig auf die Interessen der kaufmännischen Vereinsleitung hin ausgerichtet. Um hier Informationsaustausch und Weiterbildung für hauptamtliche Geschäftsführer zu bieten, rief Babin gemeinsam mit etwa 140 größeren Vereinen das Selbsthilfeforum Freiburger Vereinigung ins Leben. Hier finden Seminare statt zu Themen wie Qualitätsmanagement in Sportvereinen oder Scheinselbstständigkeit.

Auch Andrea Scheffler managt Sport: Als Clubmanagerin des Golfclubs Schloss Wilkendorf in Brandenburg koordiniert sie die Vorbereitung und Abwicklung von Turnieren, akquiriert Sponsoren und organisiert Geburtstags- und Hochzeitsfeiern für Clubmitglieder. Um immer über die Zufriedenheit der Anlagenutzer auf dem Laufenden zu sein, hält sie engen Kontakt zu den Mitgliedern. Schließlich ist eine Golfanlage nicht nur Sportplatz, sondern auch ein Ort gesellschaftlicher Zusammenkünfte. Nach den Turnieren finden Abendveranstaltungen mit Musik, Büfett und Tombola statt. Eventmanagement ist gefragt.

Scheffler begann ihre Karriere mit einer Ausbildung im Hotel und lernte dort, mit einer anspruchsvollen Klientel umzugehen. Die Weiterbildung zur Touristikmanagerin vermittelte, dass zur Leitung eines Sportvereins auch Entscheidungsfreude, unternehmerisches Denken, Führungsqualitäten, Organisationstalent, Urteilsfähigkeit und Engagement gehören.

Die meisten Leute, die im Vereinsmanagement arbeiten, sind Quereinsteiger aus ganz unterschiedlichen Berufen. Ärzte, Architekten und Lehrer finden sich genauso wie Werber, Gastronomen und Maschinenschlosser. Je professioneller der Verein geführt wird, desto wichtiger sind Kenntnisse in Betriebswirtschaft, Marketing, Personalführung, Veranstaltungskoordination und Sportanlagenentwicklung.

Durch die Professionalisierung der Vereinslandschaft kommen neue Aufgaben auf die Sportmanager zu. In vielen Vereinen wird zur Geldbeschaffung neben Merchandising und Sponsoring auch ein Börsengang diskutiert. Doch: Was macht die Vereinsleitung mit den 50 Millionen Euro, die die Aktienausgabe bringen kann? Schließlich muss das Geld im Sinne der Anleger investiert werden. Neue Spieler scheiden als Investitionsobjekt aus. »Die sind viel zu schnell wieder weg, und dann haben Sie das Geld der Shareholder veruntreut«, rät Babin ab. Eine mögliche Alternative: in Steine und Boden investieren und das Stadion umbauen. Dazu müssen Verhandlungen mit der Kommune geführt, spezialisierte Architekten, Techniker und Baufirmen gefunden werden. Allerdings seien die wenigsten Mannschaften bisher reif für einen Börsengang. »Sie fürchten zu Recht, dass der Kapitalmarkt das nicht positiv aufnehmen wird und dass dann auch die sportliche Reputation darunter leidet«, erklärt Babin.

Er sieht die Zukunft des Sportmanagements außerhalb der ganz großen Vereine eher darin, einzelne Bereiche auszugliedern und auf eigene wirtschaftliche Füße zu stellen, sowie in der wirtschaftlichen Verwaltung der Sportanlagen. »Schwimmhallen beispielsweise gehören meist der Stadt oder Kommune, die unter chronischer Finanzknappheit leidet und die Dinger loswerden will.« Vereine könnten die Anlage häufig zu einem symbolischen Preis kaufen und in Eigenregie betreiben. Dazu gehöre von Managementseite betriebswirtschaftliches Know-how und Marketingideen. Schließlich müssen die Vereine sich von kommerziellen Anbietern abgrenzen und Anlagen sowie Trainingsmöglichkeiten attraktiv gestalten.

Info-Box

Über den Börsengang englischer Fußballvereine informieren die Fachzeitschriften *Soccer Analyst* und *Soccer Investor*. Von den Bundesligavereinen ist bislang nur Borussia Dortmund an die Börse gegangen. Infos unter www.borussia-dortmund.de und www. borussia-aktien.de.
Informationen bei:

Freiburger Vereinigung
Erfurter Str. 3
70376 Stuttgart
Tel.: (07 11) 54 67 62
Fax: (07 11) 5 59 02 05

Deutscher Golf Verband
Viktoriastr. 16
65189 Wiesbaden
Tel.: (06 11) 9 90 20-0
Fax: (06 11) 9 90 20 40
www.golf.de

Arbeitskreis Sportökonomie
Bundesinstitut für
Sportwissenschaft
Carl-Diem-Weg 4
50933 Köln
Tel.: (02 21) 4 97 90
Fax: (02 21) 49 51 64
www.bisp.de

Fanbeauftragter

Reclaim the Game lautet das Motto der Fans. Und sie sind eine gewichtige Interessengruppe im Sportgeschäft, nicht nur als Konsumenten von Dauerkarten, Vereinstrikots und Dosenbier. Beim Erstligisten Borussia Dortmund gelten die Fans wegen ihrer hingebungsvollen und lautstarken Unterstützung als zwölfter Mann auf dem Platz. Eine ausgeprägte Fankultur gibt es in der Bundesrepublik fast ausschließlich im Fußball.

Fans kommen auch in die Schlagzeilen. Prügeleien während Europa- und Weltmeisterschaften oder auch im Rahmen des ganz normalen Bundesligaalltags finden große Beachtung in den Medien. Doch nicht alle Fans sind gewalttätige Kahlköpfe. Gegen Kommerzialisierung, Versitzplatzung und auch gegen Rassismus stellt sich das Bündnis aktiver Fußballfans.

Um ihre Anhängerschar in Schach zu halten, setzen Vereine Fanbeauftragte zur Betreuung der Jugendlichen ein. Viele sind latent oder offen aggressiv, Schlägereien mit den Fans anderer Vereine kommen vor. Eine kritische Beobachtung der Entwicklung in der Szene und die Zusammenarbeit mit der Polizei sind wichtige Bestandteile der Fanarbeit. Fanbeauftragte haben aber auch angenehme Aufgaben. Sie organisieren Fahrten zu Auswärtsspielen, die Turniere der Fanliga, Wettkämpfe gegen andere Fanvereine, Autogrammstunden mit den Profis und Partys.

Fanprojekte produzieren eigene Fanzines wie *Notbremse*, *Strafraumpogo*, *Fan geht vor*, *Kölsch Live* und *Kick Off*. Hier sammeln die Sportbegeisterten erste sportjournalistische Erfahrungen. Hauptthemen sind die Mannschaft, einzelne Spieler, der Verkauf oder Ankauf von neuen Stürmern, Abwehr- und Mittelfeldspielern. Bücher und CDs, die mit Fußball zu tun haben, und die Fanzines anderer Vereine werden rezensiert.

Peter Schmidt hat sich mit Haut und Haar dem Fußball verschrieben. Sein Verein: Hansa Rostock, bekannt für eine große, nicht durchweg friedliche Anhängerschar: Kuttenträger, Hooligans, aktive Fans, Fahnenschwenker und Modefans. Schmidt ist hauptberuflich erster Vorsitzender des Fanprojekts Hansa Rostock, eine Initiative von Fans für Fans.

Der Chef vom Fanprojekt, wie Schmidt sich selbst nennt, ist Herr über eine Kneipe mit zwei Großbildschirmen, drei Fernsehern und fußballgerechtem Essen: Würstchen, Pommes und Gulaschsuppe. Ein großer Biergarten verführt im Sommer sogar Nicht-Fans zum Besuch.

Ein großer Teil der Hansa-Fanarbeit besteht in der Organisation von Auswärtsfahrten. »Das ist eigentlich das Hauptproblem, das muss man erst einmal in den Griff bekommen. Zu Hause ist es einfach, aber auswärts, wenn man da eine Masse von ein paar tausend hat, dann wird das schwierig.« Die Zahlen: »Bei Spitzenspielen sind wir schon mal 20 000 Rostock-Fans. Aber auch sonst fahren ungefähr 3 000 Leute mit. Sieben bis acht Busse haben wir immer«, sagt Schmidt.

Und die Gewaltbereitschaft? Erfahrung im Konfliktmanagement ist gefragt. Schmidt räumt ein: »Einige unserer Fans sind ein bisschen übermotiviert. Wenn die zu viel getrunken haben, dann muss man aufpassen, wenn die mit anderen Fans Streit anfangen.« Er und seine Mitarbeiter hätten ihre Pappenheimer aber fest im Griff. Schließlich verfügen sie über Erfahrungen mit Fans und auch über Sanktionsmittel. »Wir können die Randalierer von den Auswärtsfahrten ausschließen. Wenn da einer Unfug macht, das wissen die auch, schließlich haben sie dafür unterschrieben, dann fahren die das nächste Mal nicht mit«, so Schmidt.

Diese Strategie trage nachhaltig zur Disziplinierung bei. Schließlich kenne er sich als echter Hansa-Fan mit den Mechanismen der Szene aus und wisse, welche Sprache die Fans verstehen. Und darauf kommt es an: »Ich finde das komisch, wenn in anderen Fanprojekten irgendwelche Studierten so was machen, die keine Ahnung von Fußball haben.«

In der Fanarbeit ist einiges in Bewegung gekommen. Carsten Grab, Fanbeauftragter des Erstligisten Hertha BSC, strukturierte zur Saison 2000/2001 die über 600 von ihm betreuten Fanclubs um. Jedes der über 10 000 Mitglieder verpflichtete sich, auf Gewaltanwendung, politisch inkorrekte Gesten und Handlungen zu verzichten. Erst dann erhalten die Fanclubs die Auszeichnung OFC (Offizieller Fanclub) und damit ermäßigte Dauerkarten und Ra-

batte auf Devotionalien. Qualität statt Quantität schwebt Grab
für die Zukunft der Fanarbeit vor.

Info-Box

Informationen bei:

Koordinationsstelle Fanprojekte
Deutsche Sportjugend
Otto-Fleck-Schneise 12
60528 Frankfurt/Main
Tel.: (0 69) 6 70 02 76
Fax: (0 69) 67 73 00 00
www.dsj.de
(Hier findet man unter anderem
die Kontaktadressen von Fan-
projekten im gesamten Bundesgebiet.)

Bündnis Aktiver Fußballfans
(BAFF)
Postfach 1123
63401 Hanau
www.aktive-fans.de

Nick Hornby, *Fever Pitch – Ballfieber. Die Geschichte eines Fans*,
    Köln 1997
Christoph Biermann, *Wenn Du am Spieltag beerdigt wirst, kann ich
    leider nicht kommen. Die Welt des Fußballfans*, Köln 1995
Hardy Grüne, Michael Müller-Möhring, *1000 Tipps für Auswärts-
    spiele. Von Aachen bis Zwickau*, Kassel 1999
Ralph Köhnen, Thomas Thelen, *Entscheidend is auffem Platz. Texte
    rund um den Fußball*, Essen 1998

Weitere Jobs in Sportvereinen

Mannschaftskoch

Die Angst der deutschen Fußballprofis vor schlechtem Essen ist
groß. Und so wird zu wichtigen Spielen eigens ein Mannschaftskoch abgestellt. Literatur: Fritz Westermann, *Die große Fußball-
Fitness-Küche*, München 1998

Mannschaftsarzt

Als Mannschaftsärzte arbeiten Mediziner mit Weiterbildung in Sportmedizin, Orthopädie, Chirurgie, Allgemeinmedizin oder Innere Medizin.

Mentaltrainer

Da auch gute Trainer nicht notwendigerweise alles können, werden ihnen manchmal Mentaltrainer zur Seite gestellt, die den Sportler oder die Mannschaft auch psychisch auf den Wettkampf vorbereiten (siehe Kapitel »Dienstleistungen für Sportler«).

Marketingspezialist

Je nach Vereinsgröße gibt es spezialisierte Stellen in Marketingbereichen wie Merchandising, Mitgliederakquise, Sponsorenbetreuung. Dasselbe gilt für die bundesweiten und internationalen Verbände.

Spezialisierter Anwalt

Vereine werden von Rechtsanwälten zum Beispiel bei Vertragsgestaltung oder Streitigkeiten mit anderen Vereinen oder Verbänden vertreten.

5.

Sport und Tourismus

Die Deutschen sind zwar nicht Weltmeister im Fußball, dafür aber im Reisen. Für die 160 Milliarden Euro, die allein hierzulande in der Tourismusindustrie jährlich umgesetzt werden, wollen die meisten etwas erleben. Etwa 20 Prozent der Reiselustigen machen im Urlaub die schönste Nebensache der Welt zur Hauptsache und laufen Ski, fahren Snowboard oder surfen.[8] Auch Aktivitäten wie Helikopterskiing, Wakeboarding, Rafting, Survivaltraining und Bungeejumping geht man eher im Urlaub als im Alltag nach. Wer es konventioneller mag, bewegt sich im Urlaub mit dem Fahrrad, im Ruderboot oder per pedes fort.

Für Sportbegeisterte eröffnet sich hier ein weites Arbeitsfeld. Ob als Animateur in Ferienanlagen oder Trekkingführer, als Spezialist für Golfreisen oder Organisator von Fahrten zu großen Wettkämpfen-Reisen mit Sport sind gefragt. »Allzu viele Menschen verbringen ihren Tag in der Tretmühle zwischen Akten und Computer. Da wollen sie wenigstens im Urlaub mal wieder ihren Körper so richtig spüren«, erklärt Chris Bade, Reitlehrerin auf einem Hof in Brandenburg. Auch wenn der Trend hin zu Kurzreisen oder preiswerteren Angeboten geht, so ihre Erfahrung, haben die Sportreisen immer ihren Markt.

Während die großen Reiseveranstalter den Massenmarkt weitgehend unter sich aufteilen, bieten sich für kleine Anbieter Chancen in der Spezialisierung. Entsprechend breit sind die Jobangebote für Sportenthusiasten. Allerdings reicht es nicht aus, ein Sportass zu sein. Dienstleistung ist gefragt. Daher verlangt Peter Bolsinger von der Deutschen Reisebüro Gesellschaft von zukünftigen Mitarbeitern Teamfähigkeit, soziale Kompetenz, Auslandserfahrung und Sprachkenntnisse. Wer in eigener Regie Sportreisen organisieren will, braucht darüber hinaus Kenntnisse über die Verhältnisse am Reiseziel und betriebswirtschaftliches Wissen.

Info-Box

Stellenmärkte im Bereich Tourismus und Sport gibt es im Internet unter www.fvw.de.

Aus- und Weiterbildung im Bereich Tourismus bietet an:

Merkur Akademie International
Karlstr. 36-38
76133 Karlsruhe
Tel.: (07 21) 1 30 30
Fax: (07 21) 1 30 31 10
www.merkur-akademie.de

Susanne Mendack, *Berufsfeld Tourismus. Jobs in der Tourismusbranche, Verdienstchancen, Weiterqualifikation*, Regensburg 1998

Fachzeitschriften:
Fremdenverkehrswirtschaft (erscheint zweimal monatlich)
FVW international. Zeitung für die Tourismuswirtschaft (erscheint dreißigmal jährlich)

Tour-Operator

Klettern, Laufen, Biken, Reiten, Canyoning, Paddeln, Rafting, Höhlentouren, Segeln, Tauchen, Angeln, Golf oder Tennis – manche freuen sich über solche zusätzlichen Angebote am Urlaubsort. Für die anderen sind sie Mittelpunkt, Sinn und Zweck der Reise.

Sport im Urlaub ist zum Statussymbol geworden. Aufregend,

abenteuerlich und exklusiv soll es sein. Schließlich will einer, der eine Reise tut, hinterher was erzählen. Wandern gilt als abenteuerlich, wenn es im Himalaja stattfindet und Trekking genannt wird. Golf wird erst Golf, wenn man auf dem ehrwürdigen Old Course in St. Andrews, Schottland, gespielt hat. Hier, so sagt man, steht die Wiege des Golfsports auf dem ältesten Golfplatz der Welt.

Exotik bei Sportarten wie Sandboarding, Tauchen, Angeln, Jagen, Wasserski, Reiten, Kanu- oder Raftingtouren bietet Sven Bieler aus Berlin bei seinen African Camp Safaris. Als Reiseveranstalter ist er im südlichen und östlichen Afrika unterwegs und führt individuelle Touren von ein bis 14 Personen. Einzigartige Landschaften, eine exotische Tierwelt und afrikanische Traditionen bilden den Rahmen für ein einzigartiges Sportprogramm: Paddeln auf dem Sambesi, Bungeejumping an den weltberühmten Viktoria-Fällen, Gorillatrekking oder eine Besteigung des Kilimandscharo. Die Durchführung der jeweiligen Sportart wird individuell auf die einzelnen Reisegruppen zugeschnitten.

Bieler verkauft seine Angebote über spezialisierte Adventure-Reiseanbieter, aber auch auf Messen oder Ausstellungen. Ein professioneller Internetauftritt, der den direkten Kontakt zum Veranstalter ermöglicht, ist gerade für spezialisierte Reiseveranstalter unverzichtbar.

Der Reiz der Tätigkeit als Tour-Operator liegt für Bieler darin, Afrika mit all seinen aufregenden Möglichkeiten zu zeigen. »Wenn du einmal da gewesen bist, holt dich der Kontinent immer wieder ein.« Als Bieler noch in der Kneipe African Bar arbeitete, verbrachte er seinen ersten Urlaub auf dem schwarzen Kontinent. Heute ist er mehrmals im Jahr mit seinen Gruppen in Off-Road-Trucks und Jeeps unterwegs. Die Teilnehmer schlafen in Zelten, gekocht werden afrikanische Spezialitäten auf dem offenen Feuer der Campküche. »Wenn der Kunde die Reise so annimmt, wie wir sie planen, dann bin ich zufrieden. Es gibt auch Querulanten, klar. Das Reisegesetz muss man schon im Kopf haben, um nicht hinterher von Regressforderungen überrascht zu werden.«

Praxis-Box

Juristische Grundlagen für Tour-Operators

- Im Reisevertrag erkennt der Kunde mit Buchung und Unterschrift die allgemeinen Reisebedingungen an, die der Veranstalter vorgibt. Darin geht es um die Einzelheiten von Anmeldung und Bezahlung, Konditionen bei Umbuchung oder Rücktritt und vor allem um Haftungs- und Leistungsverpflichtungen beider Seiten.
- Empfehlungen zur Vertragsgestaltung gibt es beim Deutschen Reisebüroverband (Adresse unten).
- Veranstalter sind gesetzlich verpflichtet, alle Leistungen so zu erbringen wie angeboten. Das heißt auch, dass zusätzliche Extras, die gesondert bezahlt werden müssen, als solche ausgewiesen werden. Vom Zimmer mit Meerblick aus muss das Wasser tatsächlich zu sehen sein.
- Reiseveranstalter sind verpflichtet, ihre Kunden auf Einreisebestimmungen von Ziel- und Transitländern aufmerksam zu machen.
- Reiseveranstalter müssen eine Insolvenzversicherung nachweisen, die für den Rücktransport der Teilnehmer geradesteht. Den Sicherungsschein erhalten die Kunden im Idealfall bei der Buchung.
- Der asr (www.asr-online.de) bietet Hilfe bei der Entscheidung zwischen verschiedenen Versicherungsmodellen an.
- Reisereklamationen und Regressansprüche von durchschnittlich einem Prozent der jährlichen Kunden sind vor Gericht erfolgreich. Eine spezielle Rechtsschutzversicherung wird von den Verbänden für alle Reiseveranstalter empfohlen. Gerade bei Abenteuer- und Sportreisen ist eine Haftpflichtversicherung wichtig.

Anspruchsvolle Sportreisen werden zunehmend auch von Firmen gebucht. Als Incentives für verdiente Mitarbeiter beispielsweise, denen ein paar Tage Mountainbiketouren im Hochgebirge oder das Abenteuercanyoning spendiert werden. Oder für die Manager eines multinationalen Unternehmens, die auf Erkundungstour durch alle Herkunftsländer der Mitarbeiter geschickt werden. Die Geschäftsleitung verspricht sich davon, dass aus sportlichen Anstrengungen ein intensives Gemeinschaftsgefühl der Firmenfamilie entsteht.

Die Klientel der Managerreisen hat andere Ansprüche als die Sportcracks. Während die einen im Zelt schlafen, werden die anderen in möglichst aufwändigen Hotelanlagen untergebracht. Die Ausrüstung ist vom Feinsten, Abenteuer und sportliche Herausforderung treten in den Hintergrund. Solche Reisen führen in der Regel in die Schweizer Alpen oder an den Gardasee, wo die touristische Infrastruktur Spaß und Bequemlichkeit garantiert. Für die Anbieter haben diese Reisen den Vorteil, dass sie jeweils ganze Gruppen-Pakete an Unternehmen verkaufen und so besser kalkulieren können.

Info-Box

Weitere Informationen bei:

Bundesverband der deutschen
Reisebüros und Reiseveranstalter
Mannheimer Str. 15
60329 Frankfurt/Main
Tel.: (0 69) 2 73 90 70
Fax: (0 69) 23 66 47
www.drv.de

Fernstudium für Sport- und
Touristikmanagement
IST Studieninstitut
Steinstr. 34
40210 Düsseldorf
Tel.: (02 11) 86 66 80
Fax: (02 11) 8 66 68 30
info@ist-studieninstitut.de

Fachzeitschrift:
abenteuer und reisen. Das Erlebnis-Magazin (erscheint zweimal monatlich)

Outdoor-Guide

»Als Jon Krakauer am frühen Nachmittag des 10. Mai 1996 den Gipfel des Mount Everest erreichte, hatte er seit 57 Stunden nicht mehr geschlafen und litt unter der bewusstseinstrübenden Wirkung von Sauerstoffmangel. Während er sich an den langen gefährlichen Abstieg aus 8 848 Metern Höhe machte, kämpften sich noch 20 andere Bergsteiger mühevoll nach oben. Keiner hatte bemerkt, dass am Himmel Wolken aufzogen.«[9] Am nächsten Morgen, als der Journalist des Outside-Magazins sich im sicheren Basislager ein wenig erholt hatte, stand fest, dass im Sturm sechs seiner Bergkollegen vermisst wurden. Nur einer überlebte, verlor aber wegen schwerer Erfrierungen seine rechte Hand.

Unter den Toten waren zwei erfahrene Bergführer, denen die Katastrophe am höchsten Berg der Welt angelastet wurde: der Neuseeländer Rob Hall und der US-Amerikaner Scott Fischer. Ihr Job war es, Abenteuerlustige aufs Dach der Welt zu bringen. Zur Gruppe gehörte zufällig der Journalist Krakauer, der das Drama in seinem berühmten Buch *Into Thin Air* geschildert und damit die Debatte um solche Touren für Anfänger entfacht hat.

Exotik und Abenteuer verkaufen sich hervorragend an gelangweilte Städter mit einigermaßen guter Kondition. Dabei stellt sich regelmäßig die Frage der Verantwortung: Was, wenn etwas passiert? Der hauptberufliche Klettertrainer und Canyoning-Guide Frank Roßkamp sagt dazu: »Angst ist der schlechteste Ratgeber. Wenn ich Angst hätte, könnte ich solche Touren nicht durchführen. Mein Wissen und Können, Voraussicht, die richtige Ausrüstung und die Gewissheit, alle Sicherheitsaspekte berücksichtigt zu haben, lassen mich ruhig an diese Touren herangehen.« Letztendlich sei der Bergführer eher ein Unterstützer. »Die Teilnehmer müssen sich ihrer eigenen Verantwortung für das, was sie tun, bewusst sein.«

Roßkamp führt kleine Gruppen von acht Personen über den im Zweiten Weltkrieg geschlagenen Wau-Bulldog-Trail ins Innere Papua Neuguineas, in unberührte Dörfer und mittels Flussfahrten zurück in die Hauptstadt. Zuvor erkundete er allein den Dschungel und den fast vergessenen Pfad. Er muss für die Flüge, die Übernachtungen und Transfers in dem nicht gerade mit touristischer Infrastruktur gesegneten Land sorgen, aber auch für die spezielle Ausrüstung der Teilnehmer. Zusätzlich ist er für die Gruppe und die möglichen Probleme zuständig.

Auch Stefan Snamyslo aus Dresden arbeitet als Trekkingführer und studiert Tourismuswirtschaft an der Berufsakademie in Sachsen. Dort macht er sich mit Betriebswirtschaft, Volkswirtschaft und Fremdsprachen vertraut. Die Hälfte des Jahres verbringt er an unterschiedlichen Reisezielen, am liebsten in Nepal und auf dem Kilimandscharo.

Die Touren verlangen dem Wanderbegleiter nicht nur physische Kraft ab, auch die psychische Seite spielt eine wichtige Rolle. Eine harmonische Atmosphäre nennt Snamyslo als wesentliche Voraussetzung für das Gelingen einer Trekkingtour. Gesunder Menschenverstand, Improvisationstalent und Optimismus helfen, die Anstrengungen des Bergwanderns zu meistern. Vor Ort arbeitet Snamyslo mit Partnern zusammen, darunter Hotels, Lodges, Bergführern und Trägern.

Neben einer guten Kondition und Freude an der Natur sollten angehende Outdoor-Guides kommunikatives Geschick und seelische Stabilität besitzen. Und: »Ohne Sozialkompetenz kann niemand Outdoor-Guide werden«, betont Wilfried Mach, Gründer und Geschäftsführer der Outdoor Academy Europe in Ratingen bei Düsseldorf. »Es reicht nicht, sich einen Kindheitstraum erfüllen zu wollen. Menschen, die sich einem Guide anvertrauen, müssen sich auf ihn verlassen können. Hier ist ein hohes Verantwortungsbewusstsein gefragt.«

Outdoor-Guides sind für die minutiöse Vorbereitung der Reise zuständig. So muss der Programmablauf bis ins Detail geplant werden. Der Guide fährt vor Beginn der Tour in das jeweilige Gebiet, um sich mit der Umgebung vertraut zu machen und bei den örtlichen Behörden Genehmigungen einzuholen. Je nach Programm wird beispielsweise geklärt, ob Feuer gemacht und Zelte aufgeschlagen werden dürfen oder ob es eine Landeerlaubnis für Hubschrauber gibt.

Eine Überlegung ist auch die Konditionsstärke der Teilnehmer. Oft müssen mehrere Touren mit unterschiedlichen Anforderungen entwickelt werden, vom Spaziergang bis zum Höhenbergsteigen. Den jeweiligen Schwierigkeitsgrad gilt es möglichst vor der Reise genau mit den Teilnehmern abzuklären. Die erste Etappe einer Wanderung gilt regelmäßig als Übung, um einen letzten Konditionstest durchzuführen. Sorgfältige Vorbereitung und präzise Organisation reduzieren die Probleme. »Überraschungen kann es aber immer geben«, erklärt Outdoor-Trainer Mach. »Deshalb müssen die Guides unbedingt flexibel sein und notfalls improvisieren können.«

Im Himalaja wie beim Klettern im Pfälzer Wald steht für Guides und Touristen die unmittelbare Berührung mit der Natur im Vordergrund. Auf gemächliche oder schweißtreibende Weise lässt sich die Welt erkunden, kann der Wanderbegeisterte Länder und Kulturen intensiver als mit dem Bus oder Auto kennen lernen. Oft ist das Überwinden des inneren Schweinehunds das wichtigste Erfolgserlebnis auf der Tour. Manche reizt auch das Gruppengefühl, sie wollen einmal raus aus den eingefahrenen Beziehungen des Alltags und neue Leute kennen lernen. »Und wenn man dann die Sterne ansieht und dem Himmel ein Stück näher gekommen ist, dann hat sich alles gelohnt«, findet Snamyslo.

Info-Box

Informationen zur Outdoor-Guide-Ausbildung bei:

Outdoor Academy Europe
Mülheimer Straße 40
40878 Ratingen
Tel.: (0 21 02) 8 56 96 26
Fax: (0 21 02) 84 70 92
www.outdoor-academy.com

Internationaler Wildnis-
führerverband
Albblick 2
72160 Horb-Betra
Tel.: (0 74 82) 91 32 31
Fax: (0 74 82) 91 32 32
www.wildnisfuehrer.ch
www.wildnisfuehrer.de

Fachzeitschriften:
Wandermagazin (erscheint sechsmal jährlich)
Trekkers World. Abenteuer, Reisen, erleben (erscheint sechsmal jährlich)
Berge. Das internationale Magazin der Bergwelt (erscheint zweimal monatlich)
Bike. Das Mountain-Bike-Magazin (erscheint viermal jährlich)

Survival-Trainer

Die Kunst zu überleben oder *Im Tretboot über den Atlantik* – die Bücher des Überlebensgurus Rüdiger Nehberg regen Zigtausende von »Hobby-Überlebenden« zu eigenen Abenteuerversuchen an. »Menschen wollen an ihre Grenzen stoßen«, fasst Rolf Werner, Leiter eines spezialisierten Reiseanbieters in Schwaben den Trend zusammen, und er ergänzt: »Survival ist nicht unbedingt Exotik. Das Abenteuer findet im Kopf statt. Da sind ferne Landschaften eine nette Zugabe, aber nicht das Entscheidende.«

In Vorabgesprächen machen seine Trainer den Teilnehmern deutlich, dass es sich nicht um einen netten Waldspaziergang handelt. »Dabei ist es nicht damit getan, den Abenteuerlustigen zu erklären, dass man Spinnen essen kann«, erzählt Werner. Seine Trainer lassen die Teilnehmer Gegenstände mitbringen, die sie ihrer Meinung nach für ein Überleben im Wald brauchen. »Die werden dann gleich zu Beginn des Kurses eingesammelt, was regelmäßig Panik, Entsetzen, Unglauben oder Fatalismus auslöst.« In der Vorbereitungsphase entscheidet die Gruppe gemeinsam über Verhaltensregeln, zum Beispiel in Bezug auf Alkohol oder Schlafenszeiten. Dabei steht der Teamgedanke im Vordergrund.

Neben der körperlichen Fitness, die ein Survival-Trainer braucht, um schwächere Mitglieder der Gruppe zu unterstützen, ist Fingerspitzengefühl gefragt. Man muss erkennen, wenn ein Teilnehmer durch Verantwortungslosigkeit die Sicherheit der anderen gefährdet und dafür sorgen, dass aus einzelnen Fehlleistungen kein Chaos entsteht. Außerdem muss der Trainer rechtzeitig wissen, wann Einzelne die Grenze ihrer Belastbarkeit erreicht haben. »Das geht weit über technisches Können hinaus. Die eigene Begeisterung zu vermitteln ist gut und schön. Die Herausforderung besteht darin, erschöpfte und vielleicht mittlerweile unwillige Menschen durch so ein Abenteuer zu begleiten und bei der Stange zu halten«, erklärt Werner die Aufgaben seiner Trainer.

Viele Teilnehmer haben sich nach zwei Tagen an das einfache Leben gewöhnt und sind begeistert von der Natur. Andere Erfahrungen hat der Eifelförster Peter Wohlleben gemacht, der im Zuge der Renaturierung der heimischen Wälder dreitägige Survivalkurse durchführt. Nur mit Schlafsack und Taschenmesser ausgerüstet ziehen seine Gruppen los. Gegrillte Asseln (»schmecken wie Chips«) und Regenwürmer sind obligatorische Posten auf dem Speisezettel. Wohlleben berichtet, dass am zweiten Tag etliche Überlebenslehrlinge mit Übelkeit und Kopfschmerzen aufgeben. Sein lakonischer Kommentar: »Manche versagen eben unter Stress.«

Nicht nur Privatleute buchen Extremtouren. Firmen schicken ihre Führungskräfte ins Abenteuer, um Teamgeist und Kreativität zu fördern und ihre Stärken und Schwächen auszuloten. So führte der gelernte Physiotherapeut Hans-Jürgen Büttner aus Berlin schon Mitarbeiter der Deutschen Bank auf Offroad- und Trekkingtouren nach Ägypten und in den Himalaja.

Büttner träumte lange davon, es seinem Vorbild Rüdiger Nehberg gleichzutun. Nach zwölf Jahren im ungeliebten Job begann er dann, seinen Traum wahr zu machen. Er rüstete Wohnmobile um, baute einen Trekkingversand auf und begann, Überlebenstrainingskurse an Schulen zu geben. Büttner importierte Geländewagen aus Indien, die sein Kollege Andreas Kaminski himalajafest machte. »Diese Wagen sind allen Geländeanforderungen gewachsen. Sie müssen aber den europäischen Bestimmungen entsprechend umgebaut und den Anforderungen der Touren angepasst werden«, so der Kfz-Meister Kaminski.

Auf den Touren lernen die Teilnehmer dann, mit einfachsten Mitteln in der Wildnis zu überleben. »Am Anfang wissen die Leute nicht einmal, wie sie zu Wasser kommen, wenn gerade kein Supermarkt in der Nähe ist«, erklärt Büttner. Essen und Trinken, Wäsche wechseln und ein Dach über dem Kopf – auf diesen Reisen wird alles auf ein Minimum reduziert. Die Teilnehmer lernen, mit nichts außer sich selbst und der Natur zu leben. Sie graben zum Beispiel nach essbaren Wurzeln, um die Gruppe zu ernähren. »Wenn sich die Leute nach dem ersten Schreck darauf einlassen, sich der Natur ergeben und mehr Sicherheit gewinnen, dann ist das eine positive Weiterentwicklung, die sie später in ihren Alltag mitnehmen«, so Trainer Büttner.

Solche Sicherheit lässt sich nicht nur für viel Geld im Himalaja oder im Dschungel Borneos gewinnen. Für ein paar 100 Euro sind

Trainings im Elbsandsteingebirge, in der Eifel oder in den Auwäldern der Oberrheinebene im Angebot. Auch wer Angst vor Schlangen im Urwald hat oder keinen Wert auf das Grillen von Würmern legt, kann etwas erleben: Eine Drei-Tage-Wanderung durch das Sauerland mit Rucksack, Kompass und Karte kann aufregend und aufreibend genug sein.

Info-Box

Rüdiger Nehberg, *Survival-Lexikon*, München 2000
–, *Die Kunst zu Überleben – Survival*, München 1998
–, *Survival-Training*, München 1995
–, *Im Tretboot über den Atlantik*, München 1999

Fachzeitschriften:
outdoor (erscheint monatlich)
Offroad bike. Cross-Magazin (erscheint unregelmäßig)

Fahrrad-Guide

Wunderschöne Landschaften, atemberaubende Aussichten, erstklassige Hotels, Transport des Gepäcks und jederzeit verfügbare Mechaniker für die Fahrräder, ausreichend Masseure und Physiotherapeuten für die ausgelaugten Muskeln: Die bestorganisierte Fahrradreise der Welt ist natürlich die Tour de France. Leider auch die strapaziöseste. Wer es lieber geruhsam angehen und die Reise auch genießen will, kann sich einem Fahrradreiseveranstalter anvertrauen, beispielsweise der Aachener Firma Weinradl. Von den Reisenden werden keine sportlichen Höchstleistungen verlangt, stattdessen Mitwirkung, Flexibilität und Improvisationstalent.

Unter dem Motto »Essen und Trinken hält Leib und Seele zusammen – die gleiche Wirkung erzielt auch das Radfahren« bieten die Radsportbegeisterten von Weinradl Erlebnis- und Kulturreisen zu 16 europäischen Reisezielen an. Die Idee: Reisen mit dem Fahrrad ist mehr als Sport, mit dem Fahrrad reist man einfach anders. Schließlich kommt man mit dem Rad an Orte, die für Autos gar nicht erreichbar sind, zum Beispiel Weinberge, eine Steilklippe, eine Lichtung im Wald. Eine Philosophie, bei der auch leibliche Genüsse nicht zu kurz kommen. Seit 20 Jahren führen die Radwanderreisen in klassische Weingebiete wie das Burgund und die Provence, aber auch in Bierländer wie Flandern und Dänemark.

Interview

Oliver Saueressig aus Düsseldorf betreut individuelle Fahrradreisen ins Ausland. Er ist ein Quereinsteiger der Tourismusbranche, der Hobby mit Broterwerb verknüpft. Ursprünglich studierte Saueressig Germanistik und strebte eine Karriere als Wissenschaftler an. Sein Job als Fahrrad-Reiseleiter beschränkt sich für ihn keineswegs darauf, während des Radelns darauf aufzupassen, dass niemand verloren geht.

Frage: Was sind die Aufgaben eines Fahrrad-Guides?

Saueressig: Reiseleiter bei den Erlebnis- und Kulturreisen sind velotechnische Helfer, Kofferträger, Wegweiser, Picknickeinkäufer, Ansprechpartner für Hoteliers und Küchenchefs, charmante und taktvolle Mitreisende und Botschafter unserer Urlaubsphilosophie.

Frage: Was mussten Sie für Ihren neuen Beruf lernen? Und wie haben Sie sich das zusätzliche Wissen angeeignet?

Saueressig: Lernen musste ich dafür eigentlich nicht viel. Ich habe zunächst begonnen, meine Fremdsprachenkenntnisse aufzubessern, da es im Ausland sehr wichtig ist, die Landessprache zu beherrschen. Organisationstalent hatte ich, und Fahrrad und Kleinbus fahren konnte ich auch schon. Lediglich das Halten von Vorträgen bereitete mir Bauchschmerzen. Das habe ich aber ziemlich schnell schon beim Auswahlverfahren für meine erste Reiseleitertätigkeit überwunden. Bezeichnend, dass ich mich an der Uni immer vor Referaten gedrückt und mich dieser Herausforderung nie gestellt hatte. Für die Reiseleitertätigkeit war ich sofort bereit, meine Scheu zu überwinden.

Frage: Eine völlige berufliche Umorientierung ist immer ein Wagnis. Was hat Ihnen geholfen, Ihre Ziele neu zu definieren?

Saueressig: Als Erstes ist es wichtig zu wissen, was man nicht will. Ich habe mich lange an viele Illusionen geklammert. Das hat mich unfrei gemacht und mir die Möglichkeit genommen, mich neu zu orientieren. Erst als ich bereit war, alles aufzugeben, konnte ich etwas Neues annehmen. Das fühlt sich im ersten Moment zwar reichlich unsicher an und macht Angst, aber diese Angst muss man einfach überwinden.

Frage: Woher kamen die Zweifel an Ihrem ersten Berufswunsch?

Saueressig: Ein Jahr nachdem ich meine Stelle als studentische Hilfskraft in einem Forschungsprojekt an der Uni angefangen hatte, merkte ich, dass mich besonders alle organisatorisch-technischen Aufgaben reizten, also außer Kaffee kochen und kopieren auch Terminabsprachen mit Versuchspersonen, Durchführungen von Experimenten, Versuche am Computer konstruieren, die praktischen Arbeiten eben. Die Theorie und das langwierige statistische Auswerten der Versuchsergebnisse hingegen interessierten mich weniger.

Frage: Sind Sie mit Ihrer Entscheidung zufrieden?

Saueressig: Bisher ja. Ich denke wirklich, dass mir das Vermitteln von Inhalten mehr liegt. Reiseleitung ist ein sehr anspruchsvoller Job, körperlich und auch psychisch. Man lernt wahnsinnig viel über alle Bereiche des Lebens. Das ist sehr schön, aber manchmal eben auch anstrengend.

Diashow-Presenter

So unbeliebt häusliche Diaabende bei Freunden und Verwandten sind, so begeistert nehmen die Zuschauer mittlerweile professionell präsentierte Diashows erfahrener Fernreisender an. Mit Multivisionsvorträgen, aufwändiger Technik und kinoleinwandgroßen Projektionsflächen werden Dias von fremden Ländern und Kulturen gezeigt. Musik, Nebelschwaden und 3-D-Effekte entführen den Zuschauer auf bunte Märkte, in mystische Tempel, auf zugige

Gletscher, in den tropischen Urwald und in die Hütten der Urus auf dem Titicaca-See.

Rund ums Fernweh des Publikums hat sich ein regelrechter Markt mit festen Tourneen entwickelt. Schätzungsweise 20 Weltenbummler und Diashow-Presenter können mittlerweile gut von diesem Geschäft leben. Hinzu kommt eine unbekannte Zahl von Reisenden, die immerhin genug verdienen, um ihre eigenen Touren zu finanzieren. Um sich in der Branche halten zu können, braucht es allerdings einiges an Investitionen. Einen professionellen Multivisionsvortrag zu produzieren kann zwischen 15 000 und 50 000 Euro kosten.

Je extremer die Reisen, desto größer das Interesse des Publikums: mit dem Fahrrad durch Indien, mit der Transsibirischen Eisenbahn von Paris nach Peking oder als Wanderer in Nepal. Kai-Uwe Küchler, erfahrener Reiseerzähler und Abenteurer aus Berlin, testet seine persönlichen Grenzen am liebsten auf Reisen in die Himalajakette, nach Südamerika und in den Süden Afrikas. Der passionierte Höhenbergsteiger, Fotograf, Reisejournalist und Germanist erarbeitet Länderportraits, ein Mix aus Kultur, Menschen und Abenteuer, die er dann in Diashows auf einer Tournee präsentiert – bundesweit in über 50 Städten.

Die körperliche Herausforderung war das, was ihn zuerst in die Ferne lockte. Doch um dann zu Hause davon spannend zu erzählen, bedarf es weiterer Stärken. Zunächst Improvisationstalent, Vergnügen am einfachen Leben, eine stabile geistige Verfassung und Sensibilität für fremde Kulturen; später sind sprachliches Ausdrucksvermögen, ein Sinn für Dramaturgie und publikumswirksame Inszenierungen vonnöten.

Mit einer dreiwöchigen Ferienreise in die Serengeti ist es hingegen nicht getan. Das Erstellen einer Show kann zwei bis drei Jahre dauern. Ist das Wetter schlecht, die Tiere nicht da oder die politische Situation für bestimmte Ausflüge zu unsicher, können mehrere Trips notwendig werden.

Neben der Begeisterung für den Sport und weite Reisen sind fotografische Kenntnisse und ein Gefühl für das richtige Motiv gefragt. Schließlich soll jedes Bild bis zu 1 000 Leute pro Vorstellung begeistern. »Auch die Zuschauer sind inzwischen Profis geworden.

Mittelmäßige Fotos locken niemand mehr hinterm Ofen hervor«, so Experte Küchler.

Werbung, Vermarktung und Produktion der Diashows erfolgt über seine Firma Art & Adventure. Dort werden die Plakate und Anzeigen gestaltet, die Kundenkartei geführt und der Kontakt zur Presse gepflegt. Auch an Zeitungen und Buchverlage verkauft Küchler seine Bilder. »Man muss aufpassen, dass man nicht im Papierkram erstickt, aber das gehört eben dazu.« Im Vordergrund steht für ihn die Lust am Bergsteigen und Reisen. »So habe ich wenigstens immer eine Ausrede zu fahren.« Bisher habe sich der Aufwand stets gelohnt – auch finanziell.

Praxis-Box

Ob Sie Talent zum Diashow-Presenter haben, können Sie nur in der Praxis herausfinden. Auch wenn Sie mit Ihren Vorführungen schon Erfolge bei Freunden und Verwandten hatten, testen Sie erst einmal eine gezielt aufgebaute Präsentation:

- Nehmen Sie sich alle Bilder einer Reise (besser mehrerer Reisen in dieselbe Gegend) vor und wählen Sie nach strengen Qualitätsmaßstäben die besten davon aus.
- Suchen Sie einen roten Faden und bringen Sie die Dias in eine erzählerische Ordnung. Eliminieren Sie gnadenlos alle Aufnahmen, die nicht zu Ihrer Geschichte gehören.
- Achten Sie darauf, nach ruhigeren Strecken immer wieder optische und erzählerische Höhepunkte einzubauen.
- Führen Sie Ihre fertige Show einem fremdem Publikum vor. Das kann der örtliche Pfadfinder- oder Fußballclub sein, ein Seniorenheim oder die Klasse eines befreundeten Lehrers.
- Achten Sie auf die Reaktionen Ihres Publikums, auf jedes einzelne Bild, jede Anekdote. Achten Sie auf Langeweile genauso wie auf Unverständnis und Nachfragen, auf Lachen wie auf Begeisterung und Staunen. Gestalten Sie die Show gegebenenfalls um.

Animateur

»Animateur klingt gleich so negativ, nach Leuten, die immer nur den Pausenclown am Pool spielen«, findet Renate Brandl aus Regensburg. Sie arbeitet seit Jahren als Animateurin und baute den Aerobicbereich des ersten deutschen Robinson Clubs an der Mecklenburgischen Seenplatte auf. Animateure werden dort Robins genannt.

Im Club gibt es drei große Abteilungen. Zum Sportbereich gehören unter anderem Tennis, Ski, Fitness und Wassersport. Dabei genügt es für den Animateur nicht, selbst ein Crack in der betreffenden Sportart zu sein. Er oder sie muss auch über pädagogische Fähigkeiten verfügen und zum Beispiel erkennen können, wo die Grenzen der Belastbarkeit des einzelnen Gastes liegen. Im Bereich Familie wird Kinder- und Jugendbetreuung angeboten, darunter Ausflüge, Sport und Kinderdiscos. Hier arbeiten Pädagogen und Erzieher, gern mit Zusatzqualifikation Erlebnispädagogik. Im dritten Bereich, dem Entertainment, werden Shows auf die Bühne gebracht.

Um in einem Ferienclub zu arbeiten, muss man Qualifikationen für einen der drei Bereiche mitbringen. Besonders gern gesehen sind Leute, die mehrere Talente aufbieten können, beispielsweise wenn ein Skilehrer singen oder ein Instrument spielen kann. Da sich alle um die Gäste kümmern, sind in jedem Fall sehr gute kommunikative Fähigkeiten gefragt.

Mit Menschen umgehen – das steht im Ferienclub an erster Stelle. Schließlich wird von allen Mitarbeitern erwartet, dass sie sich mit den Gästen unterhalten. »Das sind meistens Freiberufler oder Selbstständige so zwischen 30 und 50 Jahren. Die erwarten nicht immer nur Small Talk, sondern auch mal Unterhaltung auf hohem Niveau«, erklärt Brandl. Eine fundierte Allgemeinbildung und gute Umgangsformen sind trotz entspannter Urlaubsatmosphäre sehr wichtig.

Nicht nur die Ferienclubs, auch größere Hotelanlagen stellen mittlerweile Animateure zur Gästebetreuung ein. Hier werden vorwiegend Sportler gesucht. Es lohnt auch, direkt bei den großen Touristikunternehmen nachzufragen – der Bedarf ist da.

Der Tag eines Animateurs beginnt um 9 Uhr mit einer Teamsit-
zung inklusive Bereichsleiter, bei der das Tagesprogramm durchge-
sprochen wird. Danach gehen die Mitarbeiter in ihre Bereiche, unterrichten Sport, unternehmen etwas mit den Kindern oder
bereiten die Shows vor. Von allen wird auch ein Engagement in der
Küche erwartet: zwei- bis dreimal pro Woche steht ein Robin am
Kochtopf. »Da kann aber nicht viel schief gehen, weil die Köche
alles vorbereiten. Die Zutaten stehen quasi wie bei Biolek schon
fertig neben dem Herd«, erklärt Brandl.

Gegen 19 Uhr geht es an die Bar, wo die Gäste unterhalten und
auf den Abend eingestimmt werden. »Manche denken, die wollen
auch mal ihre Ruhe haben, doch viele freuen sich, wenn im Club
was los ist«, beschreibt Brandl die Atmosphäre. Ungebremste Lust
auf Konversation, das lasse einen auch nach einem anstrengenden
Tag mit viel Sonne noch fröhlich und kommunikativ sein.

In einem Club zu arbeiten ist Dienstleistung pur: Der Gast steht
im Mittelpunkt, von den Mitarbeitern wird viel Belastbarkeit erwartet. Dafür bieten Clubs ein vielseitiges Betätigungsfeld: »Das
ist nicht so wie im Reisebüro, wo man hauptsächlich im Computer nach freien Flugplätzen sucht.« Im Club gibt es, neben dem
Sport viele weitere Berufe, die man für sich ausprobieren kann,
zum Beispiel als Künstlerin im Atelier, als Bühnenbauerin bei den
Shows oder als Tourleiter bei den Ausflügen.

Dabei hält Brandl das unmittelbare und meistens positive Feedback der Gäste für eine wichtige persönliche Erfahrung. »In ein
paar Monaten im Club kann man Dinge lernen, für die andere Jahre brauchen. Manche fühlen sich allerdings schnell als Star und
müssen zwischendurch auf den Boden der Tatsachen zurückgeholt
werden«, betont sie. Um die Erfahrungen auszuwerten, sei es
wichtig, immer wieder zu reflektieren: Was mache ich hier eigentlich? Was geschieht mit mir?

Der Beruf des Animateurs ist eine exzellente Chance für Quereinsteiger ins Tourismusgeschäft. Man trifft auf ein buntes Völk-
chen mit sehr unterschiedlichen Biografien. Für Sportcracks bietet
sich hier die Möglichkeit, eine Zeit lang intensiv dem eigenen
Sport nachzugehen. Das Wichtigste sei, dass jemand sich bewusst
für die Arbeit im Club entscheidet, sagt Brandl. »Man darf auf kei-

nen Fall in die Gästebetreuung gehen, bloß weil einem nichts Besseres eingefallen ist.« Und ihr persönlicher Tipp: »Ich kann es nur empfehlen, in einem Club zu arbeiten. Man kann sich persönlich wahnsinnig weiterentwickeln. Wichtig ist, sich nicht treiben zu lassen, sondern Entscheidungen bewusst zu fällen.«

Info-Box

Weitere Informationen über Arbeitsmöglichkeiten als Animateur bei:

Club Med
Emil-von-Behring-Str. 6
60439 Frankfurt/Main
Tel.: (0 69) 95 88 38 30
Fax: (0 69) 95 88 38 35
www.clubmed.com

Robinson Club
Karl-Wiechert-Allee 23
30625 Hannover
Tel.: (05 11) 56 70
Fax: (05 11) 5 67 13 01
www.robinson-club.de

Aldiana
Poststr. 4
Poststr. 4
CH-8808 Pfäffikon
Tel.: (00 41) (5 54 15) 86 40
Fax: (00 41) (5 54 15) 86 46
www.aldiana.de
www.aldianajobs.com

Skilehrer

Wer nicht gerade in einem österreichischen oder Schweizer Bergdorf wohnt, für den ist Skifahren, vor allem Abfahrt, eine reine Feriensportart. Bernhard Pomp, ursprünglich Mönchengladbacher, arbeitet während der Saison als Skilehrer in österreichischen Wintersportgebieten. Die meisten seiner Kollegen unterrichten in Skischulen. Pomp zieht es jedoch vor, mit Gruppen von Wintersportbegeisterten auf eine Hütte oder in ein Hotel zu fahren. Die Gruppen engagieren ihn wochenweise, oder er bietet selbst zusammengestellte Programme an. »Das hat den Vorteil, dass ich ganz individuell mit den Einzelnen je nach persönlichem Können arbeite. So kann es im Extremfall sein, dass ich morgens mit den Anfängern am so genannten Idiotenhügel den Stemmbogen und das Abrutschen übe und nachmittags mit den Fortgeschrittenen ins Gelände gehe.« Abends stehen dann alle gemeinsam an der Bar, auch das gehöre dazu, so Pomp.

Der Job des Skilehrers gibt Pomp zuallererst einmal die Möglichkeit, seine Leidenschaft für den Sport beruflich einzusetzen und selbst »einfach sehr viel Ski zu fahren«. Wirklich genervt vom Unterrichten ist er eigentlich nie. Dazu gehört neben dem persönlichen Können auch die Fähigkeit, den eigenen Bewegungsablauf präzise vorzuführen – und das in immer neuen Wiederholungen. Schlampige Fahrweise rächt sich schnell. Die Schüler schauen sich Unarten ihrer Lehrer leicht ab. Genauso wichtig ist das Fehlersehen und die Bewegungskorrektur, was auch in der Prüfung für die Übungsleiterlizenz getestet wird.

Wer nicht frei arbeiten möchte, findet eine Jobbörse auf den Internetseiten des Deutschen Sportlehrerverbandes. Rund 330 professionelle Schneeschulen sind dort organisiert, die längst nicht nur Ski alpin oder Carvingkurse anbieten. Auch Snowboarden, Langlauf und Skispringen werden unterrichtet. Pomps Tipp für angehende Skilehrer und -lehrerinnen: so schnell wie möglich Fortbildungslehrgänge besuchen, um auch Fortgeschrittenengruppen unterrichten zu können.

Wie alle Sportlehrer muss auch ein Skilehrer mehr können als seine Sportart: »Nur gut Ski zu fahren reicht nicht, da fährt man besser Rennen. Aber gut reden allein ist auch nicht genug, da bleibt man besser an der Bar. Es ist also sehr von Vorteil, in beiden Disziplinen deutlich über dem Durchschnitt zu liegen.« Geduld, Begeisterungsfähigkeit und die Gabe, anderen etwas erklären zu können, gehören dazu. »Und Trinkfestigkeit«, ergänzt Pomp.

Info-Box

Die Vorbereitung und Prüfung als Trainer oder Übungsleiter kann man bei Vereinen und Verbänden durchführen.

Weitere Informationen bieten auch:

Deutscher Sportlehrerverband
Am Rasselberg 16
35578 Wetzlar
Tel.: (0 64 41) 92 12 10
Fax: (0 64 41) 92 12 12
www.dslv.de
Der deutsche Sportlehrerverband
bietet eine Jobbörse an.

Deutscher Hotel- und Gaststättenverband
Postfach 20 04 55
53134 Bonn
Tel.: (02 28) 82 00 80
Fax: (02 28) 8 20 08 46
www.dehoga.de
Hier werden Jobs in Wintersporthotels vermittelt.

Gleitschirm- und Drachenfluglehrer

Der Traum vom Fliegen ist so alt wie die Menschheit selbst. Denn in der Luft verändert sich die Perspektive: »Du schwebst auf einmal über den Dingen, gleitest in eine andere Dimension«, so erklärt Marco Gänger die Lust am Fliegen. Er ist Fluglehrer aus Lenggries bei München.

Wer sich den Traum vom Fliegen erfüllen will, muss neben dem Wissen um Aerodynamik und Meteorologie ein Gefühl für die thermischen und geografischen Verhältnisse entwickeln. Das Fliegen schärft die Sensibilität für die natürliche Umgebung. »Manchmal wartest du stundenlang auf den richtigen Wind und musst dich voll auf die Natur einlassen. Unfälle passieren meistens durch falsche Einschätzung des Wetters«, berichtet Ben Liebermeister vom Deutschen Hängegleiterverband. Im Auftrag des Bundesministers für Verkehr testet er Fluggeräte, lässt Flugschulen zu und übernimmt die Ausbildung der Drachenflug- und Gleitsegellehrer.

Die insgesamt dreistufige Lizenz, die jeder Drachen- oder Gleitschirmflieger benötigt, darf nur von den geprüften Lehrern aus rund 200 zugelassenen Flugschulen erteilt werden. Lag der Schwerpunkt der Schulen früher – das Drachenfliegen kam in den sechziger Jahren auf, lenkbare Gleitschirme sind in Deutschland seit 1987 zugelassen – im Alpenraum, haben sich mit der Verbesserung des Materials und der Flugleistung in der Zwischenzeit auch etliche Schulen in den Mittelgebirgen und sogar im Flachland angesiedelt.

Anfänger können sich zunächst einmal an einen erfahrenen Piloten »anhängen«. Ein Tandemflug verspricht Kribbeln im Bauch und ein unvergessliches Erlebnis. Dabei werden die technischen Details, zum Beispiel das Lenken durch Schwerpunktverlagerung (bei Drachen) oder Lenkseile (bei Gleitschirmen) vom Piloten übernommen. Nach der theoretischen Schulung aber muss der Lernende allein in die Luft. Der Fluglehrer braucht dann – neben dem theoretischen Wissen – viel Flugerfahrung, um jede Situation in der Luft auch vom Boden aus nachempfinden zu können. »Wenn man seinem Schüler nur über Funk beistehen kann, kriegt man schon mal Magensausen. Das Risiko ist relativ hoch«, erklärt Fluglehrer Gänger. Anhand von Videoaufzeichnungen und anschließender Analyse werden Fehler besprochen und Verbesserungsvorschläge gemacht.

Anders als bei Fluglehrern in Segel- oder Motorfliegern kann der Drachen- oder Gleitschirmlehrer nicht direkt eingreifen. Die Schulung verlangt vom Lehrer schnelle Reaktionen auf mitunter lebensbedrohliche Fehler, die er klar und eindeutig über Funk formulieren muss. Konzentration auf das, was in der Luft vor sich geht, ist gefragt. Nervenstärke und Ruhe sind daher wichtige persönliche Voraussetzungen für angehende Fluglehrer, regelmäßige Fortbildungen ein Muss.

Gänger engagiert sich mittlerweile hauptsächlich für die Promotion und Imagepflege des Flugsports. Als Mitarbeiter von Free Flight Pool, ein Zusammenschluss von Herstellern, Flugschulen und dem Deutschem Hängegleiterverband, besucht er internationale Messen, organisiert TV-Produktionen und pflegt die Zusammenarbeit mit anderen Funsportarten. »So zehn bis fünfzehn Events im Jahr finden statt. Ich bin dann vor Ort und informiere die Leute. Wir zeigen unseren Sport an Flugsimulatoren, bemühen uns aber auch, mit den örtlichen Flugschulen zusammenzuarbeiten, um Live-Vorführungen bieten zu können«, berichtet Gänger.

Rund 30 000 Aktive üben den Sport in Deutschland aus. Doch sie beschränken sich nicht nur auf den heimischen Luftraum. Man kann an den schönsten Stellen der Erde fliegen, wenn die Bedingungen stimmen. Und so offerieren Sportreisebüros wie auch Großanbieter Fernreisen mit Kursen in Gleitschirm- und Drachenfliegen. Abenteuerlustige können Südafrika, Australien und Südamerika aus der Luft erkunden. Auch die Austragungsorte des World Cups, der von Free Flight Pool mit organisiert wird, befinden sich rund um den Globus: in Österreich, Spanien, Norwegen, Brasilien, Venezuela, Australien und Japan.

Info-Box

Weitere Informationen bei:

Deutscher Hängegleiterverband
Postfach 88
83701 Gmund am Tegernsee
Tel.: (0 80 22) 9 67 50
Fax: (0 80 22) 96 75 99
www.dhv.de

World Cup und Zusammenschluss der Interessengruppen:

Free Flight Pool
Miesbacher Str. 2
83703 Gmund am Tegernsee
Tel.: (0 88 21) 1 88 53
Fax: (0 88 21) 1 88 44
www.free-flight.de

Fachzeitschriften:
DHV-Info (erscheint fünfmal jährlich)
Gleitschirm (erscheint monatlich)
Fly and Glide (erscheint monatlich)

Sportevent-Reisen

Der pure Sportenthusiasmus treibt Uwe und Rosi Ellger von austrasiatours an. Als Marathonläufer organisieren sie Fahrten zu allen bekannten Langstreckenereignissen, auf Bali oder Grönland, in London, New York oder Hongkong. So hat Uwe Ellger bereits mehrfach am »besten Lauf der Welt« teilgenommen, dem 90-Kilometer-Comrades-Marathon in Südafrika. Er ist stolz darauf, dass alle »seine« Läufer bei diesem Ultrarennen ins Ziel gekommen sind.

Als aktive Laufsportler wissen die Ellgers, was die Interessenten über die Details der Rennstrecken wissen wollen. Persönliche Beratung und Überlegungen, ob ein Lauf der individuellen Kondition entspricht, gehören zu ihrem Geschäft.

Rosi Ellger betreut die Begleitpersonen der Sportler und empfängt die Läufer am Ziel. Das Unternehmen kümmert sich um die Reisegruppen nicht nur sportlich, beispielsweise bei der gemeinsamen Streckenbesichtigung, sondern sorgt für Gesamtpakete mit Flug, Unterbringung und touristischem Rahmenprogramm, bei dem auch Land und Leute erkundet werden. Dem Ruf der Langstreckler entsprechend sind dies keine Luxusreisen. Wo immer möglich, wohnen die Läufer bei sportinteressierten Gastgebern. Auf Grönland stehen zur Unterbringung Jugendherberge, Seemannsheim oder einheimische Familien zur Auswahl.

Wer Bewegung eher lästig findet, kann sich trotzdem für den Sport begeistern – als Zuschauer. Um bei Topevents wie den Olympischen Spielen oder Meisterschaften dabei zu sein, nehmen echte Fans eine Menge auf sich. Man denke nur an die oft verregneten Zeltplätze am Nürburgring, wenn dort Schumacher & Co. um den Formel-1-Sieg rasen. Viele, die einmal bei Olympia oder einer Fußball-WM dabei sein möchten, scheitern aber bereits, wenn sie sich auf eigene Faust Karten besorgen wollen.

Spezialreiseanbieter bringen die Fans an Ort und Stelle. Sie organisieren Flug und Unterkunft, betreuen die Fans in weit entfernten Ländern, helfen ihnen, Land und Leute ein bisschen kennen zu lernen und vor allem besorgen sie die gewünschten Karten für die Sportstadien. Wolfgang Vieten aus Meerbusch bei Düsseldorf, studierter Diplom-Sportlehrer, hat aus dem Hobby seinen Beruf gemacht. Er ist immer gern in die weiten Landschaften der USA, nach Kanada und Australien gereist. Heute leitet er zusammen mit seiner Frau Petra ein erfolgreiches Sportreiseunternehmen.

Angefangen hat alles mit Abenteuerreisen für Studierende und andere Individualisten, die sich nicht ganz auf eigene Faust ins Ausland wagen wollten. Den Durchbruch mit Sportreisen hatte Vietentours dann zur Fußball-Weltmeisterschaft 1994 in den USA.

Ihre Erfahrungen mit dem Land schlugen sich so überzeugend in ihrer Bewerbung nieder, dass sie als offizielle Reiseveranstalter für die WM ausgewählt wurden. »Glück gehabt«, sagt Vieten. »Wir waren zur richtigen Zeit am richtigen Ort.« Nicht nur Glück allein, gibt er zu, denn es war auch harte Arbeit, die zu diesem Erfolg führte. »Wo wir einmal Glück hatten, hatten wir auch hundertmal Pech. Das sieht natürlich keiner. Man darf sich aber nicht entmutigen lassen«, empfiehlt er. Um sein Geschäft zu illustrieren, beschreibt er die Olympiavorbereitungen: »Nehmen Sie Sydney 2000. Man hat uns gesagt, die Hotelzimmer seien schon seit zwei, drei Jahren ausgebucht für die Spiele. Aber wir sind immer wieder hingefahren, haben hier sieben Zimmer gefunden und dort zehn.«

Und der Sport? Aus ihrem Zweitberuf als Schauspielerin und TV-Moderatorin hat Petra Vieten jede Menge Kontakte zu Sportlern, Journalisten und Vereinen – daher treffen sich bei Vietentours nicht nur gleichgesinnte Fans, sondern auch Ex-Sportler wie Uwe Seeler, Familienangehörige von aktuellen Olympiahelden und andere Prominente. Der Besuch von WM-Partys oder dem Training der deutschen Nationalmannschaft sind dann Extra-Zuckerl bei der geplanten Asienreise zur Fußball-WM 2002.

Wie viel Engagement so eine Sportreise verlangt, zeigt das Beispiel der Qualifikationsspiele für die WM 2002. Noch gut zwei Monate vor der Partie England gegen Deutschland war nicht entschieden, in welchem Stadion es ausgetragen wird. Entsprechend musste der Veranstalter drei Parallelangebote entwickeln. Dreimal Flüge vorbuchen, dreimal Hotelzimmer sichern, dreimal ein attraktives Rahmenprogramm für London, Liverpool oder Birmingham zusammenstellen. Denn schließlich reicht es nicht, Tickets und Eintrittskarten zu besorgen. Wenn die Fans schon mal vor Ort sind, wollen sie neben dem Sportevent auch etwas vom Land sehen.

Die Vietens arbeiten auch für Firmen. Schließlich sind Wembley oder Wimbledon nicht nur sportliche Highlights, sondern auch gesellschaftliche Ereignisse, zu denen durchaus auch mal Firmenangehörige reisen möchten. Woher nehmen die beiden Sportverrückten die Energie für die langen Arbeitstage? »Was Spaß macht, zum Beruf machen!« Das ist ihr Tipp für alle, die ihrem Beispiel folgen möchten.

Sportsbar-Manager

»Wenn im Winter auf den angrenzenden Bergen Schnee liegt und du hier unten bei 20 Grad auf Superwellen surfen kannst – das ist ein irres Feeling.« Für Stefan Erschel, heute Besitzer einer Sportstation und Strandbar auf Teneriffa, ist das Wellenreiten Funsport pur. Sport darf für ihn nicht in Stress ausarten: »Den Adrenalinkick beim Wellenreiten, nur darauf kommt es mir an«, schwärmt Erschel.

Wenn einer zu alt für den Leistungssport ist und keine Geduld zum Unterrichten hat, dann kann er immer noch mit dem Après-Sport seine Brötchen verdienen, dachte sich Erschel. Er hängte also seine Feuerwehruniform an den Nagel und suchte nach einer neuen Herausforderung. Am Wasser musste sie liegen – und er fand sie in einer Sportsbar auf der spanischen Atlantikinsel. Hier kann er nun nach Herzenslust seinem Hobby frönen.

Viele Gäste aus den umliegenden Hotelanlagen sind ebenfalls Surfer. Nach dem Sport schauen sie bei Erschel auf einen Drink vorbei und tun, was Enthusiasten auf jedem Gebiet tun: fachsimpeln. Auch wenn hier Bewegung, Fitness und Spaß im Vordergrund stehen und keine sportlichen Höchstleistungen erwartet werden, kann Erschel manchen Tipp geben, über Wellen und Boards reden – und immer wieder selbst ins Wasser steigen. Mittlerweile hat er vier Angestellte und einen Geschäftspartner, mit dem er sich den Betrieb der Anlage auf Teneriffa und einer weiteren Wassersportstation in Griechenland teilt.

Am Anfang war es nicht so leicht. Das Strandcafé, das er übernahm, war ziemlich heruntergekommen. Erschel renovierte es in Eigenregie. Heute besteht sein Job darin, die Gäste in den nahe gelegenen Hotels beim Empfangscocktail mit dem Surflehrer zu begrüßen und sich auch beim Abendprogramm blicken zu lassen. »Gesunder Menschenverstand und ein Gespür für die Bedürfnisse der Leute sind Voraussetzung für den Job«, sagt Erschel und ergänzt: »Um finanziell gut dazustehen braucht man zusätzlich eine kaufmännische Ader.« Als Chef musste er lernen, dass die Einnahmen nicht gleich Gewinn und dass zuverlässige Mitarbeiter und kulante Lieferanten schwer zu finden sind. »Alles noch besser, als bei der Feuerwehr alt und grau zu werden und immer im selben Trott zu bleiben.«

Wenn Erschel einmal den Inselkoller kommen sieht, nimmt er sein Surfbrett, legt die 40 Meter zum Strand zurück und taucht ins Meer ab. Hat denn das Leben unter Palmen auch Nachteile? Das kulturelle Angebot zum Beispiel ist nicht sehr groß, findet Erschel. »Außerdem muss man für das Inselleben mit sich im Reinen, sich selbst genug sein. Langjährige Freundschaften hast du hier nicht, hier sind fast alle Individualisten.« Wochenlanges Alleinsein, höchstens mal ein netter Small Talk mit Kollegen, damit muss man klarkommen. Aber er ist sich sicher, das Richtige gefunden zu haben. »Es ist ein gutes Gefühl, wenn du eine Leistung erbringst und es sich dann auch wirtschaftlich auszahlt.«

Als Sportsbar-Manager kann man nicht nur auf Inseln und auch nicht nur für Surfer arbeiten. Überall dort, wo viele Sportler zusammentreffen, kann sich ein Treffpunkt lohnen, sei es neben der Reithalle, dem Tennisplatz oder in der Nähe von Skipisten.

Weitere Jobs im Bereich Sport und Tourismus

Wanderreiten

Trekking einmal anders: Wanderreiten ist groß im Kommen. Ob in der Provence oder in der Puszta: Dort, wo traditionell Pferde gehalten werden, kann man auch von Deutschland aus mehrwöchige Touren veranstalten, ohne gleich eigene Tiere mitbringen zu müssen.

Reithotelier

Besonders junge Mädchen sind Pferdenarren und für Urlaub auf dem Reiterhof zu haben. Aber auch bei gestressten Managern muss es nicht immer die texanische Luxusranch sein: In den letzten Jahren haben sich vor allem in den neuen Bundesländern etliche Neustarter mit Reithotels etablieren können.

Fitness-Coach

Auf ihr gewohntes Aerobic und Gewichtestemmen wollen auch viele Gäste von Clubanlagen und Sternehotels nicht verzichten – eine Chance für flexible Fitness-Coachs. Sie können sich direkt bei den Clubs (siehe »Animateur«) oder Hotels (www.dehoga.de) bewerben.

Rettungsschwimmer

Ein Saisonjob unter Sonne und Palmen an vielen erstklassigen Destinationen ist etwas für gute Rettungsschwimmer. Voraussetzung: Rettungsschwimmschein und praktische Erfahrung in Deutschland.

Auf hoher See

Keine Lebensstellung, nicht einmal eine echte Berufsperspektive, aber für ein paar Jahre eine Alternative für Weltenbummler bietet das Mitsegeln auf oder das Überführen von Jachten. Als Deckshand kann man sich vor allem in Atlantikhäfen anheuern lassen, von denen aus Segler auf längere Törns gehen.

6.

Sport und Medien

Was wären die Olympischen Spiele ohne das Fernsehen? Was wäre eine Weltmeisterschaft, die unter Ausschluss der Öffentlichkeit ausgetragen wird?

Sportliche Großereignisse rangieren in der Gunst der Medien vor Politik, Wirtschaft und Kultur. Gegen den Gewinn eines bedeutenden Wettkampfes kommt kein Staatsbesuch und keine Steuerreform an. Nicht einmal die Diskussion um Kampfhunde oder Homo-Ehe kann eine Meisterschaft – ob gewonnen oder bitter verloren – aus den Schlagzeilen verdrängen.

Der Sport sorgt für ein großes Informationsbedürfnis, vor allem in Mannschaftssportarten wie Fußball, Basketball und Eishockey. Wer kämpft gegen wen? Wie war die Mannschaft in Form? War's ein Strafstoß oder nicht? Aber auch die Formel 1 und Boxen locken die Zuschauer zu nachtschlafender Zeit vor den Fernseher. Die Klatschpresse beobachtet die Stars und Sternchen des Sportgeschäfts konstant. Fragen, ob Steffi Graf schwanger oder Michael Schumacher karrieremüde ist, können die Leser wochenlang in Atem halten.

Zwischen Sportlern und Medien herrscht ein Rosenkrieg. Funk und Fernsehen verfolgen die Athleten auf Schritt und Tritt, kommentieren jede Bewegung, halten jedes Leistungsloch fest. Manch ein Trainer würde seinem Schützling gern einen Maulkorb verpassen. Doch die Journalisten sitzen am längeren Hebel: Sie können Sportler, Trainer oder Mannschaften wohlwollend unterstützen oder ihnen mit Häme das Leben schwer machen. Das wissen auch die Vereine und Verbände und nehmen es zähneknirschend zur

Kenntnis, wenn ihre Mitglieder Ansichten oder Interna über die Medien verbreiten.

Sport und Medien bedeuten auch Big Business: Über 750 Millionen Mark zahlt Medienmogul Leo Kirch jedes Jahr dem Deutschen Fußballbund für seine Fernsehübertragungsrechte. Im internationalen Vergleich übrigens eine Summe, über die seine englischen Kollegen nur lachen können.[10]

Info-Box

Informationen zu Studienmöglichkeiten im Bereich Sport und Medien bei:

Technische Universität München
Studiengang Sport, Medien und
Kommunikation
80290 München
Tel.: (0 89) 28 92 46 37
Fax: (0 89) 28 92 46 44
www.spomekom.de

Deutsche Sporthochschule Köln
Institut für Sportpublizistik
Carl-Diem-Weg 6
50933 Köln
Tel.: (02 21) 4 98 26 10
Fax: (02 21) 9 47 24 62
www.dshs-koeln.de/
Sportpublizistik

TV-Sportmoderator

Sport im Radio und Fernsehen wird moderiert und kommentiert von Journalisten wie Reinhold Beckmann, Gabi Töpperwien und Dieter Poschmann. Auch ehemalige Sportler dürfen sich versuchen: Franz Beckenbauer, Günter Netzer, Christin Otto.

Dabei ist der Fußball die dominierende Sportart in der bundesdeutschen Publikumsgunst. Und so gilt die Moderation der *ran*-Fußballshow am Samstagnachmittag als Königsdisziplin. Wir haben den ehemaligen *ran*-Moderator Steffen Simons gefragt, wie man in die erste Liga der TV-Sportmoderation kommt. Seine Antwort:

Erfahrungsbericht

1978 war ich 13 Jahre alt, und alle Mitschüler zeigten mit dem Finger auf mich. Es ging um Radionachwuchs für den RIAS. Der Sender suchte Schülerinnen und Schüler für die Jugendsportsendung *Flikflak!* Und als der Aufruf meiner Lehrerin mit der dicken Hornbrille durch die Klasse ging, wer denn das Zeug zum Radiomenschen hätte, war klar, wer sich bewerben sollte: der Junge mit der großen Schnauze, nämlich ich. Natürlich hatte ich im Vorkonfirmandenalter schon ein langjähriges Trainingsprogramm als Moderator hingelegt. Meine sagenumwobenen Ausflüge in gegnerische Strafräume, die eigentlich in Opas Garten stattfanden, kommentierte ich so, wie ich es von Ernst Huberty, dem sprechenden Mikrofon, gewohnt war. Ich fand mich großartig, eine Mischung aus Gerd Müller, Franz Beckenbauer und gleichzeitig Kommentator.

Und meine Eltern? Auch die hatten von dem Aufruf des Radiosenders gehört und handelten instinktiv richtig. Während andere Eltern sagten: »Junge, mach was Solides. Bankangestellter zum Beispiel, oder noch besser Beamter«, waren meine Eltern einverstanden. Wahrscheinlich war auch ein wenig Selbstschutz dabei, weil sie meine dauerhaften Plapperattacken nicht mehr ertragen konnten. Sie wussten, dass ihr Sohn mit der bescheidenen Begabung niemals etwas anderes werden könnte als eben jemand, der aus Reden Gold macht.

So schickte meine Mutter eine von mir fingierte Reportage auf Kassette zum RIAS, zwei Tage später war ich Radioreporter und fing gleich an zu reden. Mit 18 hatte ich alles vor der Mikrofon-Reporterflinte, was man verbal erlegen konnte: Muhammed Ali, Franz Beckenbauer, Mark Spitz. Was sollte jetzt noch kommen für einen Berliner, der sogar die erste halbe Stunde des Spiels Hertha gegen Bayern kommentiert hatte? Kurz und gut: Mir war langweilig! Ich wollte Umwelttechnik studieren, aber in den Sommerferien vor Semesterbeginn kam dann dieses Angebot vom RIAS-Sportchef: Volontariat mit anschließender Mitarbeit. Wer kann dazu schon Nein sagen als Achtzehnjähriger? Regelmäßige Bezahlung und so ...

Aber es war auch schon eine bewusste Entscheidung dabei. Ich war mir über meine Stärken im Klaren. Eine radiofantöse Stimme und vor allem: keine Angst. Mit 13 hatte ich naiv angefangen, Reportagen zu machen und zu moderieren. Als es ernst wurde, war es zu spät. Da hatte ich Livesituationen schon so oft erlebt, dass ich gar nicht mehr an mir zweifeln konnte. Denn das ist es ja, woran die meisten scheitern. Fest steht: Ich habe meine Fähigkeiten richtig eingeschätzt und mich für das passende Berufsbild entschieden. So habe ich das getan, was mir Spaß macht und was ich gut konnte.

Statt Umwelttechnik lernte ich mein mediales Umfeld kennen: Diverse Radio- und Fernsehstationen, Talkshowrunden wie die NDR-Talkshow, das Abendjournal im ORB, dazu die Frühradioshow im Jugendsender Fritz und die ARD-Sportschau. Bis 1998 ein neues Angebot mir das Leder wieder richtig rund machte: SAT.1 eiste mich los, und für die Sendung *ran* wechselte ich ins Lager der Fußballverrückten, mit Ausflügen in die Boxwelt.

Blicke ich zurück, so habe ich nach Beginn meiner beruflichen Karriere alle zwei Jahre die Redaktion und mein berufliches Umfeld gewechselt. Und ich gehe davon aus, dass ich mit 60 Jahren keine Fußballspiele mehr kommentiere. Die Fernsehvorlieben ändern sich. Waren in den goldenen Achtzigern die ARD-Reportagen von »Schönen-Guten-Abend-allerseits«-Heribert Faßbender das Maß aller Dinge, sind es heute eher emotional geprägte Kommentare, die gefordert werden. Aber auch das kann sich wieder ändern. Und dann? Vielleicht werde ich dann Hausmeister, vielleicht aber auch nicht. Die absolute Sicherheit gibt es einfach nicht mehr, aber das kann ja auch ganz spannend sein, solange man den Mut hat, sich zu entscheiden ...

Fußballkonferenzschaltungsreporter

Eine ganz besondere Spezies unter den Reportern ist der Fußballreporter. Oder besser noch: der Fußballkonferenzschaltungsreporter. Zu bestaunen jeden Samstagnachmittag in allen öffentlich-rechtlichen Radiosendern. Selbst Fußballmuffel haben oft Spaß an den schnellen, aufgeladenen Reportagen aus den Stadien der Bundesliga. Schnell wird zwischen den einzelnen Reportern hin- und hergeschaltet (»Ich höre, es gibt Strafstoß in München«), um die spannendsten Augenblicke der Sportereignisse live über den Sender zu schicken. Hier mitreden zu dürfen ist für viele ein echter Traumjob.

Interview

Werner Hansch ist eine Art Kultfigur unter den Fußballkonferenzschaltungsreportern. Der eingefleischte Schalke-04-Fan gilt mit seinem Ruhrgebietsakzent als Urgestein des deutschen Sportjournalismus.

Frage: War Fußballkonferenzreporter schon immer Ihr Traumberuf?

Hansch: Um ehrlich zu sein: Ich war ein Spätstarter. Mit vierzig stand ich zum ersten Mal vor einem Radiomikrofon, gleich bei einem echten Skandalspiel: zweite Liga, Preußen Münster gegen Bayer Leverkusen. Das war am 4. November 1978, ein Tag, den ich nie vergessen werde. Ein Spiel mit vier roten Karten, und ich als Anfänger. Nach dem Spiel dachte ich: »Das war's, Werner, das erste und letzte Mal Fußball-Live-Reporter!« Zu meiner Überraschung sagte mein Chef bei der anschließenden Redaktionskonferenz: »Gut gemacht, Junge!« Danach dauerte es keinen Monat mehr bis zu meiner ersten Bundesliga-Konferenzreportage.

Frage: Brachten Sie wenigstens einen Lebenslauf mit, der den Redaktionsleiter überzeugte?

Hansch: Mitnichten! Denn eigentlich kam ich nicht vom Ball, sondern vom Sattel. Während meines Studiums verdiente ich mir meine Sporen als Rennbahnkommentator. Sie hätten mich nachts wecken können, und ich hätte die Tiere am Hufklang erkannt, so routiniert war ich, als WDR-Sportchef Kurt Brumme bei einem Dienstausflug auf die Trabrennbahn Gelsenkirchen kam. Obwohl ich dem Mann erklärte, dass auch ich manchmal nur schemenhaft erkennen konnte, wer gewonnen hat, fand er meine Laufreportagen »ungeheuer flüssig« und gab mir seine Karte. Ich solle doch mal anrufen. Das habe ich dann getan. Auch von der Ausbildung her sah es nicht so aus, als würde ich mal Fußballkommentator. Ein Jura- und Geschichtsstudium musste ich abbrechen, als meine Eltern kurz hintereinander starben. Erst viel später habe ich ein zweites Studium angefangen, um Lehrer zu werden. In dieser Situation traf ich dann, schicksalshaft, den Sportchef vom WDR.

Frage: Haben Sie auch als Kind viel geredet?

Hansch: Im Gegenteil! Ich war ein ruhiges Kind, mit Berufswunsch Lokomotivführer; keine Spur von Quasselstrippe und nervig. Das mit dem Reden muss sich erst später entwickelt haben.

Frage: Kann man viel reden lernen?

Hansch: Ich glaube, dass jeder auf dem Gebiet Fähigkeiten entwickeln kann. Zum Vielreden gehört zunächst einmal Sicherheit. Ein Vielredner muss sich wohl fühlen in der Situation und in der Rolle, in der er sich befindet. Dabei muss sich eine Art Routine herausbilden, mit der die Quasselstrippe dann arbeiten kann. Wenn ein gewisser Automatismus einsetzt, lässt es sich besser an den wichtigen Feinheiten arbeiten, wie Betonung, Stimmhöhe oder Wortwitz.

Frage: Welchen Tipp geben Sie jemandem, der Sportkommentator werden will?

Hansch: Wenn du die Routine vor dem Mikro hast, versuche deinen Stil zu entwickeln. Deine Stimme muss unverwechselbar werden. Wie oft du dich versprichst ist zweitrangig. Hauptsache, du bist sicher in der Geschehensaufnahme, kannst erfassen, abspulen und unmittelbar umsetzen, was du gesehen hast. Ohne Stimme gibt es keine Karriere, aber die Stimme kommt mit der Persönlichkeit, die du mit einbringst. Deine Wortwahl, dein Wortwitz und deine Betonung: All das sind Teile deiner Persönlichkeit, und die gilt es herauszuarbeiten. Nicht gekünstelt und gestelzt, sondern ehrlich als ein Teil von dir. Individuell und unverwechselbar.

Sportjournalist bei der Tageszeitung

Kurz vor dem Einschlafen zappt Pit Gottschalk noch einmal durch den Videotext. Schließlich könnte ja etwas Wichtiges passiert sein. Ist ein Bundesligatrainer gefeuert, ein Schwimmer gedopt oder ein spektakulärer Spielertransfer gelungen? »Dieser Beruf begleitet einen 24 Stunden am Tag«, so Gottschalk.

Der geborene Aachener ist Ressortleiter Sport bei der Tageszeitung *Die Welt*. »Um jeden Tag Sportberichterstattung zu machen, reicht es auf keinen Fall aus, sportbegeistert zu sein«, so der Vollblutjournalist. Man müsse vielmehr verrückt sein. Viele seiner Kollegen kennen sich in mehreren Sportarten gut aus und haben Erfahrungen im Tagesjournalismus. Seiteneinsteiger schaffen es oft über Trendsportarten. »Wenn auf einmal alle über Tae Bo oder Fitness-Kickboxen reden, dann brauchen wir ganz schnell neue Autoren, die sich mit so was auskennen«, sagt Gottschalk.

Die meisten Sportjournalisten haben ihr Hobby zum Beruf gemacht und leiden nicht darunter, dass die Wettkampfberichterstattung hauptsächlich am Wochenende läuft. »Ich habe mich mittlerweile so sehr daran gewöhnt, dass ich mich an einem freien Sonntag richtig unwohl fühle«, so Gottschalk. Über eine Urlaubssperre zu Großereignissen wie den Olympischen Spielen oder Europa- und Weltmeisterschaften beschwert sich in seiner Redaktion ebenfalls niemand.

Über mangelnde Abwechslung kann der Sportjournalist nicht klagen: Armenien, Südafrika und Brasilien hat Gottschalk aus beruflichen Gründen bereist. Ständig Neues sehen, Überraschungen erleben und flexibel bleiben, das reizt ihn an seinem Beruf. Ob er mit der Nationalelf frühstückt oder Promis wie Franz Beckenbauer oder Steffi Graf die Hand schüttelt – gut mit Menschen sollte man umgehen können, keine Kontaktangst haben. Denn die wirklichen Neuigkeiten erfährt man nicht auf Pressekonferenzen, sondern beim vertraulichen Abendessen. »Print-Journalisten müssen den Lesern Hintergrundgeschichten bieten. Reine Ergebnisse gibt es im Fernsehen schneller«, so der Chefredakteur.

Um fundierten Sportjournalismus zu machen und das Business zu durchschauen, müsse man halb Betriebswirt, halb Mediziner und eigentlich auch noch halb Jurist sein. Wichtig sei außerdem ein Jagdinstinkt: »Man muss sehr ambitioniert sein, die wahren Hintergründe rauszukriegen. Da darf man sich nicht von ein paar Pressesprechern abspeisen lassen.« Hofberichterstattung lehnt Gottschalk ab.

Der Arbeitstag des Ressortleiters endet nie mit Redaktionsschluss. Stets bleibt Gottschalk per Handy auf Empfang. Als er den Job antrat, ließ seine eigene Trainingsintensität im Fußball deutlich nach. Für die meisten bedeutet der Journalismus auch, eine Entscheidung zwischen Vereinsleben und Beruf zu treffen.

Info-Box

Josef Hackforth, Christoph Fischer, *ABC des Sportjournalismus*, Konstanz 1994
Josef Hackforth, Michael Schaffrath (Hg.), *Ein Blick zurück nach vorn. Sportjournalisten erinnern sich*, Berlin 1998

Sportfotograf

Jürgen Engler kann warten. Aber dann, im richtigen Augenblick, beim Slam Dunk oder Fallrückzieher, bei der Zieleinfahrt oder der entscheidenden Links-Rechts-Kombination hat er den Finger blitzschnell am Auslöser. Engler ist Sportfotograf und wartet an der Bande auf den entscheidenden Moment.

Immer die Kamera mit dem mindestens 50-Zentimeter-Objektiv im Anschlag. Immer bereit, gleich auf den Knopf zu drücken. »Für ein gutes Bild muss ich mich schon sehr genau auf dem Spielfeld auskennen, wissen, wie die Regeln sind und welche Spielzüge es gibt«, erklärt Engler. »Nur dann kann ich abschätzen, wann ein Fußballer bereit ist, den Ball an seinen Mitspieler abzugeben, oder in welchem Stadium des Bewegungsablaufs ein Volleyball beim Schmettern die Hand trifft. Oder wann aus der Schubserei auf dem Eis eine handfeste Keilerei wird.«

Wann der richtige Zeitpunkt gekommen ist, um auf den Auslöser zu drücken, hat sich Engler selbst beigebracht. »Ich war als Konstrukteur bei einem Uniprofessor in der Forschung. Voraussetzung für den Job war, dass ich fotografieren konnte, um die Ergebnisse der Experimente festzuhalten. Also habe ich mit einer alten Kamera geübt.« Und zwar bei einem Kinder-Fußballverein. »Ein schlechtes Foto tut da keinem weh«, dachte er sich. Doch statt der erwarteten Schelte kaufte der Verein die Bilder begeistert. »Für 30 Mark pro Stück«, erzählt der Fotograf. Heute liefert er seine Sportfotos an acht verschiedene Zeitungen.

Wo was los ist, erfährt Engler von den Vereinen: »Mein Arbeitsalltag richtet sich nach Trainingsplänen und Saisonspielen, Presseveranstaltungen und Autogrammstunden.« In der Saison heißt das: Jedes Wochenende bei Wind und Wetter am Spielfeldrand stehen. Ab und an beauftragen ihn die schreibenden Kollegen in den Redaktionen auch mit exklusiven Fotoberichten. »Wenn die eine recherchierte Geschichte machen wollen, rufen sie mich.« Denn erst die Fotos machen Spielberichterstattungen oder Homestories über Sportler lebendig.

Im Gegensatz zu einem Studiofotografen bleibt Engler bei seinem Job kaum die Zeit, sein Motiv ins richtige Licht und in Szene zu setzen. »Sportler sind grundsätzlich ungeduldige Objekte. Stillstehen scheint den Bewegungsexperten schwer zu fallen.« Umso schlimmer der Zwischenfall bei den Aufnahmen zum Mannschaftsfoto beim Fußballclub Tennis Borussia: Sechs Minuten standen die Jungs in Reih und Glied, lächelten in die Kamera. »Und dann stellte ich mit Entsetzen fest, dass ich keinen Film eingelegt hatte«, erzählt Engler. Mit Engelszungen bewegte er die Fußballer dazu, noch einmal Aufstellung zu nehmen.

Für solche Aktionen reicht die Zeit jedoch meistens nicht. »Wenn nach einem Pokalgewinn 50 Fotografen gleichzeitig aufs Motiv zurasen, braucht man statt Belichtungsmesser und Fotowand nur eins: Ellenbogen! Sonst kriegt man kein Motiv vor die Linse.« Um den Freudentaumel der Mannschaft mit einem Klick einzufangen, muss der Bildjournalist sich einen Platz in der ersten Reihe erkämpfen. Wahrscheinlich sind deshalb die Frauen in der Branche an wenigen Fingern abzuzählen. »Um bei den Rangeleien nicht unterzugehen, müssen die schon eine Spur härter sein. Die Kollegen nehmen keine Rücksicht«, meint Engler.

Die meisten Bildreporter sind Quereinsteiger. Manch ein Schreiberling landete in der Fotoredaktion, weil der knipsende Kollege krank wurde, und unbedingt Text *und* Bild her mussten. Andere haben durch Zufall einen spektakulären Brand oder eine Rettungs-

aktion fotografiert, die Bilder einer Zeitung angeboten und sind so
regelmäßig zu Aufträgen gekommen. Aber egal, welche Ausbildung man genossen hat, letztlich zählen beim Auftraggeber nur die
vorbildlichen Ergebnisse.

»Üben, üben und immer weiter üben«, lautet deshalb Englers
Tipp. »Sportfotografie ist wie Autofahren: Man weiß schon in der
ersten Fahrstunde, wie ein Wagen gestartet wird. Aber durch die
Rushhour kommt man nur mit Geschick zügig durch. Was man
über Belichtungszeiten und Brennweite wissen muss, lernt man
schnell. Aber um ein Gefühl für den Sport, das Bild und den richtigen Moment der Aufnahme zu bekommen, muss man am Spielfeldrand richtig trainieren.«

Info-Box

Fotograf ist eigentlich ein Handwerksberuf, der nach drei Lehrjahren
mit der Gesellenprüfung abgeschlossen wird. Informationen darüber
gibt es bei den Industrie- und Handelskammern. Es ist aber auch möglich, eine Berufsfachschule oder eine Kunsthochschule zu besuchen.

Lette Verein Berlin
Berufsfachschule für Foto-,
Grafik- und Modedesign
Viktoria-Luise-Platz 6
10777 Berlin
Tel.: (0 30) 21 99 41 31
Fax: (0 30) 21 99 42 41
www.b.shuttle.de/b/lette-tbf/fgm.
html

Akademie für Photographie
Hamburg
Heinz-Bindseil-Akademie
Holstenwall 12
20355 Hamburg
Tel.: (0 40) 35 74 46 16
Fax: (0 40) 35 39 83

Eine Liste mit Ausbildungsstätten gibt es in dem Buch
Fotografie Studium in Deutschland, zu bestellen über:

Deutsche Gesellschaft für Photographie
Overstolzenhaus
Rheingasse 8-12
50676 Köln
Tel.: (02 21) 2 40 20 37
Fax: (02 21) 2 40 20 35

Sportmodel-Vermittler

Kerstin Kloss hat mit ihrer Hamburger Modelagentur Sports People eine Marktlücke entdeckt: Sie vermittelt professionelle Sportler an Werbeagenturen und Filmemacher. Denn die brauchen häufig sportlich gebaute Models, die nicht nur gut aussehen, sondern auch professionell vor der Kamera agieren können. »Die Bewegungen müssen da einfach stimmen. Und auch der Körperbau ist eben ein anderer als bei normalen Fotomodellen. Die sind nämlich meist extrem dünn und haben keine Muskeln«, erklärt Kloss.

Die Diplom-Sportlehrerin hat mittlerweile eine große Kartei mit nationalen und internationalen Sportlern aufgebaut. Wenn Firmen wie die Deutsche Bank, der Kaffeeröster Tchibo oder Sony Artisten, Trampolinspringer oder Läufer für ihre Broschüren oder Werbespots ablichten lassen wollen, klingelt bei ihr das Telefon. Dann kommt ihre Partnerin Nicola Wehner ins Spiel. Denn sie castet die Sportler und sucht die geeigneten Models aus. Auch für Messen, Modeschauen und Kataloge werden immer wieder Sportler mit Muckis gesucht.

Nach ihrem Sportstudium arbeitete Kloss in Sportredaktionen und bei Sportzeitschriften. »Als ich dann für vier Jahre in eine Fotoagentur ging, merkte ich, wie schwierig es ist, Sportler aufzutreiben. So kam ich auf die Idee, mich mit diesem Schwerpunkt selbstständig zu machen.« Mit ihrer Geschäftspartnerin ist sie stets auf der Suche nach neuen Gesichtern. Aber die findet sie nicht in Straßencafés oder Diskotheken, sondern in Sportvereinen, auf Turnieren und Wettkämpfen. »Gerade in Werbefilmen sind die Bewegungen kompliziert. Da braucht man Leute, die wirklich etwas vom Sport verstehen«, sagt Kloss aus leidlicher Erfahrung.

Viele Modestars und -sternchen überschätzen die eigenen Fähigkeiten, wenn es um Sport geht. Einmal sollte ein Model eine Turmspringerin simulieren. Doch sie schaffte noch nicht mal einen Salto vom Trampolin. »Das ist dann nicht nur vergeudete Zeit und unheimlich teuer, sondern kann für das Model sogar lebensgefährlich sein«, so Kloss. Zu ihrer Arbeit gehört also nicht nur das Auftreiben geeigneter Gesichter, sondern auch Kundenberatung. »Tchibo wollte mal Synchronschwimmerinnen haben. Da mussten wir denen erst mal erklären, was es überhaupt für Formationen in diesem Sport gibt und was sich lohnt, im Werbefilm zu zeigen.«

Sobald ein Unternehmen oder eine Agentur sich für ein Model entschieden hat, rufen Kloss und Wehner an und handeln die Gage aus. Verträge werden mit der Produktion und dem Model abgeschlossen, die Agentur erhält von beiden jeweils 20 Prozent. Später wird das Model per Videokamera aufgenommen und der Film zusammengeschnitten. Dann kommt es erst zum wirklichen Dreh.

Ein Gespür für Menschen »und ob der Sportler den Modeljob auch packt« ist in diesem Beruf unerlässlich, so Kloss. Schließlich geht es um viel Geld. Flops kann sie sich nicht erlauben. »Und nicht jeder Sportler ist geeignet. Wir erwarten ein gepflegtes Erscheinungsbild, Persönlichkeit, Zuverlässigkeit und eine schnelle Auffassungsgabe. Da muss man innerhalb weniger Minuten herausfinden, ob die Person all diese Eigenschaften besitzt.« Fremdsprachen, vor allem Englisch, sollte man sicher beherrschen, denn viele Sportler werden aus dem Ausland eingekauft. Und auch mit den Werbeagenturen wird häufig per Konferenzschaltung verhandelt.

Betriebswirtschaftliche Grundkenntnisse haben sich die Geschäftsfrauen nebenher angeeignet. Vor allem sei viel Elan und Energie nötig, um auch mal einen 14-Stunden-Tag zu meistern. Mittlerweile gibt es aber auch mal einen freien Tag »zum Ausklinken«.

Über die neuesten Trends informiert sich Kloss mit Sport- und Fitness-Magazinen. Die Stars der Branche muss sie kennen. Denn häufig heißt es: »Wir möchten für unser Shooting jemanden wie Ronaldo«, den brasilianischen Fußballstar. »Und da kann ich dann nicht fragen: ›Wer ist denn Ronaldo?‹«, so Kloss.

Am wichtigsten für den Job sei jedoch – neben dem Fachwissen – die eigene Persönlichkeit: »Eine charmante Art zu haben ist das A und O. Der Umgang zwischen Kunden, Werbeagenturen und Sportlern ist locker, man duzt sich. Das schafft Vertrauen.«

Info-Box

Die genannte Agentur erreicht man unter:

Sports People
Max-Brauer-Allee 16
22765 Hamburg
Tel.: (0 40) 38 61 45 00
Fax: (0 40) 38 61 45 02

Sportbuchautor

Über fast alles werden in der Bundesrepublik Bücher veröffentlicht. Also auch über Sport. Hier dominiert – wie sollte es anders sein? – der Fußball. Enzyklopädien europäischer Vereine, Pokal- und Bundesligageschichten, Tipps für Auswärtsspiele, Vereinsgeschichten, Jahrbücher, Fanbücher, Tore des Jahres. Etwas literarischer wird es in *Gott ist rund* von Dirk Schümer und etwas satirischer in *Wieder keine Anspielstation* von Klaus Bittermann und Jürgen Roth. Darüber hinaus gibt es Autobiografien, Fanforschung, Erlebnisberichte, Kalender und *How to*-Bücher wie: *Mehr Treffsicherheit beim Golf*, *Mehr Ausdauer beim Marathon* und *Das Einmaleins des Fitness-Sports*.

Sportbücher zu schreiben ist die perfekte Tätigkeit für Sportbegeisterte, die ihr Geld nicht unbedingt mit Bewegung verdienen wollen. Trotzdem haben die meisten Autoren wenigstens in ihrer Jugend Sport getrieben. So wie der Aachener Bernd Müllender, der zu Schulzeiten ein durchaus hoffnungsvoller 1 000-Meter-Läufer und Stabhochspringer war. Sein Abitur machte er in Sport, Schwerpunkt Tennis. Später kamen Fußball und Golf (aktuelles Handicap 22) dazu. »Aber den Sport zum Beruf zu machen, nee, das wär mir einfach zu stressig gewesen«, erklärt er.

Stattdessen verlegte er seine Aktivität aufs Schreiben. Zusammen mit einem Kollegen brachte er *Gib mich die Kirsche, Deutschland* auf den Markt, das erste Nachschlagewerk über bunte und wilde Ligen und Amateurfußball, fernab der Statuten des Deutschen Fußballbunds. Hier präsentieren sich Thekenmannschaften, Stadtteilgruppen, Bürogemeinschaften und bunt zusammengewürfelte Teams, die nur ein Ziel haben: elf gegen elf auf zwei Tore. Um der Ernsthaftigkeit des organisierten Fußballs etwas entgegenzusetzen, ergänzte Müllender das Lexikon mit Essays, Anekdoten und Betrachtungen.

Müllenders nächstes Werk: *Fußballfrei in 11 Spieltagen. Eine Entziehungskur für Süchtige.* »Ich wollte zeigen, wie man auf sanften und behutsamen Wegen zu einem freien Leben ohne Fußball kommen kann.« Wer das Buch sorgfältig durcharbeitet und sich an alle Hinweise hält, habe gute Chancen, clean zu bleiben. Hilfe sei vor allem von den Angehörigen nötig. »Ein Buch für die ganze Familie«, so Müllender.

Danach erschien aus Müllenders Feder *Ciao Lodda*, das sich ganz einer Person widmet: Lothar Matthäus, der nach Erscheinen des Buchs teilweise für die Schlappe bei der Europameisterschaft 2000 verantwortlich gemacht wurde. *Ciao Lodda* zeigt den Weg des Rekordnationalspielers von seiner Geburt bis zu seinem fiktiven 100. Geburtstag im Jahr 2062 auf. »Ich hatte bereits eine tägliche Kolumne über Lothar Matthäus in der *taz* geschrieben, da lag es nahe, das alles zu einem Buch zusammenzutragen«, erzählt der Autor.

Ursprünglich studierte Müllender Volkswirtschaftslehre und Publizistik. »Beides habe ich erfolgreich abgebrochen«, erzählt er. »Es machte mir einfach keinen Spaß, und ich hatte keinen Schimmer, was ich damit anfangen sollte.« Da lag ihm schon eher die Redaktionsarbeit bei der Studentenzeitung *Wiwisch*, die in Köln, Aachen und Münster erschien.

Ein Aushang an der Uni (»Neuer Verlag sucht Autoren«) brachte Müllender schließlich auf eine Idee. »Das stellte ich mir einfach toll vor, so als kleines Studentlein vorn auf einem Buch zu stehen.« Einige Monate später hielt er sein Erstlingswerk – einen 100 Seiten starken Studienführer Wirtschaftswissenschaften – druckfrisch in der Hand. »Irgendwann ist das Projekt dann allerdings aus Mangel an Mitarbeitern eingegangen. Es gab nicht genug Verrückte, die das Begonnene hätten weiterführen können.«

Aber Müllender hatte Blut geleckt. Er bewarb sich um ein Stipendium der Robert-Bosch-Stiftung für Nachwuchs-Wissenschaftsjournalisten. »Eigentlich haben die da Naturwissenschaftler gesucht, die in den Wissenschaftsjournalismus wollten. Außerdem brauchte man ein Diplom.« Trotzdem wurde er genommen, »als Sonderfall«.

Von da an wurde es leichter, Praktika in der Redaktion der *Zeit*, bei *Geo* und bei der *WAZ* sowie beim NDR und WDR zu machen. »Gerade bei der *Zeit* merkte man, dass ich zwar ein netter Typ bin, der auch sicher irgendwie schreiben kann. Aber ich hatte ja von Tuten und Blasen keine Ahnung.« Der Chefredakteur nahm ihn unter seine Fittiche und brachte ihm das Schreiben von der Pike auf bei. Sein erster Beitrag auf den Wissenschaftsseiten war unterschrieben mit dem Kürzel »Müll«. »Ein Zeichen, das ich seitdem pflege«, so Müllender.

Der bekennende Aachener arbeitete jahrelang als freier Journalist für Radio, Fernsehen und Printmedien – immer 50 Prozent im Bereich Sport und 50 Prozent »alles andere«. Dabei achtet er auf eine ausgewogene Mischung aus lang- und kurzfristigen Aufträgen. »Ein Buch beschäftigt einen viele Monate und begleitet einen kontinuierlich. Und die Leute stellen es sich dann ins Regal. Ein Artikel dagegen ist am nächsten Tag vergessen.« Die Arbeit an einem Buch sei ganz anders als Tagesjournalismus. Bei einem Buch hätte man Platz, müsse nicht immer auf Zeilenzahl achten und könne »mal so richtig labern«.

Ein Buch gibt dem Autor eine Menge Freiheiten, die er im festen Umfeld der Zeitungen und Zeitschriften nicht hat. »Und man darf immer mal von der Bestsellerliste träumen.« Einen Nachteil habe das Bücherschreiben aber auch: »Wenn man Artikel verfasst, rezensiert einen keiner. Wenn man aber Bücher macht, dann gibt es Kritiker, die schauen einmal auf den Klappentext, lesen zwei Sätze und schmieren dann irgendwas hin.« Kopien solcher Rezensionen, die per Post ins Haus kommen, seien schon mal Anlass für einen Wutanfall gewesen. »Aber es gibt auch hymnische Lobpreisungen, das gleicht es wieder aus«, so Müllender.

Wer sich fürs Sportbuchschreiben interessiert, sollte laut Müllender auf keinen Fall auf den Zug der 08/15-Sportbücher aufspringen. »Qualität schadet nicht. Der Markt ist ja schon überschwemmt mit Schrott, zum Beispiel die ganze Hofberichterstattung über die Vereine.« Bei aller Liebe zum Sport und Verehrung für die Helden sollte man als Buchautor immer eine kritische und bisweilen auch ironische Distanz zum Thema bewahren.

Info-Box

Verlage, die Zeitschriften oder Bücher zum Thema Sport publizieren, sind unter anderem:

Agon Verlag
Frankfurter Str. 92 a
34121 Kassel
Tel.: (05 61) 9 27 98 27
Fax: (05 61) 28 34 39
www.agon-online.de

Olympiaverlag
90327 Nürnberg
Tel.: (09 11) 2 16 22 37
Fax: (09 11) 2 16 21 21
Über den Olympiaverlag sind die Redaktionen von *Kicker*, *Berge*, *Unterwasser* und *Alpin* zu erreichen.

Klartext
Dickmannstr. 2
45134 Essen
Tel.: (02 01) 86 20 60
Fax: (02 01) 8 62 06 22

Sportverlag Berlin
Charlottenstr. 13
10969 Berlin
Tel.: (0 30) 25 91 35 50
Fax: (0 30 25 91 35 16

Sparten-TV

Frühmorgens an einem See den Sonnenaufgang erleben, keine Menschenseele weit und breit, Stille, nur ab und zu ein leises Plätschern, Vogelgezwitscher oder ein Rascheln im Schilf ... Für viele Städter heutzutage ein Wunschtraum. Für Michael Schulze, Chefredakteur des 1. Deutschen Angel-TV in Berlin, Berufsalltag.

Schulze produziert gemeinsam mit seinem Geschäftspartner Joerg-Peter Schulz die Angler-Sendung Hechtsprung, die zweimal pro Monat vom Fernsehen aus Berlin (FAB) gesendet wird. Weitere 18 deutsche Regionalsender strahlen das Programm für Angler und Naturfreunde aus. »Die Sender suchen händeringend nach guten Sparten-Programmen, die beim Publikum ankommen«, erklärt der Macher des Angel-TV.

Seit Beginn der Sendung 1996 sitzen regelmäßig etwa 9,5 Millionen Zuschauer vor den Bildschirmen. 109 Hechtsprünge wurden bereits ausgestrahlt. Pro Sendung erhält das Angel-TV über 3 500 Fan-Zuschriften. »Ein unglaublicher Erfolg«, schwärmt Schulze.

Etwa drei Millionen organisierte Angler gebe es in Deutschland, »mehr als organisierte Fußballspieler«, und die Dunkelziffer liege noch höher. Viele der Hechtsprung-Fans sind jedoch keine Anhänger des Angelsports. Sie haben einfach Spaß an den außergewöhnlichen Naturaufnahmen. Dafür sind die beiden Chefredakteure viel unterwegs: »Wir drehen in Kanada und Mauritius genauso wie an der Ostsee oder am Rhein«, erklärt Schulze. Elche und Rentiere am Nordkap, ein riesiger Schwarm Delphine in Kenia – Schulze kann von spektakulären Erlebnissen erzählen.

»Bei uns werden so gut wie keine Fische getötet«, betont er gleichzeitig. »Wir wollen ganz bestimmt nicht den Killerinstinkt wecken.« Angel-TV bietet seinen Zuschauern vor allem Bilder aus der Natur, die die Mehrzahl von ihnen normalerweise nie zu Gesicht bekäme: »Wir zeigen auch mal, wie ein Biber seine Burg baut.«

Wie schafft man es, den eigenen Sport ins Fernsehen zu bringen und damit Erfolg zu haben? Schulze, Hobby-Angler seit seiner Kindheit, ist Medienprofi. Nach seinem Germanistik-, Theater- und Filmwissenschaftsstudium hat er für eine Vielzahl von Fernsehsendern gearbeitet. Gleichzeitig ist er der Regisseur von Videoclips für Pop- und Rockmusiker, darunter die Einstürzenden Neubauten. Nach neun Jahren Berufserfahrung in der TV-Branche hob er das erste deutsche Angel-TV aus der Taufe. »Man muss vor allem eine gute Idee haben«, sagt der Chefredakteur. »Und man muss handwerklich etwas können.« Schulze arbeitet konzeptionell und ist sein eigener Texter und Cutter. »Man fuchst sich langsam rein in die Technik«, erzählt er. »Das ist wichtig, denn beim Selbermachen geht oft vieles schneller, als wenn man einen Riesenapparat von Technikern um sich hat.«

Zusätzlich brauchen TV-Macher unbedingt kaufmännisches Geschick. Denn wer eine neue Sendung produziert, sollte wissen, wie er sich den Markt erschließen kann. Finanziert wird das Angler-Programm durch einen kleinen Werbeblock in der Halbzeit. Die Werbung um Zuschauer findet vorwiegend durch Mundpropaganda statt. »Wir haben in der Szene einen sehr hohen Bekanntheitsgrad«, erklärt Schulze. »Wer den Hechtsprung nicht selbst empfangen kann, kopiert ihn sich bei Freunden.«

Der Chefredakteur des Angel-Fernsehens genießt seine berufliche Eigenständigkeit, die Reisen und dass er so oft wie möglich draußen in der Natur ist. Natürlich heißt Reisen für Schulze immer auch Materialbeschaffung für eine neue Angler-Sendung. In den zwei Wochen bis zum nächsten Hechtsprung ist Schulze deshalb regelmäßig voll ausgelastet: »Die Leute denken, das ist Urlaub, aber da steckt natürlich auch eine ganze Menge Arbeit drin«, betont der Chefredakteur.

Schulze und Schulz wissen, wie wohltuend Naturerlebnisse sein können. Deshalb initiiert das Angel-TV verschiedene Aktionen für gesellschaftlich Benachteiligte. So können beispielsweise behinderte Kinder oder junge Prostituierte sie bei den Dreharbeiten begleiten und einmal in der freien Natur ihren ersten Fisch angeln.

Info-Box

1. Deutsches Angel-TV
Gotenstraße 82
10829 Berlin
Tel: (0 30) 78 00 09 22
Fax: (0 30) 78 00 09 26

Weitere Jobs im Bereich Sport und Medien

Stadionzeitschriften

Für sportliche Wettkämpfe werden eigens Zeitschriften veröffentlicht, zum Beispiel das *Geißbockecho* (1. FC Köln), *Kickeriki* (Fortuna Köln), *Bundesligakurier* (Hannover 96), *Fohlenecho* (Mönchengladbach). Ein ideales Übungsfeld für angehende Sportjournalisten.

Sportberichterstatter im Internet

Auch im Internet gibt es hoch aktuelle Sportberichterstattung. Manche Anbieter werten konstant Meldungen aus und verschicken kostenlos oder gegen eine Gebühr E-Mails und SMS an Interessierte.

Fachjournalist

Neben Tageszeitung, Rundfunk und Fernsehen arbeiten Sportjournalisten auch in unzähligen Fachpublikationen wie beispielsweise *Kicker*, *Auto Motor Sport* oder *fit for fun*.

Medienberater

Damit Sportler in den Medien eine gute Figur abgeben, werden sie von Medienberatern trainiert und auf Auftritte vorbereitet (siehe Kapitel »Dienstleistungen für Sportler«).

Sportstatistiker

Große Sportredaktionen beschäftigen Sportstatistiker, die Spiele und Wettkämpfe (vor allem im Fußball, Basketball, Eishockey, Golf und Formel 1) auswerten.

7.

Jobs in Sportfirmen

Laufschuhe, Inlineskates, Roller, Surfboards, Tennis- und Golfschläger sind mehr als bloß notwendige Ausrüstung zum Sporttreiben. Sie gelten als modische Accessoires und Statussymbol zugleich. Große Sportfirmen wie Adidas, Nike und Reebok sind so zu einem eigenen Industriezweig geworden. Über 7,6 Milliarden Euro lassen sich die Deutschen jährlich ihre Sportausrüstung kosten.[11]

In diesem verhältnismäßig neuen Markt gibt es jede Menge Jobs. Sportfirmen beschäftigen Einkäufer, Marketingexperten, Modedesigner und Trendscouts. Allein die rund 9 200 Sportfachgeschäfte plus Großhandel bieten 400 000 Positionen an.[12] Beim Fahrradhersteller Kettler, der inzwischen auch führend in Sachen Fitness-Geräte ist, arbeiten Konstrukteure und Vertriebsspezialisten. Wakeboarder entwickeln und bauen für Nischenanbieter wie Liquid Force. Spezialisierte Werbeagenturen helfen den Sportfirmen, ihr Image zu polieren. Eventmanager sorgen für den reibungslosen Ablauf von Großveranstaltungen. Und an der Nahtstelle vom Sport zur übrigen Wirtschaft vermitteln Fundraiser und Sponsoringberater Kontakte, die den Vereinen zur Aufbesserung ihres Etats und den Sponsoren zu guter Presse verhelfen.

Ein weites Arbeitsfeld also für Talente, die über den Sport hinaus etwas können. Gefragt sind: Organisation, kreative Einfälle, Verhandlungsgeschick, Veranstaltungsmanagement und ein Gefühl fürs Marketing. Ex-Profis bringen häufig die richtigen Kontakte mit, um Firmen zu beraten oder den Verkauf anzukurbeln. Doch auch engagierte Freizeitsportler brauchen nicht erst eine

Ausbildung, um ihr Wissen über Details ihres Equipments in Sportgeschäften anzuwenden. Selbst Bewegungsmuffel, die dafür jeden Fußballer seit Ente Lippens oder Stan Libuda kennen, finden in der Branche ihren beruflichen Einstieg, zum Beispiel als Geschäftsführer im Fanartikelshop.

Bei aller Liebe zum Sport erfordern viele dieser Tätigkeiten spezielle Kenntnisse. Sportmodedesigner müssen sich mit Material und Schnitttechnik, Konstrukteure mit DIN-Normen und Sicherheitsregeln auskennen. Gemeinsam ist den meisten Berufen in der Sportbranche, dass man nicht unbedingt ein Zeugnis vorlegen muss, wenn man stattdessen über praktische Erfahrung verfügt. Ob Sie also eine formale Ausbildung machen, studieren oder auf learning by doing setzen, bleibt Ihren persönlichen Vorlieben überlassen.

Info-Box

Auf Fachmessen können Sie sich über die Anbieter von Sportartikeln informieren und erste Kontakte knüpfen. Die größten Sportmessen sind die IPSO in München, die spoga gafa in Köln und die FIBO in Essen.

Sport-Adressbuch, Umkirch, jährliche Neuauflage (Arbeitgeber in der Sportbranche: Hersteller, Großhändler, Importeure, alphabetisch und nach Produktgruppen geordnet)

Fachzeitschriften:
Sport+Mode mit *Sportartikel-Wirtschaft* (erscheint zweimal monatlich)
Sportshop (erscheint monatlich)
Sportswear International (erscheint sechsmal jährlich)
Sportswear International News (erscheint achtzehnmal jährlich)

Verkäufer im Sportgeschäft

Ein Verkäufer im Sportgeschäft sorgt nicht etwa in erster Linie dafür, dass der Kunde am Ende den Preis für seine Turnschuhe auch bezahlt. Im Verkauf der meistens nicht ganz billigen und manchmal komplizierten Ausrüstungen geht es darum, herauszufinden, was der Kunde will, und welches Produkt zu diesen Wünschen passt. Oft entwickelt sich aus dem einmaligen Kontakt eine dauerhafte Beziehung. Das bedeutet: Verkaufen hat viel mit Reden, aber wenig mit Vollquatschen zu tun.

Wer ein paar 100 Euro für Schuhe, Skier, Snowboards, Survival-Outfit oder Anglerausrüstung auf den Tisch blättert, erwartet von seinem Verkäufer Hintergrundwissen. Zwar arbeiten in den Läden auch gelernte Einzelhandelskaufmänner und -frauen, doch die meisten Kunden bevorzugen Freizeitsportler, die das Equipment selbst in der Praxis erprobt haben. Je spezialisierter die Sportart, je neuer ein Trend, desto mehr sind auch alteingesessene Läden auf Sportcracks angewiesen.

»Schuld an allem ist mein Vater«, erzählt Peter Tidd. Der Australier betreibt zusammen mit Ralf Wölk einen eigenen Drachen-Shop im nordrhein-westfälischen Sprockhövel. Beide sind begeisterte Drachenexperten. Nicht die Sorte, mit der man über die Alpen fliegt, sondern die bunten fantasievollen Gebilde aus Leichtmetall und Folie oder Kunststoff, die auch Kinder gern steigen lassen. Doch für die kleinen Hände sind die meisten ihrer Konstruktionen nicht so gut geeignet. »Zu viel Zug, den Kindern fehlt die Kraft und das Körpergewicht, um die Kites zu halten«, erklärt Tidd. In den letzten beiden Jahrzehnten hat sich eine erwachsene Fangemeinde entwickelt, die Drachen mit mehreren Metern Spannweite lenkt.

Tidd und Wölk lernten sich auf einem Drachenwettbewerb in Australien kennen. Nach einigen gemeinsamen Teilnahmen rund um den Globus nahm sich Tidds Vater, ein Manager der Erdgasindustrie, den Sohn zur Brust. Er verlangte, dass der Kleine endlich etwas Richtiges mit seinem Leben anfangen sollte. Dieser wollte von den Drachen nicht lassen, erinnerte sich an die Gespräche mit Wölk und flog kurzerhand nach Deutschland, um ihm einen Deal vorzuschlagen. Wölk sollte einen spezialisierten Kiteladen in Deutschland gründen und er, Peter, würde sich um die Beschaffung der Drachen kümmern. »Australien ist das Mutterland dieses Sports«, erklärt er. »Meine Kumpels bauen die raffiniertesten Dinger zusammen.« Mittlerweile liebt Tidd es weitaus mehr, im Laden zu stehen und mit den Käufern und Sportkollegen zu fachsimpeln, als heimzufliegen und neue Ware zu beschaffen. Und sein Vater? »Seit wir schwarze Zahlen schreiben, nimmt er das Geschäft ernst. Aber das hat gedauert«, erklärt der Australier.

Tidd und Wölk haben für sich eine Nische im Handel mit Sportartikeln gefunden. Ihr kleiner Laden umfasst alles in allem nicht mehr als 80 überfüllte Quadratmeter. Lagerfläche mit eingerechnet.

Am anderen Ende der Skala stehen riesige Sportwarenhäuser. In einem solchen arbeitet der Hamburger Olaf Lux als Verkäufer. Auch er hat sich den Drachen verschrieben: Als Kiteboard-Profi nutzt er allerdings große Drachen, die dem Surfen einen besonderen Kick und Schwierigkeitsgrad verleihen. Außerdem fährt der ehemalige Rugbyspieler Inlineskates und Snowboard.

Sein breit gefächertes Sport-Know-how nutzt Lux, um im Sommer den Inlineskatebereich zu betreuen und zur Wintersaison Snowboards und Skier zu verkaufen. »Ich erkläre den Leuten gern was, worüber ich Bescheid weiß, weil ich es selbst getestet habe. So kann ich sicher sein, dass ich keinen Mist erzähle.« Lux ist eigentlich gelernter Maschinenschlosser, der nach der Ausbildung vier Jahre als Barkeeper arbeitete. Zum Verkauf kam er als Quereinsteiger. »Das Wichtigste ist, dass du Spaß am Umgang mit Kunden hast und dein Gebiet kennst, dann brauchst du auch keinen Einzelhandelskaufmann.«

Nach der ersten Beförderung zum Substitut (stellvertretender Abteilungsleiter) kann Lux zum Abteilungsleiter aufsteigen und vielleicht in die Geschäftsführung. Auch ein Wechsel in den Einkauf ist möglich, wo er sich nach Herzenslust mit dem neuesten Sportgerät oder der aktuellen Sportmode beschäftigen könnte. Allerdings würde der begeisterte Verkäufer dort den Kundenkontakt vermissen.

Was unterscheidet einen guten von einem schlechten Verkäufer?

»Wissen, Spaß und Redegewandtheit«, meint Lux. Allerdings ist das Gespräch mit dem Kunden nicht die einzige Beschäftigung des Verkäufers. Wenn im Laden mal nicht ein halbes Dutzend Käufer gleichzeitig um seine Aufmerksamkeit buhlen, bestellt, sichtet oder sortiert er Neuware oder dekoriert den Verkaufsraum. »Manchmal ist aber auch Rumstehen angesagt«, warnt Lux. »Und die Arbeitszeiten sind auch nicht immer optimal, wenn du selber auf die Skates willst.«

Praxis-Box

Im Verkauf lernen Sie auf jeden Fall etwas fürs Leben. Selbst wenn Sie später als freie Sportfotografin, als Trainer oder Werbetexter in einer spezialisierten Agentur arbeiten wollen – in jedem Job müssen Sie auch in der Lage sein, Ihre Arbeit an den Mann und an die Frau zu bringen. Erfahrungen im Verkauf sind dabei in jedem Fall hilfreich.

Hier ein paar Übungen zum Einstieg. Wenn Ihnen diese Aufgaben keine allzu großen Schwierigkeiten bereiten, sondern sogar Spaß machen, haben Sie gute Voraussetzungen für den Verkauf.

1. In Ihrer Stadt gibt es fünf Sportgeschäfte. Nennen Sie fünf Gründe, warum eines davon die meisten Kunden hat.
2. Eine Frau kann sich zwischen zwei Aerobic-Outfits nicht entscheiden. Das eine ist sexy, das andere besteht aus einem völlig neuartigen Material. Geben Sie ihr fünf Argumente an die Hand, warum sie beide braucht.
3. Der Skateladen (oder Skiladen oder das Sportschuhgeschäft oder ...), in dem Sie Ihre Ausrüstung kaufen, läuft nicht optimal. Überlegen Sie sich fünf Tipps für den Inhaber, wie er sein Geschäft in Schwung bringen könnte.
4. Gerade ist ein No-Name-Produkt, sagen wir: ein Kickboard, auf den Markt gekommen. Es hat genau dieselbe Qualität wie ein Markenprodukt. Das Markenprodukt ist

wesentlich teurer. Nennen Sie fünf mögliche Argumente, warum man trotzdem nicht zum Billigprodukt greifen sollte.

5. Nichts schult besser als die Wirklichkeit. Begleiten Sie, so oft Sie Zeit finden, Freunde zum Einkauf – ob nun Klamotten, Stereoanlage oder Autokauf. Mischen Sie sich nicht ein, hören Sie einfach zu, was die Verkäufer sagen. Und fragen Sie anschließend jedes Mal, warum der Freund, die Freundin etwas gekauft hat oder eben nicht. Vergleichen Sie die Motive mit den Argumenten des Verkäufers.

Sport-Discount

»Eigentlich«, so erinnert sich Thomas Britz, »war der Stein des Anstoßes ein simples Kneipengespräch.« Das Resultat kann sich nach mehreren Jahren durchaus sehen lassen: Der ehemalige Kfz-Mechaniker Britz und sein Nachbar Michael Diederichs betreiben sieben Sport-Discount-Läden, in denen sie unschlagbar günstig Sportgeräte zum Verkauf und Verleih anbieten.

Die Idee, die dahinter steckt, ist einfach: Diederichs wollte billig Restposten von Fahrrädern aufkaufen und entsprechend günstig an die Käufer weiterreichen. Er rief bei den Herstellern an, bestellte Restposten und Produkte aus Konkursmassen. Britz, der eine neue Herausforderung suchte, begann kostengünstige Räume anzumieten, in denen man die Fahrräder präsentieren konnte: Kneipen, Hinterhöfe, Parkplätze.

Die Gewinnmargen waren so knapp kalkuliert, dass die Produkte sensationell günstig angeboten werden konnten. Damit sich das Geschäft trotzdem lohnt, haben die beiden alle Aufgaben allein bewältigt, was natürlich jede Menge Arbeit bedeutet. »Man darf bloß nicht auf die Idee kommen, die Stunden zu zählen. Der Stundenlohn war am Anfang miserabel«, erzählt Britz. Geld sei eben nicht das Wichtigste, wenn man sich in ein Projekt verliebt hat.

Bald sprach sich herum, dass man bei Britz und Diederichs günstig und gut Fahrräder kaufen konnte. Der Umsatz stieg, und die beiden mieteten ihren ersten richtigen Laden an. Um ihre Palette attraktiver zu gestalten, erweiterten sie ihr Sortiment um Secondhand-Sportartikel aus anderen Bereichen. Das Unternehmen wuchs, und so wurde allmählich auch Personal eingestellt. Bei der Auswahl wird bis heute vor allem auf Freundlichkeit geachtet. Ein muffeliger Verkäufer kann das ganze Geschäft trotz bester Angebote ruinieren. Zudem wurde die Secondhand-Ware zunehmend durch fabrikneue Produkte ersetzt.

Auch dabei kamen die beiden pfiffigen Verkäufer auf eine besondere Idee. Diederichs und Britz eröffneten ihren Kunden die Möglichkeit, Sportartikel zu leihen oder per Leihkauf zu erwerben. »Wenn ich dem Kunden zu einem Inlineskate, einem Fahrrad oder einem Ski rate, kann ich mich erst mal nur auf *meine* Erfahrungen mit der Marke und auf *meine* Einschätzung der Bedürfnisse des Kunden verlassen. Damit kann man aber danebenliegen«, so Britz. Durch den Verleih hat der Kunde selbst die Möglichkeit zu testen, wie er oder sie mit dem neuen Sportgerät zurechtkommt.

Beim Einkauf ihrer Ware verlassen sich die beiden Geschäftsleute aber gern auf ihre persönliche Erfahrung. Deshalb nehmen sie nur Geräte ins Sortiment auf, die sie selbst getestet haben. Gerade das macht den Beruf so reizvoll. Wenn Britz beispielsweise in Skiurlaub fährt, befindet sich in seinem Gepäck ein buntes Sammelsurium an Skiern, die nach und nach alle einer Prüfung unterzogen werden. Auch Inlineskates, Joggingschuhe und Fahrräder kommen erst nach seinem sportlichen Qualitätstest in die Regale. Alle Sportarten, für die er die Ausrüstung bereithält, betreibt er auch selbst! Dieser beruflich motivierte Kontakt zum Sport sorgt für Abwechslung und versüßt das Arbeitsleben.

Neben dem Test von Markenartikeln und hochwertigen No-Name-Erzeugnissen hält der Betrieb eines Sport-Discounts weitere Aufgaben bereit. Stets heißt es, neue Bezugsquellen aufzutun, Angebote zu checken, Einkauf und Abverkauf zu organisieren, Leute zu beraten und Personalfragen zu klären. Durch diese Vielzahl von Tätigkeiten wird der Job nie zur bloßen Routine.

Die unternehmerische Seite am Sportgeschäft lockte die beiden übrigens nie. »Mit Buchhaltung, Steuern und solchem Kram beauftragen wir andere«, erklärt Britz. Wichtiger als betriebswirtschaftliche Kenntnisse findet er Durchhaltevermögen, Energie und die Fähigkeit, Personal zu motivieren.

Praxis-Box

Wer dem Beispiel von Britz und Diederichs folgen und selbst einen Sportladen eröffnen möchte, muss ein paar Regeln beachten:

- Für die Eröffnung eines eigenen Geschäfts gilt in nahezu allen Handelsbranchen Gewerbefreiheit. Das heißt: Sie müssen keine formale Ausbildung nachweisen, um den Gewerbeschein zu erhalten. Besondere Vorschriften gelten allerdings für den Handel mit Sportwaffen.
- Läden, die zusätzlich Reparaturen anbieten, wie zum Beispiel Fahrradgeschäfte, müssen überprüfen, ob dieser Service mit dem Handwerksrecht kollidiert. Manche Reparaturen dürfen nur Handwerker ausführen, und ein Meisterbrief gehört in jeden dieser Betriebe.
- Manche Sportgeräte kann man nur von Herstellern im Ausland beziehen, dann wird der Händler automatisch zum Importeur. Über die einschlägigen Bestimmungen (Zoll etc.) informiert die örtliche Industrie- und Handelskammer. Außerdem wichtig: Das Gerätesicherheitsgesetz (Prüfsiegel GS für geprüfte Sicherheit, beispielsweise vom TÜV oder VDE-Prüfstelle) muss zwar nicht vom Handel, aber von Importeuren beachtet werden.

Sportgeräteentwickler

Inlineskates, Surfboard, Snowboard, Skateboard – alles geläufige Begriffe aus der Welt des Breitensports. Allein das Inlineskating zählt in der Bundesrepublik rund 12 Millionen Anhänger, obwohl es die neuartigen Rollschuhe erst seit den neunziger Jahren hier zu kaufen gibt.[13]

Wem verdanken wir die neuen Geräte und Utensilien? Welche Leute denken sich so etwas aus? Gewöhnlich stellt man sich Konstrukteure am Reißbrett der Sportartikelhersteller vor. Doch bei genauerer Betrachtung findet man überraschende Antworten.

So wurden die Inlineskates im Laufe der Zeit gleich vierfach erfunden, das erste Mal schon 1760 vom belgischen Musikinstrumentenbauer John Josef Merlin. Bei der Premiere am englischen Königshof landete er allerdings in einem Spiegel – die Idee setzte sich nicht durch. Das erste Patent meldete dann 1818 ein Franzose an. Trotz der damaligen Schlittschuhbegeisterung blieb der kommerzielle Erfolg der einreihigen Rollschuhe aus. Erst in den siebziger Jahren des vorigen Jahrhundert kam der Durchbruch. Der US-amerikanische Eishockeystar Scott Olson setzte sich mit einem Tüftler zusammen, um etwas für sein Sommertraining zu entwickeln. Mit dem Ergebnis gründete er die Firma Rollerblades, zunächst Synonym für die Einreiher. Finanziell war er allerdings nicht erfolgreich; Rollerblades wurde von Benetton aufgekauft und dann erst zum sportlichen Dauerbrenner.

Auch das Snowboard ist ein Beispiel für die Kombination von Historie, Sportbegeisterung und Tüftelei. Denn das Surfen selbst ist eine der ältesten Sportarten, deren Ursprünge im Pazifik liegen. 1965 hatte dann der Wellenreiter Sherman Poppen genug von Zwangspausen in seinem Lieblingssport. Kurzerhand erfand er den Snurfer – einen 1,2 Meter langen Mutanten aus Surfboard und Ski mit Halteleine und aufgebogener Schaufel. Erst 14 Jahre später entwickelten Jake Burton, Tom Sims und Chuck Barfoot das heute gängige Snowboard.

Offenbar muss man nicht einmal Sportfan sein, um die Idee für ein Sportgerät zu entwickeln. Auch Faulheit scheint das Gehirn hinreichend anzutreiben. Bestes Beispiel: Sieghard Straka, Erfinder des Ciros.

Interview

Sieghard Straka ist geistiger Vater des Ciros (City Roller) – ein Miniroller, der in deutschen Großstädten zum Sommertrend 2000 avancierte. Aus dem Ciro wurde später das sportlichere Kickboard entwickelt. Beide bescherten dem Handel »sensationelle Umsätze«, so Werner Haizmann, Präsident des Verbands Deutscher Sportfachhandel.[14]

Frage: Wie sind Sie auf die Idee gekommen, den Roller neu zu erfinden?

Straka: Ich habe nach einer Möglichkeit gesucht, mir den Weg zur S-Bahn zu verkürzen. Ich bin nämlich notorischer Langschläfer und möchte morgens am liebsten jede Minute sparen. Zuerst wollte ich mir ein Klapprad kaufen, aber das muss man ja ständig irgendwo anbinden und abschließen. Also habe ich mir ein Skateboard gekauft, das war mir aber zu gefährlich zum Fahren. Aus den Skateboardachsen, einem schmalen Alu-Trittbrett und diversen Verbindungselementen habe ich mir dann den ersten Roller gebaut, der die Vorteile eines Skateboards hat, aber zusätzlich eine Gleichgewichtshilfe bietet.

Frage: Gab es zuerst den Roller oder das Kickboard? Wo ist der Unterschied?

Straka: Zuerst gab es meinen Ciro als Prototypen, also mit Alu-Trittbrett und Lenker als Gleichgewichtshilfe. Die Optik hat sich seither nicht groß verändert, nur die Technik habe ich stetig verbessert. Zum Beispiel hatte der Prototyp keine Bremse. Mit dem Schweizer Wim Oubuta entwickelte ich dann den Prototypen für das Kickboard. Der Unterschied liegt in der Achsenschenkellenkung, den drei Rollen und im Flexbrett des Kickboards. Dadurch wird das Board eher zum Sportgerät, der Ciro ist dagegen ein wendiges Fortbewegungsmittel für jedermann.

Frage: Nicht jeder setzt solche Ideen in die Tat um. Was muss man haben, um sich wirklich an die Konstruktion zu wagen?

Straka: Man muss wirklich an seine Idee glauben. Außerdem braucht man viele und gute Nerven und letztlich – das ist aber auch wirklich erst der letzte Schritt – das Geld, um sie umzusetzen.

Frage: Was ist, wenn man die Idee, aber nicht das Geld hat?

Straka: Für die Lösung der Geldproblematik gibt es seit kurzem den Club firsttuesday auch in Deutschland, in dem Geldgeber und Ideenfinder zusammentreffen. Dazu braucht man aber vorab ein Konzept, muss sich Gedanken über Nutzen und Einsatz machen.

Frage: Was ist das Konzept Ihrer Erfindung?

Straka: Das Besondere ist, dass die Fahrer des Ciros quer durch alle Altersgruppen und Berufe zu finden sind. Jeder traut sich, weil nichts Gefährliches dabei ist. Es gibt sogar erste Verhandlungen über Anfertigungen für den Reha-Bereich, weil der Roller den Gleichgewichtssinn schult. Einer Bekannten, die an Multipler Sklerose erkrankt ist, dient er mittlerweile als unverzichtbares Fortbewegungsmittel. Auch die Industrie interessiert sich dafür, beispielsweise um mittellange Strecken in Lagerhallen zu überbrücken.

Frage: Was ist das Schwierigste beim Entwickeln von Sportgeräten?

Straka: Nicht die Entwicklung des Prototyps. Die Serienproduktion bringt erst die Probleme. Der Aufstieg von der Kreisliga in die Bundesliga. Dazu braucht man wieder Nerven. Du musst dein Ding irgendwie bekannt machen, einen Hersteller finden. Die beste Lösung ist, einen kleinen Prospekt zu machen und auf eine Messe zu fahren. Wenn man sich die Standmiete nicht leisten kann, geben Erfinderverbände die Möglichkeit eines Gemeinschaftsstands.

Frage: Kann jeder Erfinder werden?

Straka: Ich bin von Haus aus Ingenieur, das hilft, ist aber nicht unbedingt notwendig. Wer selbst kein Techniker ist, sucht sich Leute, die die Idee umsetzen können. Am besten bei Industriedesignern nachfragen, die haben oft einen großen Fundus an Leuten. Ansonsten hilft learning by doing und sich selbst schlau machen.

Praxis-Box

Tipps zum Thema Patent:
Neuentwicklungen müssen vor Nachahmern geschützt werden. Dafür gibt es Schutzrechte wie Patente, Gebrauchsmuster oder Geschmacksmuster, die vom Patentamt vergeben werden.

- Das Patent wird für technische Verbesserungen erteilt, die neu, erfinderisch und gewerblich nutzbar sind. Das Patentamt prüft jede angemeldete Erfindung hinsichtlich dieser drei Voraussetzungen, die Prozedur kann manchmal Jahre dauern. Der Patentschutz gilt für maximal 20 Jahre und muss jährlich durch Zahlung einer Gebühr erneuert werden. Die wirtschaftliche Auswertung des Patents kann durch den Inhaber selbst oder über die Lizenzvergabe an einen Hersteller erfolgen.
- Die Anmeldung eines Gebrauchsmusters beim Patentamt erfolgt ohne vorherige Prüfung (die erfolgt erst im Streitfall). Damit kann eine zum Patent angemeldete Erfindung schon vor der Patenterteilung geschützt werden.
- Mit dem globalen Markt werden internationale Schutzrechte immer wichtiger. Innerhalb der EU-Staaten können Patente auch beim Europäischen Patentamt angemeldet werden. Das ist etwas teurer als nationale Patente. In Übersee (USA, Kanada, Japan, Australien) müssen die Erfindungen einzeln für jeden Staat angemeldet werden, eine teure Prozedur, zumal sie von einheimischen Patentanwälten betreut werden sollte.
- Patentanwälte gibt es auch in Deutschland. Sie kennen die Gepflogenheiten der Patentämter, formulieren die Anmeldung und stellen die nötigen Anträge mit den erforderlichen Unterlagen wie Zeichnungen, Beschreibungen und dergleichen. Sie übernehmen den Schriftwechsel mit dem Amt und nehmen Stellung zu aufkommenden Fragen.

Info-Box

Informationen zum Thema Patent erhält man bei:

Bundesverband Deutscher
Patentanwälte
Deichmannhaus am Dom
50667 Köln
Tel.: (02 21) 91 65 20
Fax: (02 21) 13 42 97
www.dompatent.de

Deutscher Erfinderverband
Spittlertorgraben 15
90429 Nürnberg
Tel.: (09 11) 26 98 11
Fax: (09 11) 26 97 80
Hier ist auch die Broschüre *DEV-Wegweiser für Erfinder* erhältlich.

Deutsches Patent- und Markenamt
Zweibrückenstr. 12
80331 München
Tel.: (0 89) 2 19 50
Fax: (0 89) 21 95 22 21
www.patent-und-markenamt.de

International Federation
Inventors' Association
P.O. Box 299
CH-1211 Genf 12
Tel.: (00 41) (22) 7 89 30 74
Fax: (00 41) (22) 7 89 30 76
www.invention-ifia.ch

Europäisches Patentamt
Erhardtstr. 27
80298 München
Tel.: (0 89) 2 39 90
Fax: (0 89) 23 99 44 65
www.european-patent-office.org

www.firsttuesday.com bietet
Tipps zur Finanzierung von
Erfindungen und Kontakte.

Sportmodedesigner

Fast zwei Drittel ihres Umsatzes erzielen Sportfachgeschäfte in der Bundesrepublik mit Mode: Swimwear, Radlerhosen, Trainingsanzüge, Sneakers, Aerobicoutfits und Ballettschuhe.[15] Viele dieser Sortimente sind fast zu schön fürs Schwitzen. Mittlerweile wird die Freizeitkleidung auf der Straße, im Restaurant und selbst auf der Arbeit getragen. Und damit sind nicht nur bierbäuchige Kleingartenbesitzer in ausgebeulten Jogginghosen oder Mallorcatouristen in Muscle-Shirts gemeint. Jugendliche schwören auf klobige Sportschuhe und Sweatshirts für Schule und Disko. Wer es sich leisten kann, wählte früher die Outfits der Motorradfahrer, heute der Skateboarder und Basketballer vom Edeldesigner.

Große und kleine Unternehmen der Sportmodebranche lassen ihre Ware von Designern optimal auf Funktionalität, Trends und modische Aktualität abstimmen. Die Schweizerin Daniela Huber ist eine von ihnen. Sie entwirft alljährlich Kollektionen für mehrere Kunden der Branche. Ihr Interesse am Skifahren, Mountainbiking und Aerobic unterstützt ihre Arbeit. »Es hilft schon, wenn man selbst ein Sportfreak ist.«

Das Wissen um Bewegungsabläufe bei verschiedenen Sportarten beispielsweise beeinflusst die Schnitttechnik im Modedesign. Gerade bei Kleidungsstücken, in denen man sich frei bewegen will, wird Wert auf einen bequemen Schnitt gelegt. Auch das Material spielt eine Rolle. Neue Kunstfasern mit besonderen Eigenschaften müssen anders verarbeitet werden als Klassiker wie Baumwolle oder Wollstoffe.

Schon beim Entwurf muss Huber an die industrielle Massenproduktion denken. Manchmal ärgert sie sich über den Auftraggeber, wenn zum Beispiel ein guter Entwurf vom Kunden schlecht umgesetzt wird. Aber die Produktion liegt nicht in ihrer Hand.

Huber beschreibt ihren Job als abwechslungsreich, die Palette an Einsatzgebieten ist groß: Bademode, Skianzüge, Fitness-Kleidung und Streetwear. »Ich darf zu 90 Prozent – also fast den ganzen Tag – kreativ sein und zeichnen, also meiner Ausbildung entsprechend arbeiten, zuerst per Hand und dann am Computer.« Mit administrativen Dingen habe sie zum Glück nichts zu tun.

Welche Voraussetzungen braucht man, um in diesem Bereich zu arbeiten? Am Anfang steht jedenfalls das zeichnerische Talent, meint Huber. Danach empfiehlt sich die Ausbildung an einer Schule für Modedesign. Da dort keine Fachrichtungen gelehrt werden, spezialisiert man sich selbst auf ein Gebiet, je nach Interesse und Neigung. Es gibt so viele Möglichkeiten wie Geschmäcker und Zielgruppen: Männer-, Sommer- oder Kindermode, Mode für Mollige, Ausgeflippte, Alternative oder gut Betuchte. In jedem dieser Bereiche spielt die Einarbeitung in die spezielle Materie und das Weiterentwickeln der Fähigkeiten die entscheidende Rolle.

Huber ist übrigens nicht sofort zum Sport gekommen. Nach ihrer Ausbildung war sie acht Jahre lang als freie Mitarbeiterin im Bereich Strick- und Country-Mode tätig. Danach wollte sie zum Sport: »Schön ist, auf der Piste Leute zu treffen, die meine Kollektion tragen. Dann macht's noch einmal so viel Spaß!« Ein direkter Beweis für den Erfolg als Designerin sind natürlich auch gute Verkaufszahlen der jeweiligen Kollektion.

Der Beruf hat allerdings auch seine stressigen Seiten. Oft bleibt sehr wenig Zeit für Entwürfe und neue Ideen, denn im Saisongeschäft ist hoher Termindruck angesagt. Die Zeit für Kundengespräche, Abstimmung einer Linie und Aussuchen von Stoffen kann sehr knapp werden. Für einen ersten Entwurf inklusive Logo braucht Huber – je nach kreativem Schub – mal 15 Minuten, mal drei Stunden. Nach dem Erstellen des Prototyps erfolgen langwierige Überarbeitungen in enger Abstimmung mit dem Kunden. Der endgültige Entwurf geht dann schließlich mit den Angaben zu Farbe, grafischen und technischen Details und Angaben zu den Stoffen raus.

Außer dem zeichnerischen Talent benötigen Sportmodedesigner ein Gespür dafür, was der Kunde sich vorstellt. Die Zukunft ihres Handwerks sieht Huber positiv, da erfahrene Leute rar sind und engagierten Anfängern gern eine Chance gegeben wird. Allerdings sollte man sich als sportbegeisterter Kreativer bereits im Vorfeld der Ausbildung um ein Praktikum in der Sportartikelbranche bemühen. Das bringt neben dem ersten Eindruck von der Arbeit auch Kontakte.

Info-Box

Weitere Informationen bei:

Verband Deutscher Mode- und Textil-Designer
Zettachring 6
70567 Stuttgart
Tel.: (07 11) 7 28 53 03
Fax: (07 11) 7 28 56 36
www.fashiondesign.de

Produktmanager

»Umfragen bei unseren Mitgliedern haben im textilen Bereich ergeben, dass quer durch die Republik Fitnesswear am besten gelaufen ist. Ein Produktbereich, der schon in der vergangenen Saison durch hohe Umsätze von sich reden machte. Dabei zeigten die Kunden verstärktes Interesse an Runningbekleidung aus Funktionsfasern. … Vor allem schwarze Skihosen waren der Renner der Saison und daher schnell ausverkauft. Ebenso früh meldeten Händler aus dem deutschen Süden bei Snowboardjacken leergekaufte Regale.…«

Typische Erfolgsmeldungen wie diese, in der nüchternen Sprache eines Verbandsgeschäftsführers gehalten, sind das Ergebnis eines unwägbaren, manchmal turbulenten Prozesses. Am Anfang dagegen stehen Produktmanager und -managerinnen. So eine wie Bernadette Lingg. Die Schweizerin beschäftigt sich mit der Frage, was in zwei Jahren zum Sporttrend wird, lange bevor die entsprechenden Produkte in den Geschäften zu kaufen sind. Sie muss herausfinden, welche Sportarten zukünftig im Gespräch sein und die Sportmode beeinflussen werden.

Wenn beispielsweise Kitesurfing und Wakeboarding als Knüller auf einer Sportmesse angekündigt werden, weiß Lingg, dass diese Nischensportarten den Absatz an Strand- und Bademode fördern können. Die Entwicklung einer neuen Linie bereitet sie mit den Verkaufsleitern ihrer Firma und Testpersonen der jeweiligen Zielgruppe vor.

Nach der ersten Meinungsbildung folgen Konkurrenzbeobachtung, der Besuch der Fachmessen und die Auswahl neuester Stoffe, die auf dem Markt angeboten werden. Dafür fliegt Lingg auch in die Herstellerländer: Vietnam, Hongkong, Portugal oder Indonesien stehen in ihrem Terminkalender. Dieses Privileg hat allerdings zwei Seiten: »Die vielen Auslandsreisen sind natürlich toll, aber da steckt viel Stress und Arbeit dahinter«, so Lingg. Dazu gehören auch Verhandlungen mit den Herstellern und Besichtigungen der Fabriken. »Und wenn ich zurück bin, wartet wieder ein Berg Arbeit auf mich!«

Lingg gefällt der häufige Kontakt mit Menschen auch außerhalb ihres Arbeitsplatzes sehr. Auf diese Weise bleiben der Schweizerin auch ihre Sprachkenntnisse in Englisch, Französisch und Italienisch erhalten. Im Prinzip reiche es aber, ordentlich Englisch zu sprechen und sich dabei die Fachbegriffe anzueignen, die man in der Praxis braucht.

Nach Abschluss der allgemeinen Trendanalyse werden die Ideen mit der Marketingabteilung abgesprochen. Denn alles, was für eine Marke produziert wird, muss dasselbe Gesicht haben und zum Image passen. Schriftlich legt Lingg dann den übergeordneten Gedanken der neuen Linie und das marketingstrategische Ziel fest. Erst dann gehen die Sportmodedesigner an die Arbeit. Die funktionelle und modische Linie wird erarbeitet und zum Produzenten gegeben. Der fertigt ein Muster an, das an einem Model probiert und eventuell wieder geändert wird.

Lingg, bereits jenseits der 50, räumt mit dem Vorurteil auf, dass nur junge Leute trendbewusst genug für die Sportbranche sind. Sie ist in ihren Job hineingewachsen: Nach einer kaufmännischen Ausbildung zog es sie Richtung Sportmode. »Idealerweise hat man für das Produktmanagement zwar Design oder Textildesign studiert oder eine textiltechnische Ausbildung hinter sich, aber es geht auch durch Engagement und die konsequente Einarbeitung in die Materie«, erklärt Lingg.

Sie selbst hat es als Quereinsteigerin zur Senior Produktmanagerin gebracht. Für ihren Sport – Skilanglauf, Radfahren und Bergwandern – hat Lingg während der mindestens sechs Monate dauernden Entwicklungsphase viel zu wenig Zeit, findet sie. Zum Segeln kommt sie so gut wie gar nicht mehr. Dafür hat sie als Entscheidungs- und Kontrollinstanz eine enorme berufliche Verantwortung, die sie schätzt.

Info-Box

Hersteller von Sportmode sind unter anderem:

Adidas	Nike
Adi-Dassler-Str. 1-2	P.O. Box 6453
91074 Herzogenaurach	NL-1200 H J Hilversum
Tel.: (0 91 32) 8 40	www.nikebiz.com
Fax: (0 91 32) 84 22 41	
www.adidas.com	

Puma
Würzburger Str. 13
91074 Herzogenaurach
Tel.: (0 91 32) 8 10
Fax: (0 91 32) 81 22 46
www.pumabiz.com

FILA
Borsigstr. 13
64291 Darmstadt
Tel.: (0 61 51) 3 50 30
Fax: (0 61 51) 35 03 36
www.fila.de

Reebok
1985 J.W. Foster Boulevard
USA-Canton, MA 02021
employment@reebok.com

Entwickler von Sportlernahrung

In jedem Fitness-Studio gibt es sie: den Kühlschrank, die Bar oder den Automaten mit Powerdrinks, ohne die auch manch ein mäßig aktiver Freizeitsportler nicht mehr auszukommen meint. Auch wenn Ernährungsfachleute darüber lächeln und eher zu Saftschorle oder Mineralwasser raten. Denn die Fitness-Drinks sind viel zu gehaltvoll, sprich: kalorienreich für den Hausgebrauch. Was die meisten bei ein paar Kilometern Joggen oder einer Stunde Aerobic an Gewicht verlieren, kommt so durch die ursprünglich für Spitzensportler entwickelten Getränke schnell wieder drauf.

Profis und Amateure in Extremsportarten hingegen benötigen tatsächlich spezielle Zusatznahrung. Etwa 11 000 Kalorien verbrauchen zum Beispiel die Radfahrer auf einer Etappe der Tour de France, zumal wenn es in die Berge geht. So viel kann man gar nicht essen. Da müssen zusätzliche Powerriegel und Spezialdrinks her, die den Energiebedarf noch beim Fahren ausgleichen. Auch Mineralstoffe, die durch das Schwitzen austreten, müssen unbedingt ergänzt werden. Im Jahr 2000 erlebte sogar Toursieger und Wunderathlet Lance Armstrong während einer Etappe einen drastischen Leistungseinbruch, weil er das Trinken und Essen vernachlässigt hatte. »Wie ein Anfänger«, so Armstrong.

Auch während der Wettkampfvorbereitung halten Sportler bestimmte Diäten ein, die durch Zusatzstoffe ergänzt werden, beispielsweise Aminosäuren für den Muskelaufbau und Fette, die bei fettarmer Ernährung die essenziellen Fettsäuren liefern, ohne dick zu machen.

Der Kölner Ernährungsentwickler Wolfgang Wirtz macht sich Gedanken darüber, was ein Sportlerkörper sonst noch braucht. Neben einer Ausbildung zum Fachapotheker für Ernährungsberatung hat der leidenschaftliche Kraftsportler sich viele Kenntnisse durch Literatur angeeignet. »Man muss die chemischen Abläufe des Stoffwechsels kennen, um die richtige Zusatzernährung zu entwickeln«, so Wirtz. Zu seiner Firma Megamax kommen meist junge Sportler, die auf natürliche Weise ihre Leistung und Ausdauer steigern wollen. Wirtz berät und stellt einen individuellen Ernährungsplan plus Zusatzprodukte zusammen.

Ursprünglich kam Wirtz aus Eigeninteresse auf das Thema: »In Deutschland werden viele minderwertige Produkte angeboten. Das war ein Grund, mich selbst mal darum zu kümmern.« Da übers Internet fast alles unkontrolliert erhältlich ist, was der ernährungsbewusste Laie so braucht, hat die Sportlernahrung den Ruf des Unerlaubten.

Doch nicht alle Pillen aus dem Fitness-Studio sind gleich steroide Anabolika. Viele geben einfach dem Körper zurück, was er ausgeschwitzt oder sonstwie verbraucht hat. Für Kraftsportler gilt beispielsweise die Daumenregel, dass sie täglich 2 Gramm Eiweiß pro Kilogramm Körpergewicht zu sich nehmen sollten.

Damit niemand mehr die Grundsätze für eine gesunde und sportlerspezifische Ernährung missachtet, hält Wirtz auch Vorträge zum Thema, zum Beispiel vor Sportvereinen, Ärzten, Apothekern und in Fitness-Studios. Wirtz will mit ernährungswissenschaftlich fundierter Beratung und leistungsfördernden, aber gesunden Produkten auch seiner Apothekerethik gerecht werden: »Wenn ich nicht überzeugt bin, dass das Zeug was taugt, verkaufe ich davon auch nichts!«

Durch sein ambitioniertes Programm ist Wirtz' Terminkalender immer bis obenhin voll. Ein bisschen Kraftsport, Jogging oder Tennis, zu mehr reicht die Zeit nicht. Der Apotheker genießt neben dem interessanten Arbeitsfeld auch die enge Zusammenarbeit mit

Gleichgesinnten: »Der Kontakt mit vielen jungen Sportlern, und zu sehen, wie sie Erfolge feiern, macht Spaß – auch wenn das nicht nur an der besonders guten Rezeptur von Megamax-Produkten liegt ...«

Um Sportler gezielt bei ihrer Ernährungsplanung zu beraten, braucht es nicht gleich ein Studium der Pharmazie oder Ernährungswissenschaft. Vereins- und Fitness-Trainer können ihre Qualifikation auch in Kursen erweitern. Es werden sowohl theoretische als auch praktische Kenntnisse der Ernährungsplanung und -gestaltung vermittelt und praxisnah auf eine spätere ernährungsberatende Tätigkeit oder die Leitung von Ernährungs-, Diät- oder Fitness-Clubs vorbereitet.

Info-Box

Eine Ausbildung zum Ernährungstrainer bietet an:

BSA-Akademie
Am Liedersberg 21
66398 Mandelbachtal
Tel.: (0 68 03) 9 94 40
Fax: (0 68 03) 99 44 10
www.bsa-akademie.de

Pressesprecher

Pressesprecher vermitteln zwischen Öffentlichkeit, Medien und Unternehmen. Nach außen sind sie erste Anlaufstelle für Anfragen jeder Art, geben Pressemitteilungen und Nachrichten des Hauses weiter und versuchen, diese Meldungen möglichst gut in der Presse oder im Fernsehen zu platzieren. Nach innen beraten sie Führung und Fachabteilungen über die geschickteste Art, Produkte und Ereignisse, aber auch Katastrophen und Fehler in der Öffentlichkeit zu präsentieren.

Ein Pressesprecher muss den ganzen Tag die Entscheidungen

und Produkte seines Auftraggebers vertreten. Für Alexander Laube, Pressesprecher und Public-Relations-Manager, stand daher von Anfang an fest: Sein Arbeitgeber sollte ein internationales Unternehmen der Sportindustrie sein.

Laube war bereits während des Studiums (Politik, Medienwissenschaft und Sport) auf seinen Berufswunsch gestoßen. Seitdem schwört er auf praxisnahe Volontariate und Praktika, um Einblicke in Berufsfelder zu bekommen. Sonst hätte er die für ihn ideale Kombination aus Medien und Sport kaum für sich entdeckt. Sein Arbeitgeber, K2, operiert weltweit, mit Stammsitz in den USA und Tochterunternehmen in Japan, Norwegen und Deutschland. Hierzulande sind Inlineskates und Skier Hauptumsatzträger. Da trifft es sich gut, dass Laube selbst Wintersport mit Ski und Snowboard betreibt und die Produkte von K2 aus der Praxis beurteilen kann.

Regelmäßiger Austausch mit seinen Kollegen ist ihm sehr wichtig, sodass er über den Stand in den einzelnen Abteilungen gut informiert ist. Diese Informationen beurteilt er nach ihrer Bedeutung für die Medien und gibt sie entsprechend weiter, zum Beispiel für redaktionelle Beiträge in Sportzeitschriften oder für die Zusammenstellung detaillierter Pressemappen, die auf Anfrage verschickt werden.

Klar, dass er sich in diesem Job schriftlich und mündlich gut ausdrücken muss. Wenn er beispielsweise auf der Internationalen Sportmesse in München vor 2 500 Journalisten spricht, muss nicht nur sein Englisch fließend sein. Rhetorik ist dann genauso gefragt wie sein Fachwissen über Sporttrends und Neuentwicklungen seiner Firma. »Ein Pressesprecher sollte so auftreten wie ein Verkäufer im Geschäft: sicher, kompetent und vor allem mit der Fähigkeit, die Atmosphäre für ein gutes Gespräch zu schaffen!«

Laube ist überzeugt, dass man auch gut im Eigenmarketing sein muss. Aber das könne man lernen. Er selbst hat früh damit angefangen. Seit dem 20. Lebensjahr spielt er begeistert American Football, hat geholfen, diese Sportart auch in Europa populär zu machen, war schon immer aktiv im Vorstand des Vereins, trainiert die Mannschaft. Wer auf diese Weise auch sich selbst trainiert, hat schon gute Voraussetzungen für die Öffentlichkeitsarbeit.

Am meisten reizt Laube der Freiraum, den sein Job ihm bietet.

Gefordert sind selbstständiges Arbeiten und Eigeninitiative. Das kann auch anstrengend sein. Große Events mit K2-Skates beispielsweise müssen geplant und lange vorbereitet sein. Auch wenn die eigentliche Organisation in anderen Händen liegt, so muss Laube die Veranstaltung bestmöglich verkaufen, dafür sorgen, dass Medienvertreter vor Ort sind, dass die Verbraucher die richtigen Informationen, das richtige Image vermittelt bekommen. Denn in Zeiten, in denen sich Produkte verschiedener Firmen immer mehr ähneln, gewinnen subjektive Werturteile von Kunden und Öffentlichkeit an Einfluss.

Erfolgserlebnisse? »Wenn eine Veranstaltung reibungslos abgelaufen ist und die Presse ausführlich berichtet, ist das schon sehr befriedigend!« Und wenn K2 vor Marken wie Fila, Benetton, Reebok oder Atomic auf der Lieferantenrangliste deutscher Sportgeschäfte steht, ist dieser Erfolg sicher auch Laubes Arbeit zu verdanken.

Info-Box

Informationen bei:

Deutsches Institut für Public Relations
Postfach 10 16 28
41548 Kaarst
Tel.: (0 21 31) 76 89 70
Fax: (0 21 31) 76 89 71
dipr@junkers.d.eunet.de

Deutsche Public Relations-Gesellschaft
St. Augustiner Str. 21
53225 Bonn
Tel.: (02 28) 9 73 92 87
Fax: (02 28) 9 73 92 89
www.dprg.de

Gesellschaft der Public Relations-Agenturen
Schillerstr. 4
60313 Frankfurt/Main
Tel.: (069) 2 06 28
Fax: (069) 2 07 00
www.gpra.de

Sport-Eventmanager

»Vor allem muss ein Eventmanager den ganzen Tag reden: mit Künstlern, Locationmanagern, Cateringpartnern, Zulieferern, Freelancern, Regisseuren, Konzeptionern, Eventdesignern, Grafikern, Onlineproducern, Filmproduzenten, Multimediaproduzenten, Produktionsleitern, Requisiteuren, Hostessenagenturen, Busunternehmern, Technischen Projektleitern, Techniklieferanten für Ton, Multimedia, Video, EDV, professionellen Kongressveranstaltern und so weiter. Auf der anderen Seite hat man ständig mit dem Kunden und dessen Mitarbeitern zu tun«, fasst Michael Poschmann, Eventmanager aus Berlin, seinen Alltag als Allroundtalent zusammen.

Events nehmen der klassischen Kommunikation wie Werbung und PR ein immer größeres Stück vom Marketingkuchen weg. Agenturen signalisieren einen erheblichen Bedarf an qualifizierten Mitarbeitern, ebenso wächst das Interesse der Unternehmen an der Aus- und Weiterbildung der eigenen Mitarbeiter im Bereich Events. Poschmann kommentiert: »Die Unternehmen brauchen ein Corporate Event Design, eine Philosophie, die dahintersteht und die erklärt: Was wollen wir eigentlich mit dem Event? Ein Event im Eventdesign zielt darauf ab, eine Face-to-Face-Beziehung zum Kunden und zum Mitarbeiter nachhaltig aufzubauen.«

Eine Face-to-Face-Beziehung? Erlebnisse für den Kunden, die ihm das Unternehmen nicht nur als gesichtslosen Geschäftspartner vermitteln. Und so werden Skier, Boards für Sommer und Winter, Workout- und Bademode, Laufschuhe oder Faltboote heute mit aufwändigen Veranstaltungen in Szene gesetzt. Und da nicht jeder Sportgerätehersteller über einen Etat wie Adidas oder Nike verfügt, ist von den Eventmanagern viel Fantasie gefragt: Wie können sich Fans und Sportler mit der Marke identifizieren, wie stellt man Öffentlichkeit her, ohne gleich einen Millionen-Euro-Etat für Fernsehwerbung auszugeben?

Zwei, die sich über diese Fragen Gedanken machen, sind Frank Völler und Hubertus Leischner von der Werbeagentur Eurasia Communications in Düsseldorf. Die Agentur arbeitet für mehrere

Sportfirmen. Der passionierte Tischtenniscrack Völler – immerhin mit 17 schon in der Herren-Oberliga – und Squash- und Schachspieler Leischner entwickeln, organisieren und realisieren Sportereignisse.

Dabei gilt es zunächst, ein Konzept zu entwickeln, das zu Marke und Sportart passt und Aufmerksamkeit erregt. So suchten sie zum Beispiel einen Weg, die Inlineskates einer Markenfirma bekannt zu machen. Die Events sollten – buchstäblich – alle Welt interessieren und die Skates eine zentrale Rolle spielen. Weitere Themen der Veranstaltung: Sport, junge Menschen, Internationalität.

Ihre Lösung: Unter dem Motto »Come together and act as a team« starteten am 18. Juli 1997, dem offiziellen Jahr gegen Rassismus, fünf junge Menschen aus fünf Kontinenten per Skates. Ihr Ziel war Südafrika, genauer gesagt der damalige Präsident Nelson Mandela. Sie rollten durch 17 Länder und ließen dabei 11 000 km hinter sich. Für jeden geskateten Kilometer überwiesen die Sponsoren des gesamten Projekts (MTV, Canon, AOL) Geld auf das Konto von Mandelas Children's Fond. Der Präsident selbst bekundete seine Sympathie für das Projekt und verewigte seinen Namen auf den Skates.

Die Durchführung der Aktion »One globe – one skate« war äußerst komplex. In der Verantwortung von Völler und Leischner lag unter anderem die Routenplanung bis Südafrika. Sie besorgten die nötigen Visa für die durchfahrenen Länder sowie Vans, die die fünf Skater und den Tross auf ihrer World-Tour begleiteten. Dazu gehörten ein Masseur, ein Fotograf zur Dokumentation und die beiden Organisatoren, die steten Kontakt zu Eurasia Communications hielten.

Bereits im Vorfeld wurden Absprachen mit der südafrikanischen Regierung getroffen, Sponsoren angesprochen und gewonnen. Für den Sportfachhandel entwickelte Eurasia Communications Folder und Promotions, in denen die Zielgruppe aufgefordert wurde, sich als Skater zu bewerben. Auftritte im Fernsehen und im Internet kamen dazu. Die Kunden und die Sponsoren wurden ständig über den Stand der Aktion auf dem Laufenden gehalten. Ein Job für Enthusiasten, die neben dem Sport auch den Trubel lieben.

Info-Box

Weitere Informationen bei:

Forum Marketing Eventagenturen
Berliner Str. 26
33378 Rheda-Wiedenbrück
Tel.: (0 52 42) 94 54 24
Fax: (0 52 42) 94 54 10
famab@t-online.de

Fachmesse:
World of Events
Rheinstr. 20
65185 Wiesbaden
Tel.: (06 11) 14 40
Fax: (06 11) 14 41 18
www.rhein-main-
hallen.de/worldofevents/

Adressen von Eventagenturen in Deutschland gibt's im Internet unter:
www.ist-web.de.

Michael Brückner, Andrea Przyklenk, *Event-Marketing. Wenn Werbung zum Erlebnis wird*, Wien, Frankfurt/Main 1998
Oliver Nickel (Hg.), *Eventmarketing. Grundlagen und Erfolgsbeispiele*, München 1998

Fachzeitschrift:
Event-Partner. Fachmagazin für Event-Marketing (erscheint zweimal monatlich)

Sportsponsoring-Berater

Sportereignisse bieten ein attraktives Umfeld für werbewirksame Auftritte. Unternehmen wie die Telekom, RWE, Verlagsgruppen und Bierbrauer nutzen den Sport, um auf ihre Tarife, neue Strommarken, Zeitschriften oder Biersorten aufmerksam zu machen. Das Geschäft ist grenzüberschreitend. Siemens beispielsweise sponsert französische und italienische Fußballclubs. Die Mehrheit der Unternehmen hält Sportsponsoring für besonders geeignet für internationale Marktauftritte.[16]
Sponsoring nutzt beiden Seiten: Mit Sponsorengeldern erwer-

ben Fußballclubs internationale Stars, finanzieren Leichtathleten ihr Training und Vereine ihre Jugendarbeit. Formel-1-Pilot Michael Schumacher bekommt für einen Fanartikelvertrag mit Karstadt und der US-Spielwarenkette Toys Я Us jährlich rund 5 Millionen Euro. Mindestens. Der Energiekonzern e.on investiert zur Saison 2000/2001 über 6 Millionen Euro in Borussia Dortmund, im Erfolgsfall das Doppelte. Der Versicherer Allianz soll über 35 Millionen Euro für den Rennstall BMW Williams ausgeben.[17] Es geht also um hohe Summen. Und so haben, als einer der letzten Sportverbände, auch die Eiskunstläufer Werbung auf den Trikots ihrer Sportler zugelassen.

Info-Box

In der Fußballbundesliga fließen jährlich Millionen an Sponsorengeldern. Hier die Liste der Top Ten:[18]

Verein	Sponsor	Summe jährlich
Bayern München	Opel	bis zu 10 Mio. Euro
Bayer Leverkusen	Avanza	7,5 Mio. Euro
Borussia Dortmund	e.on	bis zu 7,5 Mio. Euro
Herta BSC	o.tel.o	6 Mio. Euro
VFL Wolfsburg	VW	bis zu 5 Mio. Euro
VfB Stuttgart	debitel	3,25 Mio. Euro
Schalke 04	Veltins	3 Mio. Euro
Kaiserslautern	Dt. Vermögensberatung	3 Mio. Euro
Eintracht Frankfurt	VIAG	3 Mio. Euro
Werder Bremen	QS Communications	3 Mio. Euro

Das Kernproblem für die Unternehmen ist die Auswahl der richtigen Sportler als Sympathieträger. Dafür und für die Kontaktaufnahme und Vertragsverhandlungen gibt es spezialisierte Agenturen. Der Frankfurter Karsten Schweigkofler ist Jurist und fand einen Einstieg in eine solche Kommunikationsagentur. Der passionierte Fußballer und Jogger hatte nie vor, eine klassische juristische Laufbahn einzuschlagen. Er wollte lieber ins Sportgeschäft. Und so vermittelt er heute zwischen Unternehmen der Automobil- oder Telekommunikationsbranche und Vereinen oder prominenten Sportlern.

Zunächst sichtet Schweigkofler den Markt. »Es gibt nicht viele Sportevents, die ein großes Publikum erreichen: Bundesliga-Fußball, die Nationalmannschaft, Formel 1 und Rad fahren, vielleicht noch ein großes Golfturnier. Danach kommt nicht mehr viel. Da muss man schon die Augen offen halten und schauen, wo es überhaupt noch Möglichkeiten gibt«, erklärt er. Nach einer Umfrage gehören in die Top Ten der beliebtesten Sportarten außerdem Tennis, Leichtathletik, Boxen, Eiskunstlaufen, Basketball und Tanzen.[19]

Große Kunden setzen immer mehr auch auf Sonderwerbeformen: Presenting beispielsweise (»Die Fußball-Europameisterschaft wurde Ihnen präsentiert von Bitburger«), Gewinnspiele oder Grafik-Sponsoring. Unter Letzterem versteht man die Einblendung von Zeit oder Spielstand mit dem Logo eines Unternehmens. Auch im Internet präsentieren sich Firmen mit ihren Sportpartnern: Opel mit Schwimmstar Franziska van Almsick oder Tischtennisspitzenspieler Vladimir Samsonov. Dazu gibt es Infos und Steckbriefe für die Fans, Nachrichten rund um den Sport und aktuelle Events.

Im besten Fall sind Anzeigen, Plakate und andere herkömmliche Komponenten mit den Sonderwerbeformen vernetzt. »Das bedeutet: Otto Müller sieht tagsüber die Werbung von Bitburger, und wenn er sich abends vor den Fernseher setzt, erkennt er, dass genau diese Biermarke auch das Spiel präsentiert«, erklärt Schweigkofler. Wenn Otto Müller regelmäßig mit denselben Bilderwelten konfrontiert ist, bleibt mehr von der Werbung hängen. Für die Erfolgskontrolle wird ausgewertet, wie viele Menschen in welcher Zielgruppe einen Spot gesehen haben. Verglichen mit den Kosten können die Kundenberater dann ermitteln, welche Angebote von Vereinsseite angemessen sind und welche nicht.

Die Tätigkeit des Kundenberaters im Sportsponsoring findet Schweigkofler extrem abwechslungsreich und spannend. »Ich weiß abends nie, was am nächsten Tag passiert. Wenn dann wieder kurzfristig ein Trainer entlassen wird, dann muss ich von einem auf den anderen Tag alles umstellen.« Unverzichtbar sei daher, sportmäßig immer auf dem neuesten Stand zu sein: Welcher Sportler wechselt für wie viel wohin? Welche Firmen sind dort im Geschäft, und was zahlen die?

Wer einen Einstieg in diesen Bereich plant, muss alle Informationsquellen nutzen: Radio, Fernsehen, Zeitungen, Zeitschriften und das Internet. Und vor allem: Augen und Ohren offen halten. »Wenn in der Welt des Sports irgendwas passiert, habe ich eine Stunde später den ersten Kunden am Telefon, der mit mir darüber diskutieren will«, erklärt Schweigkofler. Aber genau das macht ihm besonders viel Spaß und tröstet ihn auch darüber hinweg, dass man in dem Job »von einer 40-Stunden-Woche nur träumen kann«.

Übrigens sind es keineswegs immer nur Spitzenstars, die von Schweigkoflers Kunden gefördert werden. Für einen Telekommunikationsanbieter und die amerikanische National Basketball Association organisiert der Frankfurter auch ein jährliches bundesweites Streetballturnier. In acht Großstädten spielen fünf gegen fünf Spieler zwischen 12 und 20 Jahren auf Park- und Sportplätzen. »Bei den Teenagern ist Basketball momentan beliebter als Fußball. Daher gibt es hier attraktive Werbemöglichkeiten«, erklärt er. Bis zu 3 000 Spieler ziehen bis zu 15 000 Zuschauer an.

Schweigkofler betreut die gesamte Turnierveranstaltung: vom Entwickeln des Tourlogos, über die Vertragsverhandlung mit den Kunden bis hin zum Organisieren der Gewinne und Geschenke wie Basketballutensilien oder lebensgroße NBA-Spielerfiguren. Fahnen, Banner und Informationsstände präsentieren den Kunden.

Mit diesem Event liegt Schweigkofler voll im Trend. Unternehmen, die auf Sportsponsoring setzen – und das ist mittlerweile jedes vierte in der Bundesrepublik –, erwarten, dass solchen selbstständigen Projekten die Zukunft gehört.[20] Organisationstalent sei daher ebenso wichtig für den Job, so Schweigkofler, wie ein Gespür für innovative Ideen, ein eigener emotionaler Bezug zum Sport und jede Menge gesunder Menschenverstand. »Der Rest ist learning by doing.«

Info-Box

Michael Dinkel, *Sportsponsoring als Marketingkonzept. Am Beispiel der Motorsportwerbung einer Unternehmensgruppe*, Frankfurt/ Main 1996

Weitere Jobs in Sportfirmen

Mitarbeiter in der Motorsportabteilung

Wohin die Begeisterung für den Motorsport führen kann, zeigt das Beispiel Norbert Haug. Der begeisterte Rennfahrer (unter anderem Porsche-Cup) war Chefredakteur von *sport auto*, dann stellvertretender Chefredakteur von *auto, motor & sport*, bevor er 1990 zur Motorsportabteilung von Mercedes, dem Arbeitgeber des Formel-1-Weltmeisters Mika Häkkinen, ging.

Fahrradmechaniker

Eine gut bezahlte Pauschalreise durch Frankreich wird alljährlich erstklassigen Fahrradmechanikern angeboten: die Tour de France. Die Rennmaschinen der Profiradsportler sind hochgezüchtete Geräte, die etliche 1 000 Euro kosten und ständig weiterentwickelt werden. Dafür brauchen die Rennställe radsportbegeisterte engagierte Betreuer.

Fanartikelverkäufer

Für wirklich begeisterte Fans bietet sich eine Tätigkeit im Bereich Merchandising oder Fanartikelverkauf für den Lieblingsclub an, lohnend beispielsweise bei Fußball, Eishockey oder Basketball. Berühmtester Fanartikelverkäufer ist der ehemalige Fußballer Hansi Pflügler, der am Olympiastadion in München seinen Bayern-Fanshop betreibt.

Verwaltungspersonal

Sportartikelhersteller oder Vereine und Verbände brauchen neben den Spezialisten im Bereich Training, Entwicklung und Design auch Buchhalter, Sekretärinnen, Kostenrechner oder Personalfachleute, die ihren Job – und den Sport – lieben.

8.

Dienstleistungen für Sportler

Ein Profisportler braucht mehr Hilfe als ein Kleinkind. Während die Boxer im Ring und die Läufer auf der Aschenbahn ihr Bestes geben, kümmern sich daher andere ums Geschäft. Manager handeln neue Verträge aus, Pressesprecher versorgen die Journalisten mit Neuigkeiten, und Spielergewerkschafter kümmern sich um Konflikte mit der Vereinsführung.

Fast immer sind die hoch dotierten Stars bereits seit ihrer Jugend im Geschäft: Training, Pressetermine, Werbeaufnahmen, Promotiontouren, ärztliche Untersuchungen und zahlreiche Wettkämpfe verhindern, dass die Sportler auf ganz normale Weise erwachsen werden. Die durch frühe Spitzenleistungen hochgeschraubten Erwartungen üben zusätzlichen psychischen Druck aus. Was, wenn der Erfolg einmal ausbleibt?

Plötzliche Popularität bringt nicht nur Reichtum mit sich. Leistungsdruck, wenig Privatleben und die ständige Beobachtung durch die Presse belasten die Profis. Leistungslöcher – wie in der ansonsten strahlenden Schwimmerinnenkarriere von Franziska van Almsick oder in der Radsportkarriere von Jan Ullrich – sind eine mögliche Folge. Laufbahnberater und Psychologen helfen daher, mit den Folgen des hart erkämpften Ruhms klarzukommen.

Auch nach der aktiven Zeit brauchen die erfolgsverwöhnten Athleten Unterstützung. Viele haben außerhalb des Sports keine Ausbildung, kein Studium und keine Berufserfahrung. Wer mit Mitte 30 in Rente geht, fällt schnell in ein schwarzes Loch.

Je voller der Wettkampf- und Trainingsplan eines Profisportlers, desto größer die Anforderungen an die ihn umsorgenden Dienstleister. Hier gibt es Jobs für Leute, die gern mit Sportlern zusammenarbeiten, ohne selbst notwendigerweise Sportler zu sein. Da soziale Kontakte für die Profis schwer zu pflegen sind, ersetzen die Helfer und Helfershelfer häufig den Freundeskreis. Loyalität dem Sportler gegenüber ist hier erste Voraussetzung – die Chemie muss stimmen. Darüber hinaus benötigen die Dienstleister Kenntnis vom Business, gesunden Menschenverstand, eigene Stabilität, menschliches Verständnis, Verhandlungsgeschick und Durchsetzungsvermögen.

Spielermanager

Von den Spielern heiß geliebt, von den Vereinen meist gehasst: Spielermanager wie Roger Wittmann, Heinz Gruler, Karl Herzog und Norbert Pflippen handeln mit Sportlern. Sie vermarkten das Talent der Profis und schlagen bei den Vereinen so viel Geld raus wie möglich. Und damit ist der Job noch nicht getan. Neben der Arbeitsplatzsuche betreuen sie die Sportprofis in allen Lebenslagen – finanziell, gesundheitlich und privat.

»Zum Profisportler hat es bei mir nie gereicht«, erzählt Wittmann. »Ich habe mal geboxt und viel Zeit auf Bolzplätzen verbracht. Schließlich ist Fußball meine große Leidenschaft.« Trotzdem, oder gerade weil es mit der eigenen Profikarriere nicht geklappt hat, verdient Wittman heute sein Geld mit Sport. Als Spielermanager von Fußballgrößen wie Mario Basler, Bruno Akrapovic und Wladimir Butt handelt der Selfmade-Mann bestmögliche Verträge mit den Vereinen aus. Er besorgt Finanzexperten für die Spieler und lässt Werbeanalysen erstellen, um die richtigen Sponsoren für seine Schützlinge zu finden.

Zu dem Job ist Wittmann gekommen wie die Jungfrau zum Kinde. »Ein Freund von mir, ein richtig guter Fußballer, steckte in finanziellen Schwierigkeiten. Er hatte in ein Immobilienprojekt investiert und sich tierisch über den Tisch ziehen lassen«, erzählt der Pfälzer. Die Probleme spiegelten sich natürlich in den Leistungen auf dem Platz wider. »Er wollte einfach, dass ihm jemand die Last von den Schultern nimmt, damit er den Kopf frei hat für den Fußball. Also erwies ich ihm den Liebesdienst.« Wittmann recherchierte, las sich das nötige rechtliche Wissen an und ging damit an den Verhandlungstisch der Bank und des Konkursverwalters. Nach wenigen Wochen war alles geregelt, und der Freund spielte wieder erstklassigen Fußball. Der Erfolg sprach sich herum. Heute betreut Wittmanns Firma Rogon über 130 Profiathleten.

Der Spielermanager ist für seine Kunden Freund, Psychologe, Finanzexperte, Werbefachmann und Geschäftspartner zugleich. Ein Lehrberuf ist der Job selbstredend nicht. »Ich hatte am Anfang von den rechtlichen und steuerlichen Dingen, von Marketing oder Computerprogrammierung nicht mehr Ahnung als jeder Otto Normalverbraucher auch. Ich musste mir alle Informationen besorgen, die richtigen Spezialisten dafür einkaufen«, erzählt der Manager. Heute steht eine Mannschaft von Fachleuten hinter ihm, zum Beispiel Talent-Scouts, die Fußball-Nachwuchsspieler in den unteren Ligen suchen, oder Webdesigner, die Spieler via Internet vermarkten und Homepages von Mannschaften aufbauen.

Wittmann führt zusammen mit Ex-Fußballnationalspieler und Spielervermittler Wolfgang Fahrian eine Aktiengesellschaft. Sein Erfolgsrezept? Organisationstalent und Selbstbewusstsein, um das Geflecht hinter den Kulissen zu koordinieren. »Außerdem braucht man eine irre Menschenkenntnis. Du musst wissen, wie ein junger Spieler reagiert, wenn er plötzlich seine erste Million verdient. Er kauft sich neue Klamotten, stellt sich ein dickes Auto vor die Tür und hängt jede Nacht in den Clubs ab. Du musst wissen, wie du ihn dann motivierst, trotzdem all seine Kraft in den Sport zu stecken.«

Das richtige Maß zwischen väterlicher Strenge und kumpelhaftem Verständnis findet Wittmann, wenn er mit dem Jungstar auch mal einen trinken geht und ihn bei der Gelegenheit fragt, ob er Discotänzer oder Profisportler werden will. Klar, dass der Job sich da nicht auf normale Bürozeiten von 8 bis 16 Uhr beschränkt. »Um als Sportlermanager erfolgreich zu sein, braucht man jede Menge Disziplin, damit man immer wieder in die Gänge kommt und notfalls auch die Verlängerung durchsteht«, so Wittmann. Eben wie ein Sportler, von dem immer Höchstleistungen erwartet werden – egal ob es regnet oder die Sonne scheint.

Auf einer anderen Spielwiese tummelt sich Spielervermittler Burk-hard Kötke aus Greifswald an der Ostsee. Er konzentriert sich auf die Suche nach neuen ausländischen Sternchen am Fußballhimmel. In Brasilien beispielsweise sorgen spezielle Fußballschulen und Inter-nate für den Nachwuchs. Viele der dort ausgebildeten Jungtalente zieht es später wegen der guten Verdienstmöglichkeiten nach Eu-ropa. Das Problem hierbei ist, dass in europäischen Liga-Mann-schaften maximal drei Nicht-EU-Ausländer spielen dürfen. Mit Aus-nahme von Portugal, wo brasilianische Spieler aufgrund alter Kolonialverhältnisse nicht unter die Ausländerregelung fallen.

Wenn also ein Bundesligaverein nach einem brasilianischen Talent Ausschau halten möchte, so bietet Portugal den idealen Ort dafür. Und hier kommt Kötke ins Spiel. Er unterhält ein Netzwerk aus Trai-nern, Spielervermittlern, Sportjournalisten, Anwälten und anderen Insidern vor Ort, die sich nach Erfolg versprechenden Talenten um-sehen. »In diesem Geschäft sind Kontakte alles. Am besten, man hat schon als Kind in einem Verein gespielt und kennt den Laden in- und auswendig. Man muss ja überhaupt erst einmal herausfinden, wer was sucht: Welche Probleme kommen auf den Verein in naher Zu-kunft zu? Wird demnächst ein offensiver Mittelfeldspieler gebraucht oder eher ein paar Stürmer? Man muss immerzu auf den Markt hor-chen und über ein enormes Hintergrundwissen verfügen. Das kann man sich nicht von heute auf morgen aneignen«, erklärt Kötke.

Um sein Netzwerk kontinuierlich zu erweitern und auszu-bauen, nimmt der Spielervermittler jede Chance wahr, mit Schlüs-selpersonen über seine Aktivitäten zu sprechen. Schließlich muss er von wichtigen Vorgängen und Entscheidungen bereits im Vor-feld hören. »Wer nicht reden kann, wer nicht in hohem Maße kontaktfähig ist, wer nicht in der Lage ist, andere Leute anzuspre-chen, der ist hier kolossal falsch«, so Kötke. Und sein persönlicher Tipp für den Nachwuchs in diesem Job: »Manchmal ist das Knüpfen von Kontakten der Tätigkeit eines Animateurs im Club Med gar nicht so unähnlich. Vielleicht kann man da etwas für den Beruf des Spielervermittlers lernen: Immer auf der Suche nach Kontakten zu sein, ohne jedoch aufdringlich oder anbiedernd zu wirken. Allerdings muss man auch lernen, mit Misserfolgen um-zugehen.«

In Deutschland gibt es etwa 50 lizensierte Spielervermittler. Voraussetzungen für die Konzession Player Agent sind eine Bürgschaft über 200 000 Schweizer Franken, ein polizeiliches Führungszeugnis, eine Arbeitsvermittlungserlaubnis und eine mündliche Prüfung über Statuten und Regeln vor dem Deutschen Fußballbund. Es geht allerdings auch ohne Lizenz. Schätzungsweise über 100 Spielermanager vermitteln Profis ohne Vertrag oder solche, deren Vereinsverpflichtung binnen sechs Monaten abläuft. Rechtsanwälte benötigen ebenfalls keine Lizenz. Wer sich im Geschäft gut auskennt, kann mit Lizensierten zusammenarbeiten.

Info-Box

Informationen bei:

Deutscher Fußballbund
Otto-Fleck-Schneise 6
60528 Frankfurt/Main
Tel.: (0 69) 6 78 80
Fax: (0 69) 6 78 82 66
www.dfb.de

Fédération Internationale
de Football Association
Hitzigweg 11
CH-8030 Zürich
Tel.: (00 41) (1) 3 84 95 95
Fax: (00 41) (1) 3 84 96 96
www.fifa.com

International Sport Lawyers
Association
Kirchgasse 30
CH-8706 Meilen
Tel.: (00 41) (1) 9 23 88 66
Fax: (00 41) (1) 9 23 88 67
www.isla-int.com

Mental Coach

Trainer müssen heutzutage nicht mehr nur die Anzahl der morgendlichen Liegestütze und die Mannschaftsaufstellung festlegen. Genau wie in der Wirtschaft wird von Führungspersönlichkeiten auch die Fähigkeit zur Motivation erwartet. Dabei verlassen sich die Trainer bislang auf ihre Ausstrahlung.

Weil aber nicht jeder Trainer automatisch ein guter Motivator ist, wird den Coaches im Hochleistungssport zunehmend ein Mental Coach zur Seite gestellt. Dieser ist dafür zuständig, den Sportler auch psychisch auf Höchstleistung zu trimmen. »Sieg oder Niederlage entscheidet sich im Kopf. Für Spitzensportler wie Steffi Graf, Boris Becker oder Michael Schumacher kommt eine Niederlage gar nicht erst in Frage. Die sehen sich in Gedanken schon oben auf dem Treppchen stehen«, erklärt Jörg Löhr, Mental Coach aus Augsburg. Er bereitete die deutsche Handball-Nationalmannschaft auf die Olympischen Spiele in Sydney vor.

Löhr selbst spielte 14 Jahre lang Handball, auch in der Nationalmannschaft. »Das ist natürlich ein enormer Vorteil, dass ich ganz genau weiß, wie es sich anfühlt, seit 14 Tagen dem Trainingslagerdruck ausgeliefert zu sein.« Löhr spricht die Sprache der Sportler, hat es leicht, auf eine Wellenlänge zu kommen. »Von außen kann man manchmal gar nicht einschätzen, wie viel Arbeit hinter einer sportlichen Leistung steckt.«

Sportler wenden sich an einen Mental Coach, wenn sie Defizite im Trainingsstand erkennen, beispielsweise wenn es bei Jugendlichen durch den großen Druck der Eltern, Sponsoren und Medien zu Leistungsblockaden kommt. »Natürlich ist es besser, einen Coach einzuschalten, bevor es brennt«, betont Löhr. Frühzeitige Trainings- und Wettkampfbegleitung kann Krisen oder Leistungslöcher verhindern.

Coaching stärkt auch das Verantwortungsbewusstsein der Athleten. Wenn eine Mannschaft gegen Ende eines Spiels zurückliegt, sind es fast immer dieselben Spieler, die dann den Ball in die Hand nehmen, um das Spiel noch herumzureißen, erklärt Löhr. Er arbeitet unter anderem mit der Technik des Ankerns. »Wenn ich im Auto sitze und im Radio den Song höre, bei dem ich meine Freundin kennen gelernt habe, dann fühle ich mich gleich gut und glücklich«, erklärt er. Diesen Mechanismus nutzt das Ankern: Kraftvolle Zustände werden beispielsweise in einer Bewegung gespeichert, um dann durch Ausführen dieser Bewegung wieder abrufbar zu sein.

Weniger ergebnis-, eher prozessorientiert arbeitet Löhrs Kollege Heiko Scholz aus München. Er beobachtet den Sportler in Training und Wettkampf, analysiert Videoaufnahmen und legt gemeinsam mit seinem Schützling Ziele fest. Dann entwickelt der Psychologe individuelle Audioprogramme mit Klängen, die auf CD-Roms aufgespielt sind. Damit kann der Sportler sich je nach Programm entspannen oder motivieren. »Letztendlich muss der Sportler sich während der Prozedur keine Gedanken machen, sondern kann die CD komplikationslos in seinen Alltag einbauen«, so Scholz.

Seine Überzeugung ist, dass nur eine gefestigte Persönlichkeit mit starker Eigenmotivation und ausgewogener Sozialkompetenz auf Dauer dem Leistungsdruck des Profisports gewachsen ist. Bei der Entwicklung der Programme arbeitet Scholz eng mit dem Salzburger Tennisverband und der Universität Salzburg zusammen.

In den USA, wo die Betreuung der Profisportler überwiegend privatwirtschaftlich organisiert ist, gehört Mental Coaching zum Pflichtprogramm. Aber auch in der Schweiz und in Österreich ist es für Spitzensportler durchaus üblich, einen persönlichen Coach zu haben. »Das Gleiche gilt für die DDR. Sonst hätte so ein kleines Volk gar nicht so viele Goldmedaillengewinner hervorbringen können«, ist Berater Alexander Christiani aus Bad Münstereifel überzeugt. Mit Doping allein jedenfalls ließen sich die Vorsprünge von Zehntelsekunden nicht erklären. Um knapp zu siegen, müsse man in jedem Bruchteil einer Sekunde zum Sieg entschlossen sein. Christiani bietet an der Kölner Trainerakademie für Bundestrainer aller Sportarten Weiterbildungen im Bereich soziale Kompetenz an.

Trotzdem hängt dem Mentaltraining in der Bundesrepublik – zumindest in der Öffentlichkeit – immer noch ein unseriöser Touch an. Einzig Christoph Daums Engagement von Jürgen Höller beim 1999-Beinahe-Meister Leverkusen geisterte durch die Schlagzeilen. Einige Mentaltrainer wollen daher durch eine gezielte Kampagne die Verbände in punkto Mentaltraining wachrütteln und für Aufklärung sorgen.

Scholz, Christiani und Löhr trainieren nicht nur Sportler, sondern auch Manager. Die Regeln, wie man kontinuierliche Spitzenleistungen erbringen kann, seien in beiden Bereichen dieselben.

Der Sport könne viel vom Management, das Management viel vom Sport lernen, so die übereinstimmende Meinung.

Info-Box

Informationen und Seminare zum Thema Mentaltraining bieten:

Easy Future International
Briennerstr. 48
80333 München
Tel.: (01 79) 5 99 11 68
Fax: (0 89 12 74 99 45
www.easyfuture.de

Christiani
Kölner Str. 65
53902 Bad Münstereifel
Tel.: (0 22 53) 9 54 30
Fax: (0 22 53) 95 43 70
www.christiani-ag.de

Jörg Löhr Erfolgstraining
Beim Schnarrbrunnen 15
86150 Augsburg
Tel.: (08 21) 34 65 40
Fax: (08 21) 3 46 54 99
www.joerg-loehr-erfolgstraining.de

Laufbahnberater

Spitzensport ist Karriere auf Zeit. Viele Profisportler stehen, wenn sie die 30 überschritten haben, ohne Beruf und mit wenig sozialen Bindungen da. Lothar Matthäus und Muhammed Ali sind Beispiele für den schweren Abschied vom Rampenlicht. Besonders abschreckend ist der Fall des argentinischen Fußballstars Diego Maradona. Aufgeschwemmt von Alkohol und Kokain irrt er von einer Entzugsklinik zur nächsten.

Damit die Karriere nicht im Abseits endet, werden Spitzensportler von Laufbahnberatern betreut. Bereits in jungen Jahren ist das Leben des Athleten voll gepackt mit Trainingseinheiten, Wettkämpfen und Repräsentationspflichten. Ihren Schulabschluss halten die zukünftigen Stars dabei oft für nebensächlich. »Kopfball- *und* Vokabeltraining – wir müssen dem Sportler klarmachen, dass es ein Leben nach dem Sport gibt. Und dass er dafür planen muss«, erklärt Andreas Hülsen, Laufbahnberater im Olympiastützpunkt Berlin.

Laufbahnberater regeln Schul-, Wehr- und Zivildienstangelegenheiten, zeigen Perspektiven für sportliche Entwicklungen auf und geben Unterstützung in Krisenzeiten. Als Karriere- und Umfeldmanager helfen sie bei Studienfachwahl, Berufsausbildung, Arbeits- und Wohnungssuche. Sie finden Wege, die Profikarriere zu finanzieren, beispielsweise durch Sponsoring oder Stipendien.

Hülsen selbst hatte während seiner Karriere als Karatesportler keinen Berater. »Den hätte ich aber dringend gebraucht. Es wäre total wichtig gewesen, dass sich jemand darum kümmert, dass ich ab und zu von der Schule befreit werde.« Wettkämpfe und Trainingslager nehmen wenig Rücksicht auf die Schulpflicht des Nachwuchses.

Während seiner zweiten Laufbahn als Trainer bemerkte Hülsen die tiefe Verunsicherung vieler Sportler, die ihre Karriere wegen Verletzungen unterbrechen oder gar beenden mussten. Er begann, sich um die sozialen Bedürfnisse der Athleten zu kümmern, studierte Sportmanagement an der Industrie- und Handelskammer Düsseldorf und kam schließlich zum Olympiastützpunkt Berlin. »Wenn jemand sich bei mir beraten lässt, behandle ich ihn erst mal wie einen zukünftigen Europameister und respektiere seinen Wunsch, Spitzensportler zu werden.« Gemeinsam wird überlegt, wie die Perspektiven aussehen. Hülsen holt Stellungnahmen der Trainer ein, zum Beispiel wie lange der Athlet voraussichtlich in der Sportart bleiben kann.

Zurzeit gibt es an den Olympiastützpunkten etwa 30 von der Deutschen Sporthilfe und dem Bundesinnenministerium bezahlte Laufbahnberater. Durch die wachsende Professionalisierung des Sports ist jedoch ein zunehmender Bedarf an freiberuflichen Laufbahnberatern in Physiotherapiepraxen, Sportvereinen, Verbänden und Fitness-Zentren vorhanden.

Praxis-Box

Tipps für freiberufliche Laufbahnberater von Lothar Heller, Bereichsleiter am Olympiastützpunkt Berlin: Als Laufbahnberater muss man im Sport zu Hause sein, um sich in die Gedanken der Sportler hineinversetzen zu können. Zusätzlich braucht man Kenntnisse in allen Bereichen des Lebens:

• Sozialhilfe, Meldeformalitäten, Studium
• Bundeswehr und Zivildienst
• Schulrichtlinien der jeweiligen Bundesländer
• steuerrechtliche Fragen
• Fördermöglichkeiten für Sportler
• aktuelle Berufstrends und ihre langfristige Perspektive
• fachgerechte medizinische Betreuung
• spezielle Rehabilitationszentren bei Verletzungen

Info-Box

Weitere Informationen bei:

Olympiastützpunkt Berlin
Fritz-Lesch-Str. 29
13053 Berlin
Tel.: (0 30) 97 17 22 37
Fax: (0 30) 97 17 27 67
www.osp.berlin.de

Schriftenreihe des Bundesinstituts für Sportwissenschaften:
Alfred Richartz, Wolf-Dietrich Brettschneider, *Weltmeister werden und die Schule schaffen. Zur Doppelbelastung von Schule und Leistungstraining* (Band 89), Schorndorf 1996
Dieter Hackfort, Eike Emrich, Vassilios Papathanassiou, *Nachsportliche Karriereverläufe. Eine Untersuchung zu berufsbezogenen Karrieren ehemaliger Spitzensportler* (Band 93), Schorndorf 1997

Talent-Scout

Seit dem Abschied von Steffi Graf und Boris Becker aus dem internationalen Tennisgeschäft wartet Deutschland auf einen neuen Stern am Tennishimmel. Aber: »Junge Talente sind schwer zu finden«, erklärt Wolfgang Dörr, Talent-Scout beim Berliner Tennisclub Rot-Weiß. Der ehemalige Bundesligaspieler leitet die Talentausschreibung der Steffi-Graf-Stiftung in Berlin und Brandenburg.

Bis zu 400 Kindern im Alter zwischen sieben und acht Jahren bewerben sich für die jährliche Stipendienvergabe. Die meisten davon haben noch nie einen Tennisschläger in der Hand gehabt. Und das ist auch beabsichtigt, denn in diesem Stadium kann man das Talent der Kids am besten prüfen.

Dörr hat zusammen mit dem Institut für Sportwissenschaften der Freien Universität Berlin einen speziellen Test zur Talententdeckung entwickelt. Dabei werden die Kinder zunächst nach ihrer eigenen Einschätzung befragt: Was sie gerne machen, wie sie zu ihren Eltern stehen, was sie mögen und was sie nicht mögen – eine Art kindgerechter Persönlichkeitstest. Aber auch die Eltern bekommen einen Fragebogen, in dem sie ihre Erziehungsvorstellungen beschreiben.

Dann erst werden die Nachwuchsspieler einem allgemeinen sportlichen Test unterzogen, der ihre Schnelligkeit, Zielgenauigkeit und die Koordination mit dem Ball auf die Probe stellt. Von 400 Bewerbern kommen 60 in die Endauswahl. Erst jetzt werden die Kleinen in einfachen Tests an den Tennisschläger herangeführt. 30 bis 40 Kinder bleiben schließlich übrig und bekommen eine zweijährige kostenlose Tennisausbildung.

Nach der Stipendienvergabe hält der Talent-Scout engen Kontakt zu den Jugendtrainern. Schließlich will er wissen, ob er richtig ausgewählt hat und wie die Talente sich entwickeln. Beim Training dürfen die Kinder weder physisch noch psychisch überfordert werden. Geduld, Menschenkenntnis und natürlich ein Herz für die Kleinen sind in der Nachwuchsauswahl und -förderung gefragt. »Man muss sich auf die Ebene der Kinder begeben und ihre Sprache sprechen. Wer das Kind in sich selbst nicht vergessen hat, kann sofort einen Zugang finden. Dann macht das Training mit den Kleinen unheimlich viel Spaß«, erklärt Dörr.

Aber auch Eltern erfordern die volle Aufmerksamkeit eines Talent-Scouts. Viele wollen das Trainingsprogramm mitbestimmen. Da sie vom einzigartigen Talent ihrer Kinder überzeugt sind, versuchen sie überall einzugreifen. Bei besonders ehrgeizigen Eltern erteilt Dörr daher Trainings- oder Turnierverbot.

Voraussetzung für Tennistalent-Scouts wie Dörr ist der C-Trainerschein für den Breitensportbereich. Er selbst hat alle drei Scheine bis zum Hochleistungssport absolviert. Sein persönlicher Tipp für Leute, die sich für den Beruf des Talent-Scouts interessieren: Wenn man Talente sucht, egal in welcher Sportart, braucht man Geld. Das bedeutet, dass man Sponsoren finden und ein Händchen dafür haben muss, wer für was ansprechbar ist. In den seltensten Fällen sind von Anfang an finanzielle Rücklagen vorhanden, wie bei der Steffi-Graf-Stiftung, die von der Berliner Sparkasse gesponsert wird.

Wichtig ist außerdem die Zusammenarbeit mit den Schulen, die die Talentausschreibungen organisieren und die Kinder an die Sportarten heranführen. Eine Ausbildung zum Talent-Scout gibt es nicht. »Aber man wächst ja immer mit seinen Aufgaben«, so Dörr.

Spielergewerkschaft

Vor 20 Jahren noch war der deutsche Basketball eher eine Randsportart. Die Meisterschaft wurde unter Ausschluss der Öffentlichkeit ausgetragen, und die Teambesprechungen fanden in der Kneipe statt. An das Ende der Gemütlichkeit erinnert sich Henning Harnisch, ehemaliger Basketball-Nationalspieler: »Mitte der achtziger Jahre kam ein jugoslawischer Trainer nach Deutschland und versuchte der Nationalmannschaft Grundzüge seiner Überzeugungen zu vermitteln. Spaß haben sei in Ordnung, sagte Svetislav Pesic, aber exzessives Biertrinken als Routine führe leider immer dazu, dass man mit 40 Punkten Differenz gegen Jugoslawien verlieren werde.«[21]

Es wurde nachgedacht und diskutiert. Und schließlich setzte man Zug um Zug Pesics Vorstellungen um. Zur Professionalisierung gehörte auch die Einrichtung von Interessenvertretungen. Eine Spielergewerkschaft musste her, die sich für die Belange der Sportler und Sportlerinnen gegenüber Vereinen, Verbänden, Berufsgenossenschaften und Medien einsetzt. Denn obwohl Sportler kein »normaler« Beruf ist, haben auch Athleten ein Interesse an fairen Verträgen, spielfreien Tagen und geregelten Urlaubszeiten. Eine politische Notwendigkeit nennt Präsident Harnisch daher die Gründung der Spielergewerkschaft im Jahr 1999.

Eine Spielergewerkschaft prüft Vertragsangebote, berät in Rechtsfragen und unterstützt den Profi bei den Verhandlungen mit Vereinen. Sie berät bei Steuern, Kapitalanlagen, Versicherungen, Vorsorge für Sportunfähigkeit und Invalidität. Auch Gesundheits- und Ernährungsberatung gehören zum Repertoire, darüber hinaus die Vermittlung von Ärzten, die mit den spezifischen Beschwerden von Sportlern und den typischen Verletzungsbildern von Basketballern vertraut sind. Für die Mitglieder wird außerdem ein Verletzungstagebuch angelegt. Schließlich ziehen manche Sportverletzungen – auch Bagatellen – noch Jahre später Beschwerden nach sich. In solchen Fällen müssen die Behandlungskosten von der Berufsgenossenschaft übernommen werden.

Auch Sportler haben mal Kummer. Die Spielergewerkschaft bietet daher eine Coaching-Hotline für berufliche und private Krisen. Wenn nötig, werden Kontakte zu Sportpsychologen und Seelsorgern hergestellt. Auf einer gewerkschaftseigenen Homepage haben die Spieler die Möglichkeit, sich mit einer Selbstdarstellung im Internet zu präsentieren.

Die Vereinigung der Vertragsbasketballer veranstaltet auch Sommercamps, in denen nicht nur trainiert wird, sondern auch Fragen der Sportlerlaufbahn angesprochen werden. Schließlich ist es gerade für junge Spieler manchmal schwierig zu entscheiden, welches Vereinsangebot das beste ist, ob es sinnvoll ist, an der Uni eingeschrieben zu sein oder ins Ausland zu gehen. Harnischs Mitarbeiter überlegen gemeinsam mit den Spielern, welche Arbeitgeber in Frage kommen. »Manche Vereine kaufen Spieler und lassen sie dann auf der Bank sitzen. Das ist frustrierend und wenig karrierefördernd«, erklärt Gerhild Wendland von der Spielergewerkschaft. Ihr ist wichtig, die Spieler auch auf die Zeit nach der aktiven Karriere vorzubereiten. Hier zeigen sich die sonst so erfolgreichen und zielstrebigen Jung-Basketballer manchmal »lahm und naiv«, so Wendland. Sie selbst spielt in der zweiten Liga Damen und hat einen Studienabschluss in Ingenieurwissenschaften vorzuweisen. Nach einigen Jahren im Labor schien ihr jedoch die Spielergewerkschaft die attraktivere Arbeitsmöglichkeit.

Die Spielergewerkschaft der Basketballer befindet sich noch im Aufbau. »Gerade zu Beginn muss man viel eigene Begeisterung haben, um andere für die Sache zu gewinnen«, erklärt Wendland. Reisebereitschaft, Kommunikationsfähigkeit, Mut und Optimismus gehören dazu. Wichtig sei auch ein Sinn für Gerechtigkeit und Wille zur Veränderung: »Man muss einen gewissen Kampfgeist besitzen und Lust haben, sich für die Rechte von Personen stark zu machen.« Gerade in der deutschen Vereinslandschaft sei es manchmal nicht so einfach, die Leute für etwas Neues zu gewinnen. »Viele sind betriebsblind und denken, was sie machen, ist das einzig Wahre.« Um gut zu verhandeln, müsse man außerdem in der Lage sein, sich in verschiedene Parteien – auch die Arbeitgeberseite – hineinzudenken.

Die Spielergewerkschaft hält Kontakt zu anderen Interessenvertretungen, wie der Vereinigung der Vertragsfußballer oder Eishockeyspieler und zu europäischen Gewerkschaften. Dort sind die Sportler mitunter besser organisiert: In Spanien beispielsweise sind die Vertragsbasketballer zu 100 Prozent Gewerkschaftsmitglieder. In der Bundesrepublik sind es bislang etwa 60 Prozent.[22]

Info-Box

Informationen bei:

Vereinigung der Vertragsbasketballer
Bötzowstr. 18
10407 Berlin
Tel.: (0 30) 42 80 78 78
Fax: (0 30) 42 80 78 78
www.vbv-basketball.de

Medientrainer

Sportlerauftritte im Fernsehen können legendär sein. Und damit ist nicht notwendigerweise ein neuer Weltrekord oder ein spektakulärer Fallrückzieher gemeint. Andreas Möllers »Erst hatten wir kein Glück und dann kam auch noch Pech dazu«, Boris Beckers jugendliche »Ähs« und Giovanni Trappatonis »Ich habe fertig« gingen in die bundesdeutsche Sportgeschichte ein. Auch Fußballtrainer Werner Biskups schwankender Auftritt beim *Aktuellen Sportstudio* ist unvergessen: Nach dem Aufstieg seines Vereins Hannover 96 überreichte er der Moderatorin rote Rosen. Sie: »Herzlichen Glückwunsch zum Aufstieg!« Er: »Die roten Rosen sind für Sie.«

Was Stoff für Dutzende von Kalauern liefert, kann für den Sportler unangenehme Konsequenzen haben. Von seiner Medienpräsenz hängen Werbeverträge, Sponsorengelder und die nachsportlichen Karrierechancen ab. Wer gut im Fernsehen ankommt, darf Werbung für Kosmetik, Autos und Mobiltelefone machen und wird später gern als Repräsentant für eine Sportfirma engagiert. »Ehemalige Profis, die sich auch über die Mattscheibe gut verkaufen, können nach ihrer Karriere die Seite wechseln und Moderatoren und Kommentatoren werden«, erklärt Gernot Frank, Medientrainer und Geschäftsführer einer Berliner Marketingagentur. Die Namen seiner Kunden möchte er lieber nicht nennen. Prominente Beispiele für die zweite Karriere im Fernsehen sind hingegen bekannt: Günter Netzer, Kristin Otto und Franz Beckenbauer.

Während schon normal Sterbliche in der Nähe einer Kamera nervös werden, so müssen Sportler unter verschärften Bedingungen ans Mikrofon. »Unvorstellbar – direkt nach dem Zieleinlauf oder dem K.o.-Sieg stürmen 20 Reporter auf einen zu, der Sportler hat noch gar nicht registriert, dass er gewonnen hat, und soll dann die entscheidenden Szenen analysieren«, erklärt Frank. Eigentlich unmöglich. Zumindest ohne Training.

Zum Leben eines Sportlers gehört also nicht nur die Steigerung seiner sportlichen Leistungsfähigkeit. Ein spezielles Training für Reporterfragen muss her. Das beginnt damit, dem Sportler die Bedeutung der Angelegenheit zu vermitteln. Keine leichte Aufgabe:

»Das ist wie bei einem Künstler, der sagt: ›Entweder ihr nehmt mein Bild oder ihr lasst es halt bleiben‹ – aus Sicht des Künstlers verständlich, aber nicht unbedingt medientauglich«, kommentiert Frank.

Im Vorfeld des Seminars startet Franks Agentur telefonische Umfragen, wie bekannt der Sportler ist und wie er beim Publikum ankommt. Aktuelle Interviewsituationen werden auf Video aufgezeichnet, um sie gemeinsam mit dem Sportler zu analysieren. Zum besseren Verständnis und zur Anregung werden die Reaktionen des Sportlers mit anderen negativen und positiven Beispielen verglichen.

Dann werden typische Interviewsituationen simuliert. Warum war die Leistung diesmal so schlecht? Waren Sie nicht gut im Training? Warum hat Ihr Kollege schlecht gespielt? Hätte der Trainer nicht eingreifen müssen? »Es gibt eigentlich keine unangenehmen Fragen, wenn man vernünftig vorbereitet ist«, so Frank. Das Publikum verzeiht eine schlechte Leistung eher, wenn der Held sich erklärt – ohne defensiv zu werden – und Besserung gelobt. Ein lockerer Spruch, vielleicht ein Witz signalisieren Einsicht und geben einen sympathischen Touch.

In Franks Medienseminaren lernen die Sportler und Trainer auch, wie man eine Pressekonferenz gut übersteht. »Der Idealtyp ist Otmar Hitzfeld von Bayern München. Auch wenn seine Stars das Spiel vergeigt haben, ist er der Erste auf der Pressekonferenz. Auch bei kritischen und aggressiven Fragen bleibt er gelassen und verbindlich. Den Typ kann man nicht aus der Reserve locken.« Frank trainiert mit den Sportlern Sprache und Rhetorik, ebenso Körperhaltung und Mimik. Auch Trainingsprogramme für dialektfreies Reden werden angeboten.

Um im Interview gut dazustehen, ist Ruhe die oberste Sportlerpflicht. Egal, ob im letzten Augenblick die Goldmedaille verspielt oder dreimal wegen Fehlstart ausgeschieden: bei kritischen Fragen tief Luft holen, immer lächeln und am besten eine Anekdote erzählen. Wem so schnell keine einfällt, der kann mit der bildhaften Sportlersprache das Geschehen analysieren, ohne ein verbales Eigentor zu schießen. Nach dem umstrittenen Trainer gefragt, sind Entgegnungen à la »Die Wahrheit liegt auf dem Platz und nicht auf der Bank« zu empfehlen.

Standardisierte Antworten allerdings bewirken das Gegenteil. Wer Reporter mit Floskeln und Ausreden abspeist wie »Es lag alles am Schiri«, macht sich eher verdächtig. Jeder Medienauftritt will geplant und gut überlegt sein. »Das Publikum giert nach Stars, aber auch nach Abwechslung. Wer zu schnell nach oben gepusht wird und dauernd überall auftaucht, ohne etwas Interessantes zu sagen, der kann auch schnell wieder fallen«, so Frank.

Natürlich wollen die Journalisten auch wissen, wie das Privatleben eines Sportlers aussieht. »Die Medien beobachten jeden Handgriff. Doch die Sportler sind auch nur Menschen, die mal in der Nase bohren oder schlecht gelaunt sind«, so Frank. Wer gute Interviews geben kann und stets gesprächsbereit ist, der brauche Paparazzi-Belagerungen weniger zu fürchten.

Wem diese Tipps ins Sportlerblut übergegangen sind, wird von den Medien nicht mehr benutzt, sondern kann Presse, Funk und Fernsehen für die eigene Sache einspannen. Beispiele dafür sind Franz Beckenbauer, Henry Maske, Michael Schumacher, Steffi Graf, Kati Witt, Martin Schmidt und Frank Busemann. International stehen Michael Jordan, Tiger Woods, Pete Sampras und Gabriela Sabatini für einen geschickten Umgang mit der Presse.

Info-Box

Berliner Werkstatt
Fanny-Zobel-Str. 3
12435 Berlin
Tel.: (0 30) 5 36 22 14 14
Fax: (0 30) 5 36 22 14 15

Stefan Wachtel, *Überzeugen vor Mikrofon und Kamera*, Frankfurt/ New York 1999

Weitere Jobs im Bereich Dienstleistungen für Sportler

Persönlicher Pressesprecher

Manche Sportler (zum Beispiel Michael Schumacher, Michael Jordan) beschäftigen eigene Pressesprecher. Deren Tätigkeitsfeld ähnelt dem eines Vereinspressesprechers, mit dem Unterschied, dass es sich um die Öffentlichkeitsarbeit für eine Einzelperson handelt.

Dolmetscher und Sprachlehrer

Private Dolmetscher werden bei Vereinswechseln ins Ausland und bei Vertragsverhandlungen eingesetzt. Auch Ehepartner, Freundin und Familie, die mit ins Ausland ziehen, benötigen Sprachlehrer, die sie auf den Aufenthalt im Gastland entsprechend vorbereiten.

Bodyguard

Im präventiven und im abwehrenden Personenschutz von hochkarätigen Sportlern arbeiten Sicherheitskräfte mit und ohne Waffe. Umfeldbeobachtung, Personenbegleitung, Sicherheitsberatung und -management gehören zu ihren Aufgaben, ebenso ein gutes Verhältnis zur Schutzperson.

9.

Jobs in Sportanlagen

Joggen kann man im Park, Inline skaten auf der Straße und Yoga im heimischen Wohnzimmer betreiben. Doch die meisten Bewegungsfreudigen frönen ihrem Hobby in einer Sportanlage. Sie gehen ins Schwimmbad, auf den Golfplatz oder in den Reitstall. Sie besuchen ein Squashcenter, eine Tanzschule, einen Dojo, gehen Billard spielen, kegeln oder Schlittschuh laufen.

Größter Beliebtheit erfreuen sich die Fitness-Studios. Seit Anfang der neunziger Jahre verzeichnen sie einen Mitgliederzuwachs von über 150 Prozent: von 1,7 Millionen auf über 4 Millionen im Jahr 2001 bundesweit. Ein Ende ist bislang nicht in Sicht. Weil sich vor allem Investoren aus den USA und der Schweiz an Studioketten beteiligen, rechnet die Branche mit 6 Millionen Mitgliedern bis zum Jahr 2005.[23]

Neben dem Training an Geräten werden in den Fitness-Clubs zahlreiche Aktivitäten angeboten, wie beispielsweise Aerobic, Spinning, Yoga, Tae Bo, Fitness-Kickboxen und Tai Chi. Birgit Schwarze, Präsidentin des Deutschen Sportstudio Verbands, prognostiziert vor allem Zuwachs in den gesundheitsfördernden Bereichen: präventives Krafttraining, Rückentraining und Kurse für über 40-Jährige.

In Sportanlagen arbeiten nicht nur Trainer. Die Anlagen müssen beaufsichtigt und in Schuss gehalten werden, um den Bewegungsfreudigen neben den Trainingsmöglichkeiten auch ein angenehmes Ambiente zu bieten. Deshalb werden in größeren Anlagen Bereichsleiter, Köche und Barkeeper beschäftigt, außerdem Hausmeister (mit Gerätewartungskenntnissen), Sekretärinnen und Servicepersonal. Freiberufliche Feng-Shui- und Aroma-Berater können dem Fitness-Studio ein besonderes Flair geben.

Fußball- und Leichtathletikstadien benötigen Verwaltungs-, Einlass- und Sicherheitspersonal. Neben den Zuschauern müssen Journalisten, VIPs, Fans und die Sportler auch gastronomisch versorgt werden. Exklusive Golf-, Tennis- oder Poloanlagen haben eigene Pressestellen und Marketingabteilungen.

Ob Kellner oder Trainer, Manager oder Hausmeister – Sportanlagen bieten Jobs in Hülle und Fülle. Vom Ungelernten bis zum Hochschulabsolventen, als Aushilfe oder Fulltime. Ein Stadion-TV-Moderator beispielsweise arbeitet nur alle zwei Wochen zum Heimspiel, ein Rasenmanager für den Fußballplatz ist saisonweise gefragt. Eine Tanzlehrerin für Flamenco unterrichtet dagegen ganzjährig.

Natürlich variieren die Jobs von Anlage zu Anlage und von Sport zu Sport. Stellvertretend für viele haben wir einige Karrieren ausgesucht, an denen Sie ablesen können, wie man aus der Passion für den Sport eine Profession macht. So können Sie aus jedem Bericht etwas für Ihre individuelle Karriere lernen, auch wenn Sie weder Fitness-Trainerin noch Reitlehrer, Stadionsprecher oder Greenkeeper werden wollen.

Fitness-Trainer

Die meisten Trainer und Trainerinnen in den Fitness-Studios haben als Instructoren für Fitness-Kurse begonnen. Je nach Eignung und Engagement kommen weitere Aufgaben hinzu. Kenntnisse in Betriebswirtschaft, gute Ideen für die Kundengewinnung oder ein Riecher für kommende Trends eröffnen berufliche Perspektiven.

Bettina Heinrich ist Bereichsleiterin Fitness in einem Berliner Sportstudio am Prenzlauer Berg. Sie unterrichtet nicht selbst, sondern organisiert den Unterricht. Dazu erstellt sie Stundenpläne, plant Urlaube und sorgt für Ersatz im Krankheitsfall. »Da passiert ständig irgendwas. Für unsere Stammkunden ist es ja schon ein

Drama, wenn ihr Lieblingstrainer mal nicht auf der Matte steht. Da heißt es diplomatisch verhandeln.«

Heinrich führt die Neukunden ins Studio und ins Training ein. Nach Begrüßung und Erledigung der Formalitäten checkt sie die Neuzugänge durch. Sie fragt nach Trainingszielen, Problemzonen und eventuellen Krankheiten, prüft Blut- und Fettwerte, Beweglichkeit, Ausdauer und Muskulatur. Den Ergebnissen entsprechend stellt die Bereichsleiterin einen Trainingsplan zusammen, der alle acht Wochen aktualisiert wird.

Heinrich ist auch dafür zuständig, neue Sportarten in ihr Studio einzuführen. Dabei orientiert sie sich an Trends aus den USA, hält Kontakt zu amerikanischen Studios, liest Sport- und Fachmagazine und besucht internationale Sportmessen. »Man muss einen Riecher dafür haben, was etwas wird und was nicht. Am besten ist immer, man probiert die Neuheiten selbst auf einem Convent aus.«

Oft entscheidet sie, erst mal abzuwarten und nicht blind auf jeden Zug aufzuspringen. So war es auch mit der Sportart Slide. Dazu gab es Socken, die man über die Turnschuhe ziehen und mit denen man auf einer speziellen Trainingsmatte herumrutschen konnte. »Ein totaler Flop«, stöhnt Heinrich. »Im Nachhinein waren wir froh, dass wir nicht darauf eingestiegen sind.« Ihr Studio konzentriert sich lieber auf die ruhigeren Sportarten. Viele Kunden und Kundinnen können nicht gut abschalten und suchen eher Entspannung als Aufregung. »Und ein Dauerbrenner ist natürlich die Problemzonengymnastik«, so Heinrich.

Managen heißt für Heinrich auch vermarkten. Dazu gehören strategisches Denken und Kreativität. Regelmäßige Aktionen wie der jährliche Aerobic-Marathon begeistern die Mitglieder und ziehen neue Kunden an. Heinrich ist Ansprechpartnerin für Grafiker und Texter, überwacht die Gestaltung der Flyer und Plakate. Außerdem fungiert sie als Bindeglied zwischen Geschäftsführung und Mitarbeitern. Sie setzt sich dafür ein, dass bei guter Leistung ihrer Kollegen das Honorar erhöht oder mal eine Fortbildung spendiert wird. »Ein echter Vorteil ist, dass ich ausgebildete Lehrerin bin und im Studium gelernt habe, Konfliktsituationen zu entschärfen. Außerdem versuche ich, mir immer Zeit für ein persönliches Gespräch mit Kollegen oder Mitgliedern zu nehmen.«

Auch Sami Yahya aus Hamburg wollte ursprünglich Lehrer werden – für Englisch und Philosophie. Später entschied der Basketballer sich jedoch für die Arbeit in einem Studio und die berufsbegleitende Ausbildung zum Fitness-Manager. Er gibt Workout-Kurse von klassischem Aerobic bis zum Trendsport Tae Bo. Wer aus der Puste gerät, wird von Yahya mit flotten Sprüchen wieder auf Touren gebracht.

Yahya kümmert sich auch um die Mitglieder im Kraftraum. Ob eine falsche Körperhaltung am Legcurl oder die zu niedrige Sitzeinstellung am Butterfly – mit freundlichem Lächeln korrigiert er immer wieder die Trainierenden. Ohne Offenheit und Spaß an der Kommunikation würde er da nicht weit kommen. »Die selbstbewusste, positive Lebenseinstellung macht's! Nur so kann ich meine Kunden überzeugen«, glaubt Yahya.

Doch die Arbeit am Kunden ist nur Teil seines Jobs. Darüber hinaus entwickelt er Sportkonzepte für sein Studio, betreut Events, Reisen und Messen, verwaltet und organisiert den geschäftlichen Ablauf der Anlage und kümmert sich um die Kundenakquise.

Die Zukunft der Fitness-Manager mit Kenntnissen in Ernährungslehre, Betriebswirtschaft, Marketing, Steuerrecht und Verwaltung sieht rosig aus, denn die Studios werden immer größer. Inzwischen sind durchschnittlich über 700 Mitglieder pro Club registriert. Durch die Konkurrenz wurde auch das Angebot vielfältiger. »Vor allem aber sind die Kunden heute viel anspruchsvoller als früher. Vor ein paar Jahren haben irgendwelche Studenten nebenher ein bisschen das Training überwacht. Damit kann man heute keinen mehr hinterm Ofen hervorlocken«, ist sich Yahya sicher.

Um das Angebot der Clubs immer attraktiver zu machen, hat sich die Kölner Instructorin Anja Michaelsen der Ausbildung von Trainern verschrieben. Ihre Sportart ist Aquaerobic. Bereits während ihres Sportstudiums leitete sie Fitness-Kurse und kam mit der damals neuen Wassersportart in Kontakt. Schnell erkannte sie das große Potenzial und schrieb ihre Abschlussarbeit über »Wassertherapie nach Sport- und Unfallverletzungen«.

Michaelsen bildet keine Anfänger aus. Voraussetzung für ihre Kurse sind Kenntnisse in Anatomie und Bewegungsablauf. »Am

liebsten sind mir Leute, die eine Ausbildung in einem Bewegungs-
beruf mitbringen. Dann brauchen sie nur noch ein Faible fürs
nasse Element«, so Michaelsen. Außerdem sollten die angehen-
den Trainer pädagogisches Geschick und ein Gespür im Umgang
mit Menschen mitbringen. Bis heute bildete Michaelsen rund
3 000 Aquaaerobic-Trainer und -Trainerinnen aus.

Michaelsens Beruf besteht zum großen Teil aus Organisation:
Für ihre Seminare sucht sie Hotels mit erschwinglichen Preisen,
Komfort und Unterrichtsräumen aus. Sie informiert die Teilnehmer, erstellt Seminarunterlagen und entwirft einen Ablaufplan mit
praktischen Übungen, theoretischem Unterricht und Pausen. Einmal im Jahr organisiert Michaelsen den europäischen Aqua-Fit-
ness-Kongress, auf dem sich die internationale Branche zum Erfah-
rungsaustausch trifft.

Info-Box

Qualifizierung zum Fitness-Manager
und Fitness-Trainer bietet:

Meridian Academy
Wandsbeker Zollstraße 87-89
22041 Hamburg
Tel.: (0 40) 65 89 12 05
Fax: (0 40) 6 58 92 12 04
www.meridian-academy.de

Fernstudium zum Sportfachwirt:
Studieninstitut für Sport,
Freizeit und Tourismus
Steinstraße 34
40210 Düsseldorf
Tel.: (02 11)86 66 80
Fax: (02 11) 8 66 68 30
www.ist-web.de

Ausbildung zum »Speedo Aqua
Fitness Instructor«:

Sauna & Aquativity Club
Magnusstr. 20
50672 Köln
Tel.: (02 21) 2 57 50 57
Fax: (0 22 38)96 27 82
www.aquateam.de

Rasenmanager im Stadion

Golfer hören es nicht gern, aber das bekannteste Grün der Welt findet sich nicht etwa auf einem Golfplatz in Florida. Das Maß aller Dinge in Sachen Grün ist der Rasen des alten Wembley-Stadions. Während Nebel, Wind und Regen die Touristen oft zur Verzweiflung treiben, bietet das Londoner Wetter die ideale Voraussetzung für ein sattes Grün, das lange Jahre in der Fußballwelt als einzigartig galt. Erst die holländische Rasenflieserei machte es möglich, mit gekauftem Fertigrasen einen wembley-ähnlichen Unterbodenschutz für gestresste Fußballerwaden zu schaffen.

Doch damit ist das Problem des Stadionrasens noch nicht erledigt. Auch in Deutschland experimentieren Fachmänner und -frauen, wie dem weggegrätschten Rasen beizukommen ist. Ein Problem, das längst gelöst schien. In den siebziger Jahren wurden Rasenheizung und künstliche Bewässerung eingeführt. Die Verantwortlichen atmeten auf und dachten, dass sie dem Grün von Wembley ein Stück näher gekommen seien.

Doch mit den Möglichkeiten stiegen auch die Ansprüche. Die Fußballsaison wurde länger, zusätzliche Belastungen entstanden durch Europacup-, Qualifikations- und Länderspiele. Auch sportfremde Nutzer belasten das Stadiongrün, denn auch internationale Rockbands, Motivationstrainer und Jahresversammlungen der Zeugen Jehovas locken Tausende ins Stadion.

Das Umfeld hat sich ebenfalls verändert. Da Bundesligavereine immer mehr überdachte Plätze anbieten wollen, und die Ränge direkt an den Spielfeldrand gebaut werden, fehlt den – im Idealfall 2,8 Zentimeter hohen – Halmen die Luft zum Atmen. Der Wind bleibt außen vor, das Stadiondach wirft dauerhaften Schatten, und die lebensnotwendigen Niederschläge erreichen bestenfalls die Regenrinne der Haupttribüne.

Die veränderte Ausgangslage ruft erneut Experten auf den Plan. Hochmoderne Stadiontechniken erlauben es in Zukunft, den gesamten Rasen mit einem unterirdischen Fahrstuhlsystem aus dem Stadion herauszuheben und nebenan zu lagern. Wind und Wetter hätten somit in der spielfreien Zeit eine Chance. Das Problem ist der Preis: Eine Fahrstuhlbühne, die auf dem Luftkissensystem basiert, verschlingt immer noch mehr als der teuerste Fußballspieler aller Zeiten. Gegen die Kosten von 150 Millionen Euro wirken die Gehälter der Fußballprofis wie Peanuts. Für die komplexe Rasenproblematik haben Städte und Vereine sich für die Einstellung von Fachleuten stark gemacht. Ein Halmspezialist der ersten Stunde ist Manfred Reinke.

Interview

Manfred Reinke aus Hannover hat den Rasen im Niedersachsenstadion angelegt und genießt heute seinen Ruhestand mit Dauerkarte.

Frage: Was bedeutet die Vergabe der Fußballweltmeisterschaft 2006 für die bundesdeutschen Stadionrasen?

Reinke: Den sicheren Matschtod des Fünf-Meter-Raums, wenn die Verantwortlichen nicht aufpassen. Vielleicht sollte ich wieder aktiv werden und meine Erfahrungen beisteuern, am besten als Rasenbeauftragter in den 16 Stadien, die um die Spiele der Fußballweltmeisterschaft buhlen. Über die Bezahlung ließe sich mit dem Deutschen Fußballbund verhandeln. Ich will lediglich Eintrittskarten für alle deutschen Spiele sowie die Garantie, dass einige Nationalmannschaften im Niedersachsenstadion gegeneinander antreten.

Frage: Wie wurde aus dem Fußballfan Manfred Reinke der Sportplatzanleger?

Reinke: Ich begann als Gartenbauarchitekt bei der Stadt Hannover. Dann geschah es: 1954 – das größte fußballerische Erlebnis meines Lebens: der Gewinn der deutschen Meisterschaft durch Hannover 96. Die gewannen gegen die favorisierten Kaiserslauterner im Endspiel mit 4:1. Seitdem besitze ich eine Dauerkarte. Ein paar Jahre später dachte ich: Wer pflegt eigentlich den Rasen im Niedersachsenstadion? Aber erst als Deutschland den Zuschlag für die Fußballweltmeisterschaft 1974 erhielt, sahen die Vereinsoberen die Notwendigkeit eines Profis in der Rasenpflege ein. Schließlich sollten auch im Niedersachsenstadion Spiele stattfinden.

Frage: Warum hat die Stadt Hannover Sie mit der Bauleitung beauftragt?

Reinke: Weil ich als Fan jeden Maulwurfshügel auf dem Stadionacker kannte. Vor meiner Zeit konnte man das noch gar nicht als Rasen bezeichnen. Einige Jahre zuvor hatte ich die Planung der nahe gelegenen Sportanlage Barsinghausen übernommen. Die Bedingungen sind noch heute so optimal, dass sich die deutsche Fußballnationalmannschaft dort auf ihre wichtigen Spiele vorbereitet. Manchmal nicht mit umwerfendem Erfolg, was aber nicht an meiner Bauplanung liegt.

Frage: Was mussten Sie für den Sprung ins Erstligastadion können?

Reinke: Die Sache mit dem Stadion war gar nicht so schwer zu organisieren. Das erforderte nur ein bisschen Grips, Motivation und Hartnäckigkeit. Ich habe versucht, zur richtigen Zeit an der richtigen Stelle als Problemlöser zu erscheinen. Das war die Geburt des Rasenfachmanns vom Niedersachsenstadion. Und wenn man das erst mal ist, trifft man alle wichtigen Leute: Die Spieler von Hannover 96 wie Hans Siemensmeyer, Jupp Heynkes oder Gegner wie Franz Beckenbauer. Ein absoluter Traumjob!

Frage: Worin liegt die besondere Herausforderung des Stadionrasens?

Reinke: Ich habe mich immer gefragt, warum der Rasen im alten Wembley-Stadion so schön grün und voll war, wie bei mir im Vorgarten, der Rasen im Niedersachsenstadion aber aussah wie der Kartoffelacker meines Schwagers. Das hatte mehrere Gründe. Da ist zunächst die Bauweise des Stadions: Es muss immer von Norden nach Süden gebaut sein, damit die Lichtverhältnisse für ein sattes Grün sorgen. Dann ist da der Boden. Sehr wichtig! Das Mischungsverhältnis zwischen Lehm und Sand muss stimmen. Zu viel Lehm macht den Stadionrasen zum Sumpf, da das Wasser nicht abfließen kann. Viel Sand sorgt für den Abfluss, aber die Rasenhaftung geht verloren: Nach 45 Minuten können die Spieler nur noch mit Sandkastenförmchen spielen. An Fußball ist dann nicht mehr zu denken.

Frage: Und wenn der Rasen zerstört ist?

Reinke: Dann gibt es das inzwischen bekannte Verfahren der Rasenhautverpflanzung: Ein Anruf in Holland und der LKW mit einer Ladung Strafraumgrün steht vor der Tür. Den verlegten Boden sollte man vor dem ersten Einsatz zweimal gemäht haben, dann ist er richtig angewachsen. Mit neu eingesätem Rasen ist das noch ein wenig schwieriger. Der braucht sieben Wochen, bis er bespielbar ist.

Frage: Was muss ein Rasenfachmann für das Stadion beherzigen?

Reinke: Er muss den Rasen lieben! Und kontrollieren: Die Lieferung Frischgras aus Holland muss dem gewünschten Standard entsprechen, der Platz mit der richtigen Dosis Grasvitaminen – also Dünger – behandelt sein. Und schließlich bin ich auch Ansprechpartner für die Stadt, wenn die das Stadion noch anders vermieten will. Dann kann ich sagen, ob der Rasen das aushält oder nicht. Bei Open-Air-Konzerten prüfe ich, ob der Innenraum mit einer Plastikfolie genügend abgedeckt und geschützt ist. Die richtigen Maßnahmen gegen Moos und Maulwürfe gehören dazu. Denn wer will schon vor dem Torschuss einen Hügel umdribbeln?

Info-Box

Wer sich zum Thema »Rasen« kundig machen will, findet Informationen unter folgenden Internetadressen:

www.rasen.de
www.gartentechnik.de
www.gruen.de

Stadionsprecher

»1:0 durch Müller in der 36. Spielminute« – die Zeit, in der sich die Aufgabe des Stadionsprechers auf solche Durchsagen beschränkte, ist längst vorbei. Immer mehr Bundes- und Regionalligavereine peppen ihre Präsentation vor, während und nach dem Spiel auf. Stadion-Entertainment ist angesagt.

Der Darmstädter Peter Kunz ist ein Stadionsprecher der neuen Generation. Neben den Sportereignissen moderiert der studierte Bauingenieur auf der Bühne und im Radio. »Wichtig ist es, Praxis zu bekommen. Dann fühlt man sich auch wohl, wenn man auf einmal vor ein paar 1 000 Leuten reden muss«, erklärt Kunz. Seine Karriere begann er als Rapper »Der Ingenieur« und wurde mit dem selbst komponierten Song *Darmstadt* hessenweit bekannt.

In *Darmstadt* kamen auch die Lilien vor – die Spieler des ortsansässigen Fußballvereins Darmstadt 98. Grund genug, den Ohrwurm im Stadion rauf und runter zu spielen. Da sich Kunz ohnehin zu jedem Heimspiel im Stadion am Böllenfalltor tummelte, lag es nahe, ihn um die Moderation des Vereinssommerfestes zu bitten.

Dort entstand eine neue Idee. »Früher sind die Leute fünf Minuten vor Spielbeginn gekommen und fünf Minuten vor dem Schlusspfiff wieder abgehauen, um nicht im Stau zu landen. In der Halbzeit haben sie dann zehn Minuten für eine Bockwurst angestanden. Das war's.« Kunz und mit ihm die Vereinsfunktionäre fanden diesen Zustand nicht mehr zeitgemäß und beschlossen: Unterhaltung muss her. Schließlich sind die Zuschauer zahlende Kunden und nicht nur Geräuschkulisse für die Spieler.

Kunz stellte ein Programm aus Berichterstattung, Musik, Gewinnspielen und Showeinlagen zusammen. Etwa 45 Minuten vor Spielbeginn werden Gäste und Sponsoren begrüßt, die Mannschaftsaufstellung präsentiert und der beste Spieler des vergangenen Spieltags gekürt. In der Halbzeitpause werden die Fans mit Musikeinlagen und Cheerleadern unterhalten. »Je mehr Rahmenprogramm wir bieten, desto eher bringen die Fans auch ihre Freundinnen oder ihre Kinder mit. Der Besuch im Stadion wird dann zum Familienausflug«, erklärt Kunz. Ihm ist allerdings wichtig, dass trotzdem der Fußball im Mittelpunkt steht. In die Fankultur einzugreifen liegt ihm fern. »Wenn andere Stadionsprecher rhythmisches Klatschen einblenden, dann finde ich das peinlich. Die Stimmung muss schon von den Fans kommen. Der Stadionsprecher bietet nur den Rahmen.«

Kunz' Programm ist nicht nur Service am Fan, sondern auch Anreiz für die Sponsoren, sich im Stadion zu präsentieren. »Wenn es keinen Moderator gibt, dann gibt es keine Show und deswegen auch keinen Rahmen, in dem die Sponsoren auftreten können.« Allerdings dürfe er als Moderator seine Laune nicht vom Spiel abhängig machen. »Wenn die Lilien in der Pause 0:3 zurückliegen, dann kann ich nicht den Kopf in den Sand stecken.« Trotzdem würde er nicht für einen anderen Verein moderieren. Ohne emotionale Verbundenheit fehle ihm die Motivation.

Nach seinem Tipp für den ambitionierten Nachwuchs gefragt, antwortet Kunz: »Fangen Sie mit kleinen Veranstaltungen an. Es ist viel besser, ein Sommerfest im Kegelverein zu moderieren, als grübelnd zu Hause auf dem Sofa zu sitzen.« Machen, machen, machen – das sei das Motto in der Branche. Er selbst ruht sich jedenfalls nicht auf seinen Lorbeeren aus. Seine Pläne für die Zukunft: »Stadion-TV und mit dem SV Darmstadt 98 in die Bundesliga aufsteigen.«

Info-Box

Weitere Informationen über den Moderator und Stadionsprecher Peter Kunz unter:

www.peterkunz.de

Stadion-TV-Moderator

Nach dem Abstieg von Eintracht Frankfurt in die zweite Bundesliga 1996 sollte im Waldstadion alles ganz anders werden. Neue Konzepte wurden ersonnen, um beispielsweise die Fans trotz wenig attraktiver Gegner wie Meppen oder Chemnitz ins Stadion zu locken. Mehr Berichterstattung, mehr Show und Rahmenprogramm sollten her. Kurz: Die Stadionmoderation sollte in neue Dimensionen vordringen.

Zu diesem Zweck schloss die Eintracht einen Kooperationsvertrag mit dem Hessischen Rundfunk. Dieser begab sich postwendend auf die Suche nach einem Stadionsprecher. Man kontaktierte den freien Mitarbeiter André Rothe. Der zeigte sich zunächst nicht übermäßig begeistert. »Die zweite Liga spielt ja total chaotisch, mal montags, mal mittwochs, mal sonntags. Man weiß immer erst ein paar Tage vorher, ob man nun dran ist oder nicht. Planen funktioniert nicht, Urlaub gibt's nur in den Wochen mit Auswärtsspielen.« Trotzdem ließ Rothe sich breitschlagen.

Im Stadion fand er zunächst nur eine kleine Kabine ohne technisches Equipment für den Sprecher vor. Das sollte sich ganz schnell ändern. »Die alteingesessenen Vereinsmeier stöhnten auf: ›Da kommt wieder so einer, der alles anders machen will.‹ Und richtig – so kam es dann auch«, erzählt Rothe. Seine Idee war nämlich das Stadion-TV. Ganz allmählich baute Rothe mit Regisseur, Aufnahmeleiter, Kameraleuten und anderen Reportern ein Showprogramm auf.

Die Berichterstattung des Stadion-TVs begann eine Stunde vor dem Spiel und wurde in den VIP-Raum sowie auf die große Anzeigetafel im Stadion übertragen. Schon bald kamen viele der 15 000 bis 20 000 Fans sogar früher als zu Erstligazeiten, um Interviews mit Experten, kurze Reportagen (»Frankfurts Eintracht am Tag vor dem Spiel«) und entscheidende Szenen aus dem letzten Match zu sehen.

Der zweite Teil der Show folgte in der Halbzeitpause: Stimmen zum Spiel, die wichtigsten Szenen in der Wiederholung und die Taktik für die nächsten 45 Minuten standen im Zentrum der Analyse. Rothe im schicken Moderatorenoutfit war immer mittendrin. »Ich halte nicht soviel vom Otto-Rehagel-Look (sprich: Trainingsanzug). Ich fand Hitzfeld immer besser«, erklärt er. Damit war er auch gleich für die Eröffnung der Pressekonferenz eine halbe Stunde nach Spielschluss richtig angezogen.

Nach zwei Jahren Stadion-TV stieg die Eintracht in die erste Liga auf. Von nun an schalteten auch große Werbekunden wie Coca-Cola, Lufthansa und Danone Werbespots. Mit mehr Geld wuchs auch die Show: Rothe platzierte einen Reporter in den Fanblock und in die VIP-Lounge, manchmal auch vors Stadion. So konnte er hin- und herschalten und Stimmungen aus ganz unterschiedlichen Perspektiven einfangen. Good-Will-Aktionen für Unicef, Torwandschießen, Versteigerungen und Gewinnspiele kamen dazu. Das Ganze wurde zu einer kleinen *ran*-Fußballshow, bezahlt zunächst vom Hessischen Rundfunk, später vom Verein. Rothe ist von der Zukunft des Konzepts überzeugt: »Mit Stadion-TV kann man alle glücklich machen: die Fans, den Verein und die Sponsoren – und sicher nicht nur im Fußball.«

Tanzlehrer

»Rück-Platz-Wechselschritt. Rück-Platz-Wechselschritt. Dame drehen.« Für viele sind diese Worte verbunden mit den traumatischen Erlebnissen der ersten Tanzstunde kurz nach der Konfirmation.

Doch nicht alle litten unter blauen Zehen und unattraktiven Tanzpartnern. »Ich habe meine Tanzstunden immer geliebt. Und ich wusste schon als kleines Mädchen, dass ich genau das später unterrichten werde«, erklärt die Flamenco-Lehrerin Laura La Risa aus Regensburg. Flamenco-Tänzer und -Tänzerinnen haben oft einen selbst gewählten Beinamen, der etwas über ihre Persönlichkeit aussagt. La Risa heißt das Lachen, als Ausdruck des Temperaments und der Lebensfreude.

Flamenco ist zu Tanz gewordenes Balzverhalten. Die Tänzer werfen stolz den Kopf in den Nacken, trampeln pathetisch mit den Füßen, drehen die Hände in die Luft. Kaum ein folkloristischer Tanz gilt als so leidenschaftlich und ausdrucksstark. Kein Wunder, dass der Flamenco auch außerhalb seiner südspanischen Heimat in Deutschland, Polen, Holland und Südamerika viele Anhänger hat. »Flamenco kann man nicht alleine tanzen. Die einen spielen Gitarre, die anderen singen, klatschen oder schlagen den Takt, die Atmosphäre lädt sich auf, das ist ein irres Erlebnis«, erklärt La Risa. Flamenco-Gitarre und Flamenco-Gesang sind eigene Disziplinen.

Tanzen ist für viele eine echte Leidenschaft. Neben Flamenco stehen Tango, Bauchtanz, Rock'n Roll, Steppen, Ballett, Jazztanz, Salsa und Standard ganz oben auf der Beliebtheitsskala. Da der

Zeitgeist auch an Tanzschulen nicht vorbeigeht, werden zusätzlich Modetänze wie HipHop, Videoclip- und Streetdance unterrichtet.

Alternative Tanzschulen bieten Standardtänze jenseits von Benimmregeln und Abschlussball, dafür mit viel Spaß an Bewegung und Musik. Die Garderobe spielt hier keine Rolle. Wer will, kann mit Lederhose und Muscle-Shirt zum Wiener Walzer erscheinen. Auch auf traditionelle Rollenverteilung wird wenig Wert gelegt: Frauen können mit Frauen und Männern mit Männern tanzen. Andere Anbieter werben mit Mini-Unterricht für Kinder ab drei Jahren und Crashkursen für Hochzeitswillige.

Ob mit Anzug und Abendkleid oder mit Jeans und Pettycoat: Tanzlehrer müssen viel Geduld mit ihren Schülern aufbringen und bereit sein, immer wieder zu erklären und auch auf die einzugehen, die besonders viel Zeit benötigen. Darüber hinaus ist Tanzlehrer zu sein eine Frage der Persönlichkeit. »Man muss sich selbst einschätzen können, Vorbild sein, trotzdem nicht von sich auf andere schließen«, das hält Flamenco-Lehrerin La Risa für die Grundvoraussetzung.

In ihrem Alltag brauchen Tanzlehrer viel Disziplin. Zu Beginn eines Arbeitstages muss der gesamte Körper gedehnt, durch Gymnastik beweglich gemacht und anschließend gezielt trainiert werden. Das mehrstündige Training ist oft monoton, immer wieder müssen die Bewegungen repetiert werden, bis sie fließen, also ihr Ablauf automatisiert ist. Und die Füße? La Risa rät: »Baden, eincremen, pflegen. Und immer langsam und mit vielen Dehnübungen aufwärmen.«

Zum täglichen Trainingspensum kommt bei Tanzschulen mit Live-Musik die Arbeit mit einzelnen Musikern hinzu. Zwischendurch ist Fortbildung angesagt. La Risa sieht sich viele Aufführungen und Videos mit Choreographien an. »Tanzlehrer müssen den Willen haben, sich weiterzuentwickeln. Dazu gehört auch die Fähigkeit, von anderen zu lernen.« Fast jedes Jahr fährt sie nach Spanien, nimmt an Kursen teil, sieht sich Aufführungen an und bringt neue Flamenco-Eindrücke und Musik mit nach Deutschland.

Ratschläge für angehende Tanzlehrer und -lehrerinnen möchte La Risa nur individuell geben, abgestimmt auf die jeweilige Persönlichkeit und ihre körperlichen Voraussetzungen. Das Leben als selbstständige Tanzlehrerin sei nicht immer einfach. Es gibt Höhen und Tiefen wie in allen künstlerischen Berufen. Ansonsten ist ihr Tipp kurz und bündig: »Klar! Machen!«

Info-Box

Informationen zur Tanzlehrerausbildung bei:

Allgemeiner Deutscher Tanzlehrer-
verband in der BRD
Obenhauptstr. 3
22335 Hamburg
Tel.: (0 40) 5 00 20 90
Fax: (0 40) 50 02 09 20
www.adtv.de

Berufsverband deutscher
Tanzlehrer
Herriger Str. 25
50374 Erftstadt
Tel.: (0 22 35) 95 25 22
Fax: (0 22 35) 95 25 21
www.bdt-ev.de

Weitere Informationen gibt's im Internet unter folgenden Adressen:
www.tanznetz.de
www.tangotanzen.de
www.anda.de

Fachzeitschrift:
ANDA! Zeitschrift für Flamenco (erscheint viermal jährlich)

Reitlehrer

Das Glück der Erde liegt auf dem Rücken der Pferde, behauptet eine Redensart. Doch wie kommt man rauf, und wie bleibt man oben?

Zu diesem Glück gehört also auch ein Reitlehrer, der den Umgang mit dem Pferd unterrichtet und dafür sorgt, dass das Sitzen mehr als eine Muskel strapazierende Angelegenheit wird: Die Haltung muss gerade, aber entspannt sein, Zügel- und Schenkelhilfen müssen mit dem Einsatz von Sporen und Gerte zusammenspielen.

Die Reitschüler sind zu 90 Prozent Mädchen. Doch der Beruf

des Reitlehrers gilt bislang als Männerdomäne, was oft mit dem starken körperlichen Einsatz begründet wird. Dabei lernen angehende Bereiter mehr als nur die Grundlagen der Pferdezucht. Ebenso stehen auch Sportlehre, Betriebs- und Wirtschaftskunde auf dem Stundenplan. Schwerpunkte können Springen und Dressur, Unterrichten, die Ausbildung junger Pferde, Veterinärkunde und Gesundheitsüberwachung bis hin zu erster Hilfe sein.

Neben Leistungsbereitschaft und Ausdauer sind im Umgang mit Tieren vor allem charakterliche Eigenschaften gefragt: Durchsetzungs- und Einfühlungsvermögen, Geduld und eine natürliche Autorität. Pferde sind sensible und intelligente Wesen, die mit Sachverstand behandelt werden müssen. Sie brauchen klare Anweisungen, die energisch, aber nie mit Härte vermittelt werden. Pferde wie Fury oder Black Beauty, die Menschen Wünsche von den Augen ablesen, gibt es bislang nur im Fernsehen.

Michael Müller vom Reiterhof Potsdam wollte ursprünglich Tierarzt werden. Sein Studium finanzierte er durch die Arbeit auf einem Reiterhof. »Da wurde mir klar, dass ich weder Meerschweinchen operieren, Kampfhunde einschläfern noch Kälber zur Welt bringen möchte.« Als Reitlehrer dagegen hätte man es mit Menschen und Pferden zu tun, also immer mit Persönlichkeiten. »Das macht den Job spannend, aber auch manchmal schwierig«, erklärt er.

Heute bildet Reitlehrer Müller Pferde und Reiter in Springen und Dressur aus. Die Frage nach seinem beruflichen Alltag ist kurz beantwortet: »Morgens aufsteigen, abends absteigen.«

Ein geregelter Nine-to-Five-Job ist das Unterrichten im Reitstall nicht. Die Pferde müssen bereits früh am Morgen betreut werden, viele Reitfreunde kommen aber erst nach Feierabend zum Training. Müller unterrichtet die Schülerinnen und Schüler einzeln oder in Gruppen. Ein sicheres Auftreten und eine tragfähige Stimme gehören, wie in jedem Lehrerberuf, dazu.

Freie Wochenenden kennt Müller nur im Winter. Während der Saison stellt er die Pferde seiner Kunden auf Turnieren vor. Bei erfolgreicher Teilnahme erhalten die Pferde eine Schleife, die Besitzer einen Geldbetrag und der Reitlehrer einen Ehrenpreis samt Anerkennung seines Kunden.

Wer Reitlehrer werden will, sollte sportlich sein und bereits erfolgreich Turniere geritten haben. Ein eigenes Pferd ist ideal, aber keine Voraussetzung. Wichtiger ist die Ausbildung in einem Betrieb, der gute und erfolgreiche Pferde betreut und der die Lehrlinge nicht den ganzen Tag im Mist stehen lässt. »Eigentlich sind die Stallburschen für so was zuständig. Aber in der familiären Atmosphäre eines Reiterhofs kann man das nicht so trennen. Letztendlich muss hier jeder ran«, erklärt Müller.

Handels- oder Turnierställe haben in der Regel bessere Pferde als Einsteller. Hier braucht man nicht die verrittenen Tiere der Freizeitreiter zu korrigieren, sondern kann von guten Pferden lernen. »Der beste Lehrmeister in unserer Branche ist immer noch das Pferd«, so Müller.

Info-Box

Informationen bei:

Deutsche Reiterliche Vereinigung	Bundesvereinigung der
Freiherr-von-Langen-Str. 13	Berufsreiter
48229 Warendorf	Postfach 54
Tel.: (0 25 81) 6 36 20	48333 Sassenberg
Fax: (0 25 81) 6 21 44	Tel.: (0 54 26) 32 26
www.pferd-aktuell.de	Fax: (0 54 26) 38 69
(Hier findet man unter der	
Rubrik »FN« Informationen	
über die Vereinigung.)	

Therapeutisches Reiten

Im traditionellen Reitunterricht geht es darum, Dressur, Springen, Rennen und den Umgang mit Pferden zu lernen. Daneben wird der Reitsport auch zu therapeutischen Zwecken genutzt. Auf dem Gelände des Diakoniezentrums Heiligensee in Berlin befindet sich eine Reitschule, die heilpädagogisches Reiten für geistig Behinderte anbietet.

Der ehemalige Europameister im Springreiten Dr. Csiba Szilagyi arbeitet hier als Sportpädagoge und Reitlehrer. Seine Stunden fördern jedoch nicht das Können des Einzelnen. »Im heilpädagogischen Reiten geht es um Erlebnisse. Wir machen die Schüler und Schülerinnen einen Nachmittag lang glücklich«, erläutert er.

Im Vordergrund seiner Arbeit steht die gemeinsame Pflege und das Putzen der Pferde. Anschließend heißt es aufsitzen. Die Behinderten leiden häufig unter motorischen Problemen und können so trainieren, die Balance zu halten. Gesunde Kinder, die in dieser Reitschule ebenfalls unterrichtet werden, führen die Pferde. Für das heilpädagogische Reiten werden normale Sportpferde eingesetzt, die zahm, menschenfreundlich, ruhig und ausgeglichen sind.

Um im heilpädagogischen Reiten zu arbeiten, muss man zunächst einmal ein sehr guter Reitlehrer sein, so Szilagyi. Die Arbeit mit Behinderten erfordere Geduld, Menschenkenntnis und Toleranz. »Man muss immer mit voller Konzentration dabei sein, viele der Behinderten haben Probleme mit der Balance.« Seine Schüler lernen das Pferd als verlässlichen Partner kennen und schenken ihm Vertrauen.

Ausgebildete Pädagogen und Psychologen setzen heilpädagogisches Reiten bei verhaltensauffälligen und lernbehinderten Menschen ein: Streicheln, für ein Tier sorgen, aber auch Disziplin zeigen, das sind die wesentlichen Lernziele, die spielerisch und ohne Druck vermittelt werden.

Die Hippotherapie dagegen nutzt die dreidimensionale Bewegung des Pferderückens – vor, zurück und kreisend. Diese hat eine entspannende Wirkung auf verkrampfte Muskelpartien, zum Beispiel bei spastischen Lähmungen, Multipler Sklerose oder auch bei Schlaganfallpatienten. Die Hippotherapie wird von Ärzten und Physiotherapeuten verordnet und begleitet.

Info-Box

Wer sich für die Arbeit mit Pferden und Behinderten interessiert, wendet sich an das deutsche Kuratorium für Therapeutisches Reiten. Hier werden Lehrgänge veranstaltet in Zusammenarbeit mit dem Deutschen Verband für Physiotherapie, dem Deutschen Verband der Krankengymnasten und der Deutschen Reiterlichen Vereinigung.

Deutsches Kuratorium für Therapeutisches Reiten
Freiherr- von-Langen- Str. 13
48231 Warendorf
Tel.: (0 25 81) 6 36 20
Fax: (0 25 81) 6 21 44
www.pferd-aktuell.de (Hier findet man unter der Rubrik »DKTHR«
Informationen über das Kuratorium.)

Greenkeeper

Wenn Bodo Bredow seinen Beruf nennt, fangen die meisten an zu überlegen: »Green«, denken sie, natürlich, das heißt Grün. Und »Keeper«, bedeutet das vielleicht Torwart? Greenkeeper Bredow muss dann erst einmal erklären: »Ich bin eine Art Rasenkontrolleur.«

In Deutschland gibt es etwa 600 ausgebildete Greenkeeper, also Fachleute, die speziell mit der Pflege von Golfsportanlagen beschäftigt sind. Wie der Name verrät, stammt der Beruf aus Großbritannien. Dort gibt es mehrere Greenkeeper-Schulen und einmal im Jahr eine Weltausbildungskonferenz zum Thema.[24]

Natürlich ist ein Greenkeeper nicht ausschließlich mit dem Rasenmäher unterwegs. Verschiedene Grassorten verlangen spezielle Pflege. Schädlinge oder Pilzbefall müssen rechtzeitig erkannt und bekämpft werden. Jeden Tag verbringt Bredow auf dem Golfplatz im brandenburgischen Motzen viele Stunden im Freien, um Grünflächen zu düngen, zu wässern, zu vertikutieren (Entfernen von Moos und alten Gräsern), zu aerifizieren (Bodenaustausch, um neuen Sauerstoff zuzuführen) und neu auszusoden (Ausstechen von beschädigten Rasenstücken, Neueinpflanzung von frischen Grassoden). Gemeinsam mit seinem Team versorgt er auf diese Weise ein Gebiet von etwa 112 Hektar, auf dem sich auch Gehölze und Teiche mit verschiedenen Tier- und Pflanzenarten befinden.

Zu seinem Beruf ist Bredow auf Umwegen gelangt. Seine Kenntnisse als ausgebildeter Landwirt kann er allerdings gut in die jetzige Tätigkeit einbringen. Die Fortbildung zum Greenkeeper absolvierte er bei der Deutschen Ausbildungsstätte für Greenkeeper und Landschaftsbauer. Interessenten sollten einen Berufsabschluss oder mindestens sechs Jahre Erfahrung in Landwirtschaft, Gartenpflege oder Forstwirtschaft vorweisen können. Die Berufsbezeichnung Greenkeeper ist nicht geschützt. In der Regel wird jeder, der auf einem Golfgelände Rasen- und Landschaftspflege betreibt, so genannt. Und weibliche Greenkeeper gibt es natürlich auch. »Die machen ihren Beruf genauso gut wie die Herren«, betont Bredow.

Als wichtigste Voraussetzung für angehende Greenkeeper nennt Bredow Naturverbundenheit und Freude am Arbeiten an der frischen Luft. Außerdem ist Einsatzbereitschaft gefragt, denn umfassende Grünpflege ist zeitaufwändig. Müssen Greenkeeper pingelig sein? »Der Rasen zum Einlochen der Bälle muss tatsächlich pedantisch gepflegt werden«, erklärt Bredow. Ein begeisterter Hobbygärtner zu sein reiche jedenfalls nicht aus. Um die gewünschte Halmlänge von 2,5 bis 5 mm zu erzielen, werden spezielle Maschinen eingesetzt. »Das ist mit dem Mähen zu Hause gar nicht zu vergleichen.«

Auf jeden Fall sollten Greenkeeper sich als Dienstleister betrachten und gut kommunizieren können. Es kommt vor, dass Spieler sich durch die Anwesenheit der Rasenpfleger auf dem Golfgelände gestört fühlen. Oft haben sie keine Ahnung, wie viel Sorgfalt, Fachwissen und Zeit nötig sind, um die Rasenflächen und das gesamte Gelände zu pflegen. Übrigens greifen die meisten Greenkeeper auch selbst zum Schläger, um ein Gefühl für die »Doglegs«, »Wasser« und »Bunker« zu entwickeln.

Info-Box

Eine sehr informative Seite rund ums Thema Greenkeeper: http://our-world.compuserve.com/homepages/A_Heising2

Greenkeeper Arbeitsgruppe Nord Schulheide 21 21220 Seevetal Tel.: (0 41 05) 66 83 89 Fax: (0 45 33) 15 20 www.greenkeeper-nord.de	Deutsche Ausbildungsstätte für Greenkeeper und Landschafts- bauer Krefelder Weg 41 47906 Kempen Tel.: (0 21 52) 20 57 70 Fax: (0 21 52) 20 57 99 www.deula.de

Fachzeitschriften:
Rasen inklusive *Greenkeepers Journal* (erscheint viermal jährlich)
*Greenkeeper International. Journal of the British and International
Golf Greenkeepers Association* (erscheint monatlich; Info: www.big-
ga.org.uk)

Barkeeper

Wo Muskeln trainiert werden, da fließt auch der Schweiß in Strö-
men. Damit die Sportfans ihren Flüssigkeitsverlust nach getaner
Arbeit ausgleichen können, ist den meisten Sportstätten eine Bar,
ein Café oder ein Restaurant angeschlossen.

Die klassischen Fitness-Studios, Squash- und Tennisanlagen ser-
vieren vor allem durstlöschende alkoholfreie Getränke, Eiweiß-
und Wellness-Drinks. Für feierliche Anlässe liegen Sekt und Cham-
pagner kalt. In kleinen Studios hat der Mann oder die Frau hinter
dem Tresen zusätzlich zum Ausschank auch organisatorische Aufgaben: Schlüssel ausgeben, über Mitgliedschaften, Öffnungszeiten
und Kursinhalte informieren, Verträge aufsetzen und das Telefon
bedienen.

Der Servicebereich ist ein typischer Einsteigerjob. An Bar oder
Büfett lernt man viel über den Betrieb eines Sportstudios und kann
sich von dort aus weiterentwickeln. Erfahrungen in der Gastrono-
mie und Kenntnisse im Bereich Essen und Trinken bilden eine gute
Grundlage. Große Studios schulen ihre Mitarbeiter zu Themen wie
Ernährung, Wohlbefinden und Gesundheit.

Doch das Wichtigste an der Bar sind nicht die Fachkenntnisse.
Um eine gute Figur abzugeben sind Sportlichkeit und Vitalität gefragt. »Wenn einer aussieht wie ein Häufchen Elend, dann kommt
er mit den Gästen gar nicht erst ins Gespräch. Die erwarten gute
Laune und dass man auch ein bisschen nach Sport aussieht«, erklärt Jörn Krüger, Barkeeper bei Citysquash in Bonn. Muskel-
protze sind dagegen weniger gefragt. »Man muss einfach zu den
Leuten passen, die dort trainieren«, so Krüger.

Barkeeper zu sein ist ein echter Kommunikationsjob. Fast während der gesamten Arbeitszeit redet man über Gott und die Welt, auch mal über persönliche Dinge, aber vor allem über Sport. Schließlich ist die Bar die zentrale Stelle in der Anlage. Hier werden Siege und erreichte Trainingsziele gefeiert, Niederlagen schöngeredet und vor allem gefachsimpelt. Häufig ist der Barkeeper für die Organisation von Wetten zuständig, beispielsweise bei Weltmeisterschaften oder großen Turnieren.

Die Bar zu bedienen ist Dienstleisung pur. Dazu gehört ein hohes Maß an Bereitschaft, den Gästen freundlich und hilfsbereit zur Verfügung zu stehen und ihnen den Aufenthalt in der Anlage so angenehm wie möglich zu gestalten. Die Anzahl der Stammgäste ist hoch, die Arbeitsatmosphäre dadurch freundschaftlich und vertraut. Gearbeitet wird in der Regel im Schichtdienst, abhängig von den Öffnungszeiten des jeweiligen Studios. Denn Gastronomie bedeutet, dann zu arbeiten, wenn andere ihre Freizeit genießen. Dafür kann man selbst trainieren, wenn andere arbeiten und das meistens kostenlos.

Info-Box

Informationen zum Beruf des Barkeepers bei:

Deutsche Barkeeper Union
Kottwitzstr. 11
20253 Hamburg
Tel.: (0 40) 4 20 97 55
Fax: (0 40) 4 22 03 14
www.dbuev.de

Deutscher Hotel- und
Gaststättenverband
Am Weidendamm 1 a
10117 Berlin
Tel.: (0 30) 2 62 52 00
Fax: (0 30) 2 62 52 42
www.dehoga.de

Weitere Jobs in Sportanlagen

Bademeister

Neben fest angestellten gibt es auch saisonweise beschäftigte Bademeister. Erste-Hilfe- und Rettungsschwimmkenntnisse sind Voraussetzung.

Shop-Personal

In vielen Sportanlagen gibt es kleine Geschäfte, die vor allem Sportkleidung und Equipment (zum Beispiel Reiterstiefel, Squashschläger, Trikots) verkaufen.

Hundebetreuer

Golf- und Polospieler sind erstaunlich oft auch Hundebesitzer. Damit Herrchen in Ruhe spielen kann und der Hund sich nicht langweilt oder den Spielenden dauernd in die Quere kommt, gibt es auf Golf- und Poloanlagen Hundebetreuung.

Masseure, Kosmetikerinnen, Saunapersonal

Die Besucher von Sportanlagen wollen nicht nur Sport treiben, sondern es sich körperlich rundum gut gehen lassen. Daher finden sich in vielen Sportanlagen Masseure, Kosmetikerinnen und Saunapersonal, die den gestressten Sportlern beim entspannenden Teil ihrer Freizeitbeschäftigung behilflich sind.

10.
Gesundheit, Fitness, Wellness

Früher waren die Menschen entweder gesund oder krank. Gegen Krankheit gab es Medizin, und gegebenenfalls ließ man sich eine Kur verschreiben, die Krankheitsfolgen beseitigte oder chronische Beschwerden linderte. Doch im Zeitalter von Wellness bekommt das Wort Kur einen ganz neuen Klang. Saft- und Fastenkuren, Ayurveda- und Kneippkuren versprechen auch kerngesunden Menschen neue Energie, ein besseres Aussehen, eine positivere Ausstrahlung und Rundum-Zufriedenheit.

Bereits Mitte des 17. Jahrhunderts taucht der Begriff Wellness in der Literatur auf, wenn es darum geht, die individuelle gesundheitliche Balance jedes Einzelnen zu erhalten, zu stärken oder wiederherzustellen. Heute liefern Sport- und Ernährungswissenschaften, Humanbiologie, Psychologie und Soziologie ebenso wie die traditionelle chinesische Medizin das erforderliche Wissen.

Spätestens seit den achtziger Jahren ist Gesundheit einer der großen Trends der westlichen Industriegesellschaften. Allen voran die USA: Hier wurden Nichtraucherkampagnen ins Leben gerufen und Nahrungsmittel wie Milch ohne Fett und Cola ohne Koffein entwickelt. Fitness- und Sportstudios sprießen seitdem wie Pilze aus dem Boden.

Die Zivilisationskrankheiten sehen hierzulande nicht anders aus als in den USA: Übergewicht, Arthritis und Rückenprobleme resultieren aus einseitiger Ernährung und mangelnder Bewegung. Darüber hinaus können Bildschirmarbeit und Stress, aber auch psychosoziale Probleme wie Vereinsamung zu Störungen des Wohlbefindens und der Gesundheit führen.

Vielen fehlt jedoch die Motivation, selbst etwas für ihre Gesundheit zu tun. Körnernahrung, Magermilch, Joggen vor dem Frühstück – muss der Weg zu einem gesunden Leben unbedingt mühevoll sein? »Es nützt nichts zu wissen, was gut für Sie ist, wenn Sie keine Freude daran haben«, erklärt Lutz Hertel, Vorsitzender des Deutschen Wellness-Verbands. Er betont deshalb den zweiten Teil der Definition von Wellness: gesund leben und sich wohl dabei fühlen.

Personal Trainer, Masseure, Ernährungs- und Bewegungsberater helfen beim Trend zu mehr Gesundheit und Wohlbefinden. Darüber hinaus profitieren unterschiedliche Branchen vom Wellness-Trend. Themen rund um Gesundheit und Fitness haben ihren Stammplatz in den Frauenzeitschriften, die Nahrungsmittelindustrie bietet Maisflocken, Müsliriegel und probiotische Joghurtdrinks. Und kaum ein Hotel kommt heute noch ganz ohne Wellness-Einrichtungen aus. Ein hoher Bedarf an qualifiziertem Personal ist die Folge. Der Deutsche Wellness-Verband rief daher 1997 das Berufsbild des Wellness-Trainers ins Leben.

Info-Box

Informationen bei:

Deutscher Wellness-Verband
Wetterstraße 7
40233 Düsseldorf
Tel.: (02 11) 6 79 69 11
Fax: (02 11) 6 79 69 12

Deutsche Gesellschaft für Ayurveda
Wildbadstraße 201
56847 Traben-Trabach
Tel.: (0 65 41) 58 17
Fax: (0 65 41) 81 19 82
www.ayurveda-gesellschaft.de

Medizinische Gesellschaft für
Qigong Yangsheng
Herwarthstraße 21
53115 Bonn
Tel.: (02 28) 69 60 04
Fax: (02 28) 69 60 06
www.qigong-yangsheng.de

Personal Trainer

Über seine Kunden erzählt Bobby »Rob« Mathewsen, Personal Trainer im kalifornischen Coachella Valley, prinzipiell nichts. Der ehemalige Boxer stammt aus Los Angeles, aber »nicht aus dem Ghetto«, darauf legt er Wert. Der Sohn eines Berufssoldaten zählt aufstrebende Schauspieler, reiche Unternehmensführer samt Familie und natürlich Promis – »Celebrities«, wie er sie nennt – zu seinen Kunden. Diskretion ist oberstes Gebot in seinem Job, über seine Arbeit redet er jedoch gern.

In den USA, vor allem im fitnessbesessenen Kalifornien, boomt das Geschäft mit privaten Trainern. Doch auch hierzulande haben Birgit Schrowange und Kai Pflaume sich bereits öffentlich zum Personal Trainer bekannt. Gut betuchte Kunden haben halbe Fitness-Studios im eigenen Haus eingerichtet, kommen im Alleingang aber nicht zu den gewünschten Ergebnissen. Möglich, dass sie doch zu faul und unmotiviert an den Sport herangehen – so wie ganz normale Leute auch. Bei vielen aber ist es vor allem der ständige Termindruck und die Zeit, die immer dann fehlt, wenn Sport angesagt ist. Um das Problem in den Griff zu bekommen, sind viele bereit, tief in die Tasche zu greifen – eine Chance für Ex-Leistungssportler und Sportbegeisterte, die sich damit beschäftigen, die sportliche Leistungsfähigkeit zu steigern. Rund 6 000 solcher Trainer soll es in den USA geben. »Keine Ahnung, ob das stimmt«, meint Mathewsen. »Ich glaube nicht, dass jemand uns gezählt hat.«

Ein Kumpel hatte Mathewsen vor zehn Jahren auf die Idee gebracht und ihm die ersten Klienten empfohlen, keine wirklich reichen Leute, einfach ein paar gut verdienende Manager mit wenig Zeit. »Am Anfang habe ich eine Menge Fehler gemacht. Als Ex-Sportler musste ich erst lernen, dass normale Leute nicht mit derselben Besessenheit an ihrem Körper arbeiten wie ich.« Regelmäßig überforderte er Motivation und Ausdauer der Betreuten. Heute weiß er: »Bewegung muss zum Genuss werden. Erst dann machen sie so lange mit, dass sie von den Übungen profitieren.« Die Grundregel des Personal Trainings lautet daher: realistische Ziele setzen, die zu regelmäßigen Erfolgserlebnissen führen. Individuelle Übungspläne müssen weiterentwickelt und dem allmählichen Fortschritt des Kunden angepasst werden.

Für das Personal Training ist eine Bandbreite an sportlichen Erfahrungen wichtig, um gezielt auf die Bedürfnisse der Kunden eingehen zu können. Nicht jeder mag an Trainingsmaschinen arbeiten, andere hingegen hassen das Laufen. Kenntnisse in Physiologie und Anatomie helfen bei typischen Zivilisationskrankheiten wie Wirbelsäulenschäden oder Herz-Kreislauf-Problemen. Aber auch der Alltag der Klienten geht den Trainer etwas an. Aus dem Boxer wurde so ein Lifestyle-Experte: »Wenn ich die Leute kennen lerne, will ich alles wissen: was sie essen, wie viel sie trinken, wie lange sie arbeiten, ob sie gut schlafen. Daraus kann ich schon eine Menge für meine Übungsstrategien entwickeln.« Auch Ernährungsberatung gehört ganz selbstverständlich zum Berufsbild.

Neben dem sportlichen Aspekt geht es beim persönlichen Training auch um die zwischenmenschliche Seite. Ein kommunikativer Typ sollte man sein, der sich gut in die Situation des Klienten einfühlen kann und eine lockere Atmosphäre schafft. Allerdings müsse auch die Chemie stimmen, so Mathewsen, sonst sei alle Lockerheit vergebens. Für den Coach zum sportlichen Erfolg zahlen Klienten in den USA 60 bis 200 Dollar die Stunde, einige auch mehr. Hierzulande bewegen sich die Preise zwischen 100 und 300 Mark die Stunde. Viele Trainer arbeiten selbstständig oder kooperieren mit Fitness-Studios. Angestellte Personal Trainer arbeiten in Ferienclubs, wo sie ihre Kunden zwei Wochen lang beim täglichen Training betreuen.

Einer, der sich schon einen Namen gemacht hat, als noch keiner wusste, wozu ein Personal Trainer eigentlich taugt, ist der Amerikaner Jack Lalanne, heute jenseits der 80. Sein Rat: »Wie viel investieren Sie jedes Jahr in Ihren Wagen? 5000 Dollar? Verdoppeln Sie diese Summe und heuern Sie einen Trainer an. So viel sollte Ihnen Ihr Körper wert sein.« Anders als Mathewsen nennt er auch die Namen einiger Kunden: James Cagney, Ronald Reagan, Richard Nixon, Clint Eastwood.[25]

Info-Box

Eine Ausbildung zum Personal Trainer bietet an:

Bodylife European Trainer Academy
Bahnhofstr. 41
65185 Wiesbaden
Tel.: (06 11) 15 79 80
Fax: (06 11) 1 57 98 10
www.safs-beta.de

Köchin für Sportler und Gesundheitsbewusste

Woher kommt eigentlich die Vorstellung, Köche seien dick? Mayoori Buchhalter jedenfalls, Restaurantinhaberin und Köchin, bestätigt dieses Klischee nicht. Sie ist ausgesprochen schlank, wirkt fit und dynamisch.

Buchhalter zaubert vegetarische Gerichte im Kölner Fitness-Restaurant Five Seasons auf den Tisch. Nach der Lehre der fünf Elemente gehen alle Dinge aus der Veränderung der fünf Materien Luft, Holz, Erde, Metall und Wasser hervor. Diesen Elementen sind auch Lebensmittel zugeordnet. Richtig angewendet, unterstützen sie die Funktionen der Organe und deren Heilung. Ein Saitanschnitzel mit Champignons in Thymian-Tahinsauce mit Kartoffeln, Hijik-Möhren und Salat mit Nüssen beispielsweise schmeckt nicht nur ausgezeichnet. Es steigert auch Gesundheit und Wohlbefinden. »Wer seine Ernährung auf die Fünf-Elemente-Küche umstellt, kriegt ein ganz anderes Körpergefühl. Die meisten fangen an, Sport zu treiben, festigen ihre sozialen Beziehungen und kümmern sich ums Weiterkommen im Beruf«, erklärt Buchhalter.

Auch Übergewichtige, die nie eine Diät durchhielten, nehmen ab und schaffen es, ihr Gewicht zu halten. Andere erfahren eine Linderung chronischer Krankheiten – Erfolge, die Buchhalter ursprünglich als Medizinerin erzielen wollte. Doch nachdem sie die wohltuende Wirkung der Gesundheitsküche am eigenen Leib erfahren hatte, stand ihr Entschluss fest: Sie wollte ihren Lebensunterhalt mit der Herstellung der heilsamen Kost verdienen. »Kochen konnte ich seit meiner Kindheit, und dank meines Medizinstudiums kannte ich mich mit den Funktionen des menschlichen Körpers aus.«

Sie begann, Kochkurse anzubieten und als Privatköchin zu arbeiten, anfangs in Familien, beispielsweise wenn die Mutter durch Krankheit ausfiel. Durch Mund-zu-Mund-Propaganda wurde sie ein bisschen berühmt. »Am Ende des ersten Jahres gab ich schon drei Kurse pro Woche«, erinnert sie sich.

Kurze Zeit später eröffnete sie ihr Restaurant Five Seasons. In der Küche schwingt sie bis heute selbst den Kochlöffel. Zudem regelt sie die Buchhaltung und organisiert den Einkauf. Schließlich bereitet sie sich auf die Kochkurse vor, die sie in einer Art Blockseminar abhält. Und natürlich darf auch die eigene Fortbildung nicht zu kurz kommen. Buchhalter steht in Kontakt mit amerikanischen Köchinnen und Autorinnen, die auf dem Sektor der Fünf-Elemente-Ernährung führend sind. Außerdem tauscht sie sich mit Ärzten und Heilpraktikern aus »und mit allen, die irgendwas mit Gesundheit zu tun haben«. Trotz ihres langen Arbeitstags geht die Köchin noch dreimal pro Woche joggen.

Zum Berufskapital eines Fitness-Kochs gehört eine sehr feine Zunge. Als weitere Voraussetzungen für ihren Beruf bezeichnet Buchhalter Freude am Kochen und das Interesse für den menschlichen Körper. Hinzu kommt die Offenheit für neue Denkweisen – in diesem Falle die chinesische Auffassung von Harmonie. Um sie zu begreifen, müsse man die europäische Zweiteilung von Gut und Böse, Richtig und Falsch hinter sich lassen.

Für die Kochkurse schließlich benötigt ein potenzieller Fitness-Koch viel Freude am Umgang mit Menschen. Buchhalter: »Die Leute kommen aus den unterschiedlichsten Kreisen. Einige sind sehr gebildet und haben sich schon mit der Materie befasst. Bei anderen ist genau das Gegenteil der Fall.« Aus diesen Unterschieden heraus ergeben sich die ungewöhnlichsten Situationen. Um sich davon immer wieder überraschen lassen zu können, bedarf es schließlich eines großen Maßes an Flexibilität. »Aber das ist für fitte und gut ernährte Menschen ein Kinderspiel.«

Info-Box

Mayoori Buchhalter kocht im Fitness-Restaurant

Five Seasons
Brüsseler Str. 54
50672 Köln
Tel.: (02 21) 95 29 96 11
Fax: (02 21) 95 29 96 66

Ernährungsberater

Körperliche Fitness hängt nicht nur vom Trainingsstand ab, sondern ist auch eine Frage der richtigen Ernährung. Das gilt für den Freizeitsportler genauso wie für den Profi. Informationen rund ums Essen und Trinken sorgen dafür, dass Athleten und Amateure im Training und bei Wettkämpfen die besten Ergebnisse aus sich herausholen. Die dazugehörige Wissenschaft hat einen komplizierten Namen: Oecotrophologie.

In der Ernährungs- und Lebensmittelindustrie arbeiten Oecotrophologen in den Bereichen Produktentwicklung, Qualitätssicherung, Marketing und Marktforschung. In der Verbraucherberatung informieren sie über die Gestaltung von Essensplänen bei Übergewicht, Schwangerschaft, Krankheiten wie Neurodermitis oder Allergien. Und in der Forschung untersuchen sie unter anderem die Wirkung von Nahrung auf die Gesundheit und Leistungsfähigkeit des Menschen.

Auch die richtige Ernährung für Bewegungsfans ist ein Forschungsfeld. Das Institut für Sporternährung im hessischen Bad Nauheim widmet sich Untersuchungen zur leistungssteigernden und leistungserhaltenden Ernährung. Die dort tätigen Ernährungswissenschaftler beraten Sportler, Übungsleiter, Mannschaftsbetreuer und Sportmediziner. Sie veranstalten Seminare, schreiben Artikel für Fachzeitschriften, stehen der Presse für Interviews zur Verfügung, versorgen die Journalisten mit neuen Informationen und aktuellen

Untersuchungsergebnissen und betreuen wissenschaftliche Forschungsarbeiten von Studierenden der Universität Gießen.

Interview

Uwe Schröder ist Leichtathlet und Oecotrophologe am Institut für Sporternährung in Bad Nauheim. Dort betreut er unter anderem den Triathleten Lothar Ledder.

Frage: Wie sind Sie auf die Idee gekommen, mit dem Sport Ihr Geld zu verdienen?

Schröder: Ich bin selber Ausdauersportler und habe vor dem Karrierestart die Leichtathletiktruppe meines Heimatorts geleitet. Da beschäftigte ich mich bereits automatisch mit Essen und Trinken, fragte mich, welche Kohlenhydrate, Eiweiße und Getränke meine Leistungen und die der Mannschaft steigern können. Und genau darum geht es im Studiengang Oecotrophologie. Also habe ich mich dort eingeschrieben.

Frage: Brauchten Sie dafür Vorkenntnisse?

Schröder: Je weniger Ahnung man von Ernährung hat, desto leichter fällt es. Als eingefleischter Vegetarier lässt man sich nicht mehr davon überzeugen, dass tierisches Eiweiß gut für den Muskelaufbau ist. Allerdings geht es im Studium nicht nur um Sporternährung. Die Inhalte reichen von der Pathophysiologie bis zur Biochemie. Mit dem Wissen kann man nach dem Diplom auch Qualitätsmanager in einer Lebensmittelfirma werden oder eine Großküche betreiben.

Frage: Was raten Sie jemandem, der Sportler mit Ernährungstipps ans Leistungsziel bringen will?

Schröder: Für mich war immer klar, dass ich keinem Leistungssportler etwas über seine Ernährung erzählen kann, wenn ich nicht selbst weiß, wie ich ins Schwitzen komme. Also habe ich mich konsequent mit Zusatzqualifikationen eingedeckt, mit denen ich mich vor den Athleten ausweisen kann. In den Semesterferien habe ich einen Tennistrainerschein gemacht und mehrere Praktika in ernährungswissenschaftlichen Instituten absolviert. Das hat offensichtlich auch das Institut für Sporternährung überzeugt. Deshalb mein Rat: Neben einem fundierten Wissen ist Weiterbildung einfach das Wichtigste auf dem Weg zum Traumberuf.

Frage: Gibt es etwas, das man als Ernährungsberater unbedingt braucht?

Schröder: Sie werden's nicht glauben: die Tugend Toleranz! Weil ich akzeptieren muss, dass unsere Kunden bestimmte Ernährungsrituale haben. Da kann ich noch so viele Argumente in der Hand halten – sie werden ihre Gewohnheiten nur ungern ablegen. Denn im Gegensatz zu Diabetikern sind Sportler kerngesund und müssen sich nicht zwingend anders ernähren. Nur mit Nachsicht und viel Überzeugungskraft komme ich ans Ziel. Auf der anderen Seite brauche ich nicht so viel Geduld. Denn im Gegensatz zum Diabetiker, bei dem durch Ernährungsumstellung nur sehr langsam ein Ergebnis erzielt wird, erreicht man im Sport nach ein bis zwei Trainingswochen erkennbare Erfolge.

Frage: Ist das Studium der einzige Weg, um als Ernährungsberater im Sportbereich zu arbeiten?

Schröder: Theoretisch kann natürlich jeder jeden beraten. Um das professionell zu machen, braucht man jedoch Fachwissen. Das kann man sich als Koch oder Fitness-Trainer durch Fachbücher und Fortbildungsveranstaltungen aneignen.

Info-Box

Seminare, Aus- und Fortbildungen zum Thema Ernährung gibt es bei:

Deutsche Gesellschaft für
Ernährung
Im Vogelsgesang 40
60488 Frankfurt/Main
Tel.: (0 69) 9 76 80 30
Fax: (0 69) 97 68 03 99
www.dge.de

Institut für Sporternährung
In der Aue
61231 Bad Nauheim
Tel.: (0 60 32) 7 12 00
Fax: (0 60 32) 7 12 01
www.isonline.de

Einen Studiengang Haushalts- und Ernährungswissenschaften
(Oecotrophologie) bieten an:

Justus-Liebig-Universität Gießen
Zentrale Studienberatung
Karl-Glöckner-Str. 21e
35394 Gießen
Tel.: (06 41) 9 91 62 23
(täglich von 13 bis 15 Uhr)
www.uni-giessen.de
www-ife.uni.giessen.de

Christian-Albrechts-Universität
zu Kiel
Agrar- und Ernährungswissen-
schaftliche Fakultät
Olshausenstr. 40
24098 Kiel
Tel.: (04 31) 8 80 25 91
www.uni-kiel.de/fak/agrar

Masseur

Schon in der Antike wussten Menschen von der wohltuenden Wirkung der Massage. Erst einige Jahrtausende später, um 1900, wurde in Deutschland die erste staatliche Massageschule gegründet.
Mittlerweile existieren bundesweit etwa 74 staatlich anerkannte
Schulen, an denen die Ausbildung zum Masseur und medizi-
schen Bademeister möglich ist. Darüber hinaus bieten Privatschu-
len Kurse in Shiatsu-, Akupunktur- und Sportmassage.

Die Ausbildung zum staatlich anerkannten Masseur und medizinischen Bademeister dauert zweieinhalb Jahre, einschließlich Halb-
jahrespraktikum. Krankenhäuser, Spezialkliniken, Sanatorien, Heil-
und Kurbäder, Seniorenheime, Sport- und Leistungszentren, Freizeit-
einrichtungen, Hotels und Saunen bieten vielfältige Möglichkeiten
für Massagebegeisterte. Um sich für die Behandlung von Kassenpati-
enten selbstständig zu machen, muss ein staatlich geprüfter Masseur
mindestens vier Jahre Berufserfahrung und eine entsprechend einge-
richtete und abgenommene Praxis vorweisen können. Zur Zeit prak-
tizieren bundesweit über 11 000 selbstständige Masseure.[26]

Martin Fechner weiß, wie er seinen Kunden Gutes tut. »Man
fasst an, man streichelt, und streichelt zugleich auch die Seele.«

Fechner ist Masseur und medizinischer Bademeister im Erlebnisbad Berlin-Schöneberg. Zu ihm kommen vorwiegend Men-

schen, die viel im Auto und am Schreibtisch sitzen und Hausfrauen, aber auch einige Freizeitsportler. Viele von ihnen klagen über Rückenprobleme. Fechner massiert dennoch auch Arme, Beine und Fußsohlen: »Der ganze Körper ist eine Einheit.«

Ursprünglich arbeitete Fechner auf dem Bau. Wegen einer Zementallergie musste er seine damalige Tätigkeit aufgeben und umschulen. Während der Ausbildung zum Masseur machte er sich mit den Spezialtechniken der Sportmassage vertraut und wurde so Sportmasseur bei einem Fußballverein. »Bei Fußballern werden allerdings nur die Beine massiert. Sonst würden Sie ja bei 22 Mann nie fertig«, so Fechner. Als der Verein aus der Oberliga abstieg, fand Fechner seine neue Anstellung im Freizeit- und Erlebnisbad.

Der Masseurberuf gehört zu den medizinischen Assistenzberufen. Bei der klassischen Massage werden Körperdecke und Muskulatur von Hand mechanisch beeinflusst. Das führt zur Entspannung oder Kräftigung der Muskulatur und zur Beruhigung der Nerven. Durch Massage können aber auch Hormone aktiviert und innere Organe positiv beeinflusst werden, beispielsweise bei der Fußreflexzonenmassage.

»Robust und kräftig müssen Sie schon sein, um diesen Beruf auszuüben«, betont Fechner. Denn seine Tätigkeit stellt beträchtliche Anforderungen an Körperkraft und Ausdauer. Ein spezielles Muskeltraining hält er allerdings nicht für erforderlich. »Die Muskeln bekommt man beim Massieren.« Neben den notwendigen körperlichen Voraussetzungen sollten angehende Masseure unbedingt Einfühlungsvermögen mitbringen. »Ein Masseur darf kein Stoffel sein! Der Rest ist Technik, das kann man lernen«, betont Fechner. Ganz egal, wer auf der Massagebank liegt: Masseure müssen zuhören können und gelegentlich auch mal einen Ratschlag erteilen.

Fechner erhält oft Einblicke in das Privatleben seiner Kunden. Manchmal entwickeln sich aus solchen Gesprächen nette Kontakte und Freundschaften. Wenn in seltenen Fällen jemand nicht mit der Behandlung zufrieden ist, muss er allerdings auch diese Situation meistern können.

Info-Box

Ein Verzeichnis aller registrierten Schulen für Physiotherapie und Massage mit Stellenmarkt, Diskussionsforen, Adressen, Büchertipps, Fortbildungen, Kleinanzeigen und Informationen für Selbstständige (Praxisbedarf) gibt's im Internet unter www.physio.de.

Ausführliche Informationen über den Beruf des Masseurs sind erhältlich bei:

Verband Physikalische Therapie-
Vereinigung für die physio-
therapeutischen Berufe (VPT)
Hofweg 15
22085 Hamburg
Tel.: (0 40) 22 72 32 22
Fax: (0 40) 22 72 32 29
www.vpt-physio.com

Netzwerk Massage
Schauinslandstraße 5
79189 Bad Krozingen
Tel.: (0 76 33) 5 03 91
Fax: (0 76 33) 10 14 57
www.netzwerk-massage.de

Bewegungsberater

Ohne Bewegung keine Gesundheit. Und ohne Gesundheit kein Wohlbefinden. Das wissen auch die Krankenkassen und engagieren Bewegungsberater, die andere motivieren, selbst für ihre Gesundheit aktiv zu werden. Einer von ihnen ist Wolfgang Riebesehl. Er arbeitet bei der AOK in Lübeck und erzählt bereitwillig, dass er von seinen Kollegen gern auch mal »Bewegungsmelder« genannt wird.

Riebesehl ist Diplom-Sportlehrer und ehemaliger Fitness-Studio-Betreiber. Er baute den Bereich Bewegungsberatung bei der AOK auf. Der Grund für den Neuanfang: Zwischen 1996 und 1999 durften die gesetzlichen Krankenkassen keine Präventionsmaßnahmen durchführen. Erst seit dem 1. Januar 2000 sind solche Programme innerhalb eines festgesetzten Rahmens wieder möglich.

Wie sieht der Alltag eines Bewegungsberaters aus? Riebesehl nennt zwei Schwerpunktbereiche. Zum einen organisiert er mehrmals jährlich neue Kurse. Das Angebot reicht von Wassergymnastik über Rückenschulen bis hin zu Walking und Jogging. Riebesehl setzt Kursziele und Inhalte fest, tritt in Kontakt mit den Kursleitern und besorgt geeignete Räumlichkeiten.

Ein weiterer Schwerpunkt seiner Tätigkeit sind die Beratungsgespräche mit einzelnen Versicherten. Dabei findet der Bewegungsberater gemeinsam mit seinem Gesprächspartner heraus, was dieser selbst für seine Gesundheit tun kann und welche Kurse oder Zusatzberatungen geeignet sind: »Wenn ein deutlich übergewichtiger Mensch oder jemand, der stark unter Stress leidet, einen Bandscheibenvorfall hatte, ist es nicht unbedingt sinnvoll, Rückentraining zu machen. Dann kann eine Ernährungsberatung oder autogenes Training die bessere Wahl sein«, so Riebesehl.

Ein Bewegungsberater muss auch wissenschaftlich arbeiten können. Sportlehrer, Sportwissenschaftler, Mediziner und Naturwissenschaftler mit Spezialisierung und Zusatzqualifikationen im Bereich Gesundheitssport und Rückentraining bringen beste Voraussetzungen mit. Eine positive Grundeinstellung zum Menschen, kommunikative Fähigkeiten, Toleranz gegenüber verschiedenen Lebensformen sowie körperliche und seelische Belastbarkeit hält Riebesehl für unentbehrlich. Denn das Arbeitspensum ist hoch, zeitliche Flexibilität gefragt. »Als Berater ist man oft abends und am Wochenende unterwegs. Schließlich sind die Versicherten bei uns König.«

Wellness-Trainer

Die Übung heißt »Das sanfte Wasser«: Die Teilnehmerin liegt im 34 Grad warmen Wasser und wird von der Trainerin gehalten. Eine Nackenrolle und eine Schwimmhilfe unter den Füßen sorgen für zusätzliche Sicherheit. Die Trainerin legt tibetische Klangschalen unter Wasser auf den Körper der Frau und schlägt sie an. Wegen der guten Schwingungsübertragung ist der Klang besonders intensiv. Sobald die Teilnehmerin vollkommen entspannt ist, entfernt die

Wellness-Trainerin die Schwimmhilfe und taucht sie ganz unter Wasser. Dabei findet eine sanfte Massage statt. »Das ist das ultimative Erlebnis«, erklärt Petra Wohlleber, Wellness-Trainerin im Kronen Hotel Vital in Bad Liebenzell. »Man ist total schwerelos, wie ein Baby im Fruchtwasser.«

Diese Übung ist eine von vielen in Wohllebers Programm. Ihr typischer Arbeitstag im Hotel beginnt mit Wassergymnastik. Danach stehen Chi Gong, Aerobic oder Walking auf dem Programm. Nachmittags können die Hotelgäste an Tai-Chi-Übungen oder an einer Wanderung teilnehmen. Der Tag klingt mit Meditationen oder einer Fantasiereise aus.

Wohlleber stellt das Tages- und Wochenangebot selbst zusammen. Sie schöpft dabei aus dem Fundus von Kenntnissen, den sie sich bei der Ausbildung und durch Eigeninitiative im Lauf der Jahre angeeignet hat. »Jede Wellness-Trainerin entscheidet selbst, worauf sie sich spezialisiert. Man sollte auf jeden Fall eine ganze Palette von Aktivitäten anbieten können, damit für jeden Geschmack etwas dabei ist.«

Wohlleber hat als Arzthelferin angefangen und zusätzlich eine Sanitätsausbildung absolviert. Später schulte sie zur Hotelfachfrau um und qualifizierte sich schließlich beim Deutschen Wellness-Verband als Trainerin. »Bei mir passte das alles ganz prima zusammen: medizinisches Grundwissen, Servicebewusstsein und viel Erfahrung mit Dingen, die gut tun«, erklärt sie.

Interessenten sollten einen Berufsabschluss und Erfahrungen aus dem medizinischen Bereich oder aus dem Sportbereich mitbringen. Wichtig sind persönliche Ausgeglichenheit, eine gute Kondition, Organisationstalent, zeitliche Flexibilität und vor allem Aufgeschlossenheit gegenüber Menschen aller Altersstufen. »Man muss wirklich offen, freundlich und herzlich sein und auf Gäste zugehen können«, betont Wohlleber. Wellness-Training ist eine Dienstleistung. Dabei kommt es auch vor, dass Gäste der Trainerin ihr Herz ausschütten. »Dann muss man gut zuhören können.«

Wohlleber beherrscht ihre ganz eigene Meditationstechnik, um sich von Zeit zu Zeit auszuklinken und neue Kraft zu schöpfen. Die positiven Reaktionen der Gäste zeigen ihr immer wieder, wie wichtig ihr Beruf ist: »Am schönsten ist es, wenn sich die Menschen zum Schluss bei mir bedanken. Das ist wie beim Künstler der Applaus.«

Etwa 40 ausgebildete Wellness-Trainer arbeiten in der Bundesrepublik.[27] Der Bedarf liegt wesentlich höher. Deswegen möchte der Deutsche Wellness-Verband die Ausbildung in den nächsten Jahren an bundesweit verteilte, geprüfte Institute übertragen.

Info-Box

Fortbildungen zum Wellness-Trainer bietet an:

Deutscher Wellness-Verband
Wetterstraße 7
40233 Düsseldorf
Tel.: (02 11) 6 79 69 11
Fax: (02 11) 6 79 69 12
www.wellnessverband.de

Im Internet werden alle vom Verband geprüften Wellness-Hotels in Deutschland vorgestellt, und zwar unter der Adresse: www.w-h-d.de (Wellness-Hotels-Deutschland).

Wellness-Redakteur

Wissen Sie, was Liposome sind? Oder Nanokapseln? Haben Sie sich schon einmal mit Functional Food, Feng Shui oder Ayurvedischen Schönheitsbehandlungen auseinander gesetzt? – Als Textredakteurin im Wellness-Ressort einer Frauenzeitschrift sollte Sie bei diesen Begriffen der Forschergeist packen. Denn in den Artikeln über Schönheit, Gesundheit und Wohlbefinden müssen die Fakten stimmen.

Für Angela Schöneck, Wellness-Redakteurin bei *Brigitte* in Hamburg, ist intensive Recherche die Grundlage für seriösen Journalismus. Sobald die Themen der nächsten Ausgabe in der wöchentlichen Konferenz festgelegt worden sind, sucht sie im Internet, in ausländischen Zeitschriften und in den umfangreichen

Pressemappen nach den neuesten Informationen und Nachrichten zu ihrem Thema. »Wichtig ist die Motivation, so lange nachzuforschen, bis Sie auf fundierte Informationen stoßen. Sie dürfen sich nicht mit Plattitüden abspeisen lassen«, betont die Redakteurin.

Um etwas richtig, allgemein verständlich und unterhaltsam beschreiben zu können, muss man es im Idealfall selbst getestet haben. Deshalb gibt es in der *Brigitte*-Redaktion einen Extra-Bereich zum Ausprobieren von neuen Fitness-Trends oder Entspannungsübungen. »Als das neue Kickboard auf den Markt kam, wurde erst einmal fröhlich durch die Gänge gerollert«, erzählt Schöneck. Trendfrisuren, Schminktipps, Cremes und Düfte probiert sie natürlich ebenfalls selbst aus.

Eigentlich hat Schöneck Betriebswirtschaft studiert. Nach dem Studium schrieb sie Reportagen und Interviews zu aktuellen Themen. Als freie Journalistin spezialisierte sie sich schließlich auf das Thema Wellness. Ihr Tipp: »Praktika, Volontariate und vor allem: schreiben, schreiben, schreiben!«

Wer sich mit Wellness auskennt, wird von anderen gern ausgefragt. Denn schließlich will jeder möglichst gesund, fit und schön sein. »Dann ist man manchmal wirklich Kummerkastentante«, meint Schöneck. Freundinnen und Kolleginnen wenden sich am liebsten an sie mit den Worten: »Du sag mal, ich hab da so eine raue Stelle auf meiner Haut ...«

Info-Box

Aral-Taschenbuch der Frauenpresse, hg. von der Aral AG, Remagen-Rolandseck (erscheint jährlich)

Ressortleiter Wellness

Allegra, Amica, Brigitte, Cosmopolitan, Elle, Freundin, Für Sie, Marie-Claire, Maxi, Petra, Vivian, Vogue – die Liste der deutschen Frauenmagazine ist lang. Etwa 50 Titel widmen sich neben Diät-,

Mode- und Schminktipps auch Gesundheits- und Fitness-Themen.[28]

Seit Mitte der neunziger Jahre, so Renate Kuhlbrodt, Ressortleiterin bei der *Freundin* in München, wird in Frauenzeitschriften verstärkt das Thema Wellness behandelt. Neue Fitness-Trends, Entspannungsübungen, Tipps zu vollwertiger Ernährung und Aromatherapie seien bei den Leserinnen besonders begehrt. In jeder Ausgabe der *Freundin* sind drei Themen aus Kuhlbrodts Ressort vertreten. Dabei kommt es auf die Mischung an. »Körperpeeling, Aquaerobic, Kräutertee, mit diesen drei Themen haben Sie zum Beispiel ein gutes Spektrum abgedeckt«, erklärt Kuhlbrodt. Jede Woche findet eine Themenkonferenz statt. Auch über die Optik der Artikel wird diskutiert. Abschließend bespricht die Ressortleiterin alle Konferenzentscheidungen mit der Chefredaktion.

Danach geht für Kuhlbrodt die Arbeit los. Sie erstellt inhaltliche Konzepte für die Artikel und bespricht sie mit den Textredakteurinnen. Außerdem wird die Fotoproduktion angeleiert: »Sie müssen Kollegen briefen, Fotografen bestellen, Models aussuchen, Castings machen und Locations aussuchen. Das ist zeitaufwändig, denn das richtige Model ist oft schwierig zu finden!« Pressetermine und Messebesuche gehören ebenfalls zu Kuhlbrodts Alltag. Oft reist sie zu Pressekonferenzen nach Frankreich oder Italien, bei denen neue Kosmetikprodukte vorgestellt werden. Solche Produktreisen sind wichtig, denn die Leserinnen wollen informiert werden, wenn zum Beispiel eine neue Vitamin-C-Creme oder ein Antifaltenprodukt auf den Markt kommt.

Kuhlbrodts Job ist stressig. »Aber das ist positiver Stress, jeder Tag eine Herausforderung. So bleibt man immer wach und flexibel.« Die Ressortleiterin genießt ihren anspruchsvollen und abwechslungsreichen Beruf und den Kontakt zu immer neuen Menschen.

Kuhlbrodt hat eine Ausbildung als Werbekauffrau absolviert und war danach in einer Zeitschriftenredaktion tätig. Neben einer soliden journalistischen Ausbildung mit entsprechenden Praktika benötigen zukünftige Ressortleiter und -leiterinnen Kreativität, Organisationstalent, kommunikative Fähigkeiten und Flexibilität. Täglich steht eine Vielzahl von Aufgaben und Terminen an. Dabei ist es wichtig, den Überblick zu behalten, zu wissen, wie man mit Menschen umgeht und dafür zu sorgen, dass die gute Laune nicht zu kurz kommt.

Info-Box

Infos im Internet unter:

www-pz-online.de (Hier findet man unter der Rubrik »Verlage« Informationen über die großen deutschen Publikumszeitschriftenverlage.)

Weitere Jobs im Bereich Gesundheit, Fitness, Wellness

Mobiler Massageservice

Neben Sportanlagen, Fitness-Studios und physiotherapeutischen Praxen bieten auch mobile Massagedienste Jobs für Massagebegeisterte. Vor allem große Büros nehmen diesen Service mit Rückenschule (zum Beispiel in der Mittagspause) in Anspruch.

Sport-Hotline

Einige Städte bieten Sport-Hotlines an. Dort gibt es Tipps rund ums Schwimmen, Radfahren, Fußballspielen, Wandern und Anderes (zum Beispiel in Köln, Telefon: (02 21) 92 13 00 28).

Atemtherapeut

Atemtherapeuten arbeiten mit dem bewussten Atmen, um den Körper positiv zu beeinflussen, die Stimme zu stärken und sich von Anspannung zu befreien.

Neurolinguistisches Programmieren

Vom Sport zum Denksport: Beim Thema Wellness geht es auch um seelische Ausgeglichenheit und geistige Fitness. Neurolinguistisches Programmieren, kurz NLP, steigert Kommunikationsvermögen, Wahrnehmungsfähigkeit, Leistung und Kreativität (www.nlp-ausbildung.de, www.nlpinfo.com).

11.

Am Rande des Sports

In den vorangegangenen Kapiteln haben wir Ihnen gezeigt, wie andere Sportbegeisterte vor Ihnen das Hobby zum Beruf gemacht haben. Dabei sind die Möglichkeiten, auch außerhalb des Leistungssports Karriere zu machen, riesengroß. Vereine, Sportfirmen, Tourismusunternehmen und Medien suchen Sportfans, die organisieren, vermarkten, berichten und anderen den Sport ermöglichen.

Bevor wir Ihnen im nächsten Kapitel zeigen, wie Sie für sich selbst ein ganz individuelles Berufsziel entwickeln können, stellen wir Ihnen an dieser Stelle noch einige Jobs aus dem Randbereich des Sports vor: Stuntman, Choreograf oder Maskenbildnerin, die hier exemplarisch für den Theaterbereich genannt werden. Auch Akrobaten oder Showtänzer fallen in dieses Ressort.

Last but not least finden Sie am Schluss dieses Kapitels das Porträt der ehemaligen deutschen Vizemeisterin im Bodybuilding, die auf ganz persönliche Weise den Sport zum Beruf gemacht hat. Nach ihrer aktiven Karriere begleitete sie als Change-Managerin zahlreiche Unternehmen der Fitness-, Wellness- und Freizeit-Branche durch Veränderungsprozesse. Sie baute die Fitness-Station der größten Multifunktionsanlage Deutschlands auf, beriet Sportkonzerne wie Adidas und Reebok und betreute Projekte der Fitness-Ketten Healthland und TC. Ihre besondere Aufmerksamkeit gilt heute der Nachwuchsförderung im Sportbusiness.

Stuntman

Brückenstürze, Explosionen, Fassadenklettern, Kampfszenen, Autounfälle – Stuntmen und -women sind Spezialisten für spektakuläre Szenen. Sie vertreten Schauspieler in gefährlichen Situationen. Dafür fällt auch auf sie ein Stück vom Glanz der großen Film- und Fernsehstars.

»Ein echter Action-Fan sollte man schon sein«, erzählt Tanja Maschkowski, Stuntwoman und Leiterin der Stuntschule Köln-Düsseldorf über ihren Beruf. Ihren Lieblingsstunt aus dem Film *Straight Shooter* mit Dennis Hopper beschreibt sie so: »Ich musste mich von einem Helikopter abseilen. Das Ganze fand nachts über einem Industriegelände statt. Zwölf Meter runter, dann die Waffe entsichern und losrennen. Das war schon ein Erlebnis!«

Sportliche Menschen, die sich für den Beruf interessieren, sollten neben guter Körperbeherrschung vor allem eine gesunde Selbsteinschätzung mitbringen. »Der Job ist nichts für Draufgänger«, betont Maschkowski. Jeder Stunt wird lange vor dem Dreh eingeübt und muss sorgfältig geplant und mit Regie und Kamera koordiniert werden. Deshalb ist Teamfähigkeit eine Grundvoraussetzung. Außerdem braucht eine angehende Stuntfrau handwerkliche Fähigkeiten und technisches Verständnis. Autos präparieren, Rampen aufbauen, Kartonpuffer für Stürze vorbereiten – das alles gehört mit zum Beruf.

Flexibilität und körperliche Belastbarkeit sind ebenfalls gefragt. Maschkowski: »Eine gewisse Härte braucht man für den Job. Man muss viel Zeit investieren und ein paar blaue Flecke in Kauf nehmen. Dafür ist die Arbeit enorm vielseitig. Man ist Leistungssportler, Techniker, Handwerker und Schauspieler, alles auf einmal. Und das Besondere dabei: Hinterher können Sie sich das Ergebnis ansehen und den ganzen Nervenkitzel noch einmal erleben.«

Interessenten haben die Möglichkeit, an einem eintägigen Sichtungsseminar der Stuntschule Köln-Düsseldorf teilzunehmen. Wer danach die zweijährige Stuntausbildung absolviert, bekommt von der systematischen Körperschulung über die dazugehörige Theorie bis hin zur Stuntpraxis alles beigebracht, was ein Stuntman im Berufsalltag braucht.

Wichtig ist schrittweises Vorgehen. »Erst kommt das Mini-
trampolin, dann das große Trampolin und danach irgendwann die
Wurfkanone«, beschreibt Maschkowski. Nur so lernen angehende
Stuntmen die richtige Körperspannung, um ihre Gelenke zu schüt-
zen. Anfänger üben außerdem Treppenstürze und Kampfsport; bei
den Fortgeschrittenen geht es weiter mit Höhenstürzen und Über-
fahrtraining. Wer möchte, kann zusätzlich Schauspielunterricht
nehmen.

»Unsere Schüler kommen aus den verschiedensten Bereichen.
Bankkaufleute, Sekretärinnen, Busfahrer, Dachdecker – fast alle
sind Quereinsteiger«, erklärt Tanja Maschkowski. »Die Frauen
sind sehr auf dem Vormarsch«, fügt sie hinzu. Fast zwei Drittel der
Stuntschüler sind weiblich. Früher wurden auch Schauspielerinnen
in gefährlichen Szenen von Männern gedoubelt. Mittlerweile besteht für Actionszenen mit Frauenbeteiligung ein wachsender Bedarf an qualifizierten Stuntwomen. Denn nur bei echten Doubles
stimmen die Bewegungen, die hinterher auf dem Bildschirm oder
der Leinwand zu sehen sind.

Talentierte bekommen während der Ausbildung schon früh die
Gelegenheit zu kleineren Auftritten bei der zur Stuntschule gehöri-
gen Produktionsfirma Action Concept. Darüber hinaus können
die Schüler parallel ein Praktikum absolvieren. Bei gebührendem
Einsatz und mit etwas Glück wird ein Absolvent direkt nach der
Ausbildung von einer Action-Produktionsfirma eingestellt.

Info-Box

Einige Links zum Thema Stunts gibt's im Internet unter:
www.filmboost.de/suche/stuntman.htm.

Stuntschule Köln-Düsseldorf	Stunt-Action
An der Hasenkaule 1-7	Sommestraße 4
50354 Hürth	86156 Augsburg
Tel.: (02 23) 50 82 99	Tel.: (08 21) 44 29 56
Fax: (02 23) 50 82 80	Fax: (08 21) 44 29 56
www.actionconcept.com	

Choreograf

Im klassischen Ballett und im modernen Tanztheater, im Jazz-dance, Aerobic oder Musical arbeiten Choreografen unterschied-lich. »An einem großen Theater legt der Intendant fest, was ge-spielt wird, und der Choreograf muss sich dann etwas dazu einfallen lassen«, erklärt Barbora Krýslová, Choreografin aus Prag. Hier lege der Choreograf die einzelnen Schritte fest. Raum und Zeit für die Ideen der Tänzer gebe es in den meisten Fällen nicht.

Andere Choreografen, vor allem im modernen Tanztheater ar-beiten anders: Sie lassen die Tänzer erst einmal improvisieren und entwickeln dann aus der Bewegung heraus ein Konzept. »Ich ver-ändere das, was die Tänzer mir anbieten, bis es so ist, wie ich es mir vorstelle«, erklärt Krýslová.

Sie selbst hat am Konservatorium in Prag Tanz studiert. Doch die Tanzszene vor Ort war für ihren Geschmack zu klassisch. Krýslová wollte modernen Tanz machen, ging nach Wien, London, Paris und Berlin. Um selbst Stücke zu kreieren, studierte die Prage-rin Choreografie an der Ernst-Busch-Schule in Berlin und choreo-grafierte das Tanztheaterstück *Pissputt*, angelehnt an das Märchen vom Fischer und seiner Frau. »Mich interessierte, wie sich zwei Leute in einem sehr kleinen Raum verhalten, wie sie mit Enge, Frustration und Missverständnissen umgehen«, so Krýslová.

Als Choreografin ist sie für Dramaturgie, Timing und Raumnut-zung zuständig: Wie ist das Stück aufgebaut? Wie verläuft der Spannungsbogen? Wie lang sind die Szenen? Wie wechselt die Dy-namik? Welches Verhältnis haben die Tänzer zum Raum? Welche Bewegung funktioniert in welchem Teil der Bühne am besten? Sze-nen, die mit viel Mimik intensive Emotionen ausdrücken, funktio-nieren nicht im hinteren Teil der Bühne. Zentrale Szenen werden in der Bühnenmitte platziert, was aber schnell langweilig werden kann, weil die Spannung fehlt. »Für den Zuschauer entsteht ein anderer Eindruck, wenn eine Person nach links oder nach rechts die Bühne verlässt oder ob sie gerade oder diagonal läuft.« Wer selbst Bühnenerfahrung hat, ahnt viele Dinge intuitiv. Bewusst werden sie erst im Studium.

Um neue Ideen für Stücke zu sammeln, müssen Choreografen mit offenen Augen durch die Welt gehen. »Immer nur Tanzstücke anzusehen reicht nicht. Etwas Neues schafft man immer aus dem Zusammensetzen von bereits Bekanntem. Um kreativ zu sein, muss man sich zunächst einmal vieles anschauen, um genügend Eindrücke zu bekommen, die man dann neu zusammensetzen kann.« Krýslová reist viel und geht mit offenen Augen durch die Stadt. Kenntnisse in Musiktheorie und Musikgeschichte helfen ihr, Eindrücke mit Musik in Verbindung zu bringen, zu assoziieren.

Krýslová mag an ihrer Arbeit die Präzision. »Für mich ist es nicht interessant, einfach nur irgendetwas zu machen. Bei der Choreografie muss alles stimmen.« Dazu gehöre auch, sich immer wieder zu fragen, warum etwas so und nicht anders gemacht wird. Natürlich entstehen auch bei der Kommunikation zwischen Tänzern und Choreografin Reibungen. Daher ist es für den Choreografen wichtig, Autorität auszustrahlen. »Auch wenn man selbst immer zweifelt, muss man den Tänzern die Sicherheit geben, dass alles gut werden wird.« Dazu gehört der Mut, neue Sachen anzugehen, Optimismus und Durchhaltevermögen. »Natürlich gibt es auch die Tage, an denen man denkt ›das klappt alles nie‹. Aber prinzipiell muss die Choreografin wissen, was sie machen will, und das müssen die Tänzer auch merken«, betont Krýslóva.

Choreografen sind meistens Tänzer oder Ehemalige. Doch auch ganz andere Berufe sind vertreten. Bevor man sich als Quereinsteiger für die Choreografie entscheidet, rät Krýslová, sich sehr viele Stücke anzusehen und in der Auseinandersetzung einen eigenen Geschmack zu entwickeln. Visuelle Vorstellungskraft und Fantasie werden auch in anderen Disziplinen geschult, und sie nennt als Beispiel die Architektur. Vor allem aber sollte man den festen Willen besitzen, einzigartig zu sein. »Es reicht nicht, etwas schön zu machen. Das können die anderen auch.« Das Stück müsse die ganz persönliche Handschrift der Choreografin tragen.

Info-Box

Ein vierjähriges Studium der Choreographie bietet:
Hochschule für Schauspielkunst
Ernst-Busch-Schule
Schnellerstr. 104
12439 Berlin
Tel.: (0 30) 6 39 97 50
Fax: (0 30) 63 99 75 75

Einen zweijährigen Aufbaustudiengang Choreografie (allerdings ausschließlich für Bühnentänzer mit abgeschlossenem Studium) bietet:
Palucca Schule Dresden
Basteiplatz 4
01277 Dresden
Telefon. (03 51) 25 90 60

Maskenbildnerin im Tanztheater

Aufwändige Bühnenshows leben nicht nur von guten Tänzern, sondern auch von guter Maske. Bis zu 20 Mal pro Aufführung müssen manche Darsteller ihre Kostüme aus- und anziehen, Masken, Bärte und Toupets wechseln. Während draußen auf der Bühne getanzt wird, räumen die Maskenbildnerinnen im Hintergrund auf und bereiten den nächsten Wechsel vor. Lampenfieber auch hinter den Kulissen?

Antje Potthast wurde bei ihrer ersten Bewerbung als Maskenbildnerin an der Hochschule in Dresden abgelehnt. Zwei Jahre später bewarb sie sich noch mal. »Und als ich gerade den westdeutschen Weg gehen wollte, drei Jahre Praktikum am Theater, dann die Prüfung in Köln oder Nürnberg, da wurde ich doch genommen.« Während der Ausbildung lernte sie die Grundlagen der Maske: Stilkunde, die einzelnen Epochen und ihre Moden. »Mal waren Halbglatzen angesagt, dann war wieder Puder aktuell«, erklärt Potthast, die heute am Friedrichstadtpalast in Berlin tätig ist.

Früher war die Frisörlehre Voraussetzung für einen Job in der Maske, heute ist das nicht mehr zwingend, wohl aber sinnvoll. Schließlich müssen Perücken angefertigt und frisiert werden, ebenso Bärte, Toupets und Eigenhaarfrisuren. Außerdem gehört es zu den Aufgaben einer Maskenbildnerin, Masken zu modellieren, zu bemalen und mit Gummi auszugießen. Kreativität ist in diesem Job wichtig, um die Shows mit fantasievollen Kostümen und Accessoires zu gestalten.

Die Darsteller von Tanzaufführungen müssen sich mit den von der Maske ersonnenen Frisuren frei bewegen können. »Wir machen im Friedrichstadtpalast hauptsächlich moderne Inszenierungen, da dürfen lange Locken und pompöse Frisuren nicht in die Augen fallen. Wenn das Stück große Masken und Aufbauten fordert, dürfen die nicht zu schwer sein, sonst wird die Bewegungsfreiheit eingeschränkt.« Für Sänger werden Löcher in den Aufbau geschnitten, das Ganze muss leicht genug zum Atmen sein und – natürlich – gut aussehen.

Charakterlich sollte man als Maskenbildnerin in der Lage sein, sich zurückzunehmen, zwischen den Künstlern zu vermitteln. Die Herausforderung liegt auch im Umgang mit dem Menschenschlag am Theater. Schließlich soll der Einzelne sich wohlfühlen, von jedem hängt das Gelingen der Show ab. Die meisten seien sehr nett, doch manche halt auch etwas schwieriger. »Viele werden Maskenbildner, weil sie es nicht zum Tänzer gebracht haben, aber das ist keine gute Voraussetzung. Als Maskenbildner bleibt man immer hinter der Bühne.«

Nach den Nachteilen befragt, fällt Potthast zunächst einmal nichts ein. »Hallo, Leute«, ruft sie in den Raum, »was sind die Nachteile in diesem Beruf?« Die Arbeitszeiten, natürlich! Ganz vergessen. Eine Maskenbildnerin hat keine Feiertage, keine Wochenenden. Und die Maske bleibt immer bis zum Ende der Show. In manchen Häusern ist auch ein geteilter Dienst üblich: vormittags Werkstatt, abends der Auftritt.

Trotz aller Abwechslung kehrt bei einem Stück, das lange läuft, auch Routine ein. »Da gibt es Eintönigkeit, wenn ein Stück ein Jahr lang läuft. Jeden Abend die gleichen Perücken, die gleichen Umzüge, die gleichen Menschen.« Doch wenn ein neues Stück einstudiert wird, wenn ein Regisseur noch gar nicht weiß, was er will, dann mache es viel Spaß, zusammen ein Konzept zu erarbeiten. Eine komplizierte Maske, eine tolle Perücke, mal ganz anders frisiert, ganz anderes Material. »Je aufwändiger, desto interessanter«, schwärmt Potthast.

Wer sich für den Beruf interessiert, dem rät Potthast, viel zu malen, zu zeichnen, zu modellieren. Dabei geht es nicht darum, Kunstwerke zu schaffen, sondern festzustellen, ob man »sehen« kann und ob man ein Gespür für das Material hat. Es ist wichtig, gerne mit den Händen zu arbeiten und Freude am Gestalten mit den verschiedensten Materialien zu haben.

Info-Box

Die Berufsbezeichnung der Maskenbildnerin ist nur in Sachsen anerkannt. In anderen Bundesländern ist sie ungeschützt.

Informationen über die Ausbildung zum Maskenbildner bei:

Mephisto Maskenbildnerschule
Flughafenstr. 21
12053 Berlin
Tel.: (0 30) 6 13 56 20
Fax: (0 30) 6 13 57 20

Hochschule der Künste
Güntzstr. 34
01288 Dresden
Tel.: (03 51) 4 40 21 40
Fax: (03 51) 4 59 00 25

Genossenschaft Deutscher
Bühnen-Angehöriger
Feldbrunnenstr. 74
20102 Hamburg
Tel.: (0 40) 44 51 85
Fax: (0 40) 45 93 52

Und zum Schluss: Changemanagerin

Eigentlich begann alles mit einem Unfall: beim Skifahren stürzte Sylvia Dinter, hoffnungsfrohe Nachwuchs-800-Meter-Läuferin. Im zarten Alter von 11 Jahren war Reha angesagt. Die brachte sie zum ersten Mal mit dem Kraftsport in Berührung. »Das war ein ganz neues Erlebnis für mich, nicht mehr gegen andere, sondern gegen mich selbst anzutreten.« Dinter klemmte sich hinter das Training, schreckte auch vor zusätzlichen Aktivitäten wie Boxaerobic und Autocross nicht zurück, und wurde 1989 deutsche Vizemeisterin im Bodybuilding.

Das war die sportliche Karriere. Doch neben dem täglichen Training standen weitere Anstrengungen im Terminkalender: ein Studium an der IHK zur Wirtschaftsassistentin, danach Weiterbildung und erste berufliche Erfahrung im Sportanlagen-Management in Los Angeles, Dallas und New York.

Damals, Mitte der achtziger Jahre, schwappte die Fitness-Welle gerade nach Europa. Dinter kehrte nach Deutschland zurück und begann mit dem Aufbau der ersten Anlagen. Ein schwieriges Unterfangen. »Damals gab es überhaupt keine Ausbildungswege in der Branche und kein erfahrenes Personal. Ich musste also selbst Mittel und Wege finden, mein Know-how weiterzugeben.« Ihr Rezept: learning by doing. Bis heute werden neue Mitarbeiter sofort in ihre Projekte integriert und müssen sich den realen Herausforderungen des Berufsalltags stellen. »Die Leute wachsen so am schnellsten.«

Die Eckpunkte ihrer Personalpolitik sind interne Ausbildung, persönliche Förderung und leistungsgerechte Bezahlung. »Damals wurde jeder Staubsaugervertreter leistungsgerecht bezahlt, aber Fitness-Trainerinnen kriegten immer dasselbe, egal, ob fünf oder 50 Teilnehmer im Kurs waren«, erzählt die gebürtige Tübingerin.

Als die mit 35 000 Quadratmetern größte Multifunktionsanlage Deutschlands 1992 um eine Fitness-Station erweitert wurde, ging Dinter zu Sport-Scheck nach München. Neben den Tennis- und Reitanlagen baute sie Outdoor-, Cardio-, Kraft- und Aerobiceinheiten auf. Alles in enger Zusammenarbeit mit dem Architekt. »Seitdem weiß ich, wie rum man einen Plan hält und warum manche Striche dick und andere dünn sind.« Nach der Eröffnung leitete sie als Generalmanagerin ein Team von 50 Mitarbeitern.

Parallel hielt Dinter Kontakt zur Industrie. Sie arbeitete als Ausbilderin beim internationalen Sportkonzern Reebok, wechselte später als Beraterin zu Adidas, entwarf Sportmode und organisierte das erste »Women Workout Camp«.

Dann reizte die Fitness-Expertin Berlin als Zukunftsmarkt. Sie gründete den SD Consulting Service und beriet internationale Unternehmen der Freizeitbranche bei ihrer Expansion in die Hauptstadt. Mit schönen Worten und bunten Powerpoint-Präsentationen war es allerdings nie getan. Ihr Projektleiterteam bietet praktischen Support und begleitet die Umsetzung von neuen Freizeitkonzepten in Hotels, Sportanlagen und Vergnügungsparks. Dinters Interesse: »Ich will Veränderungsprozesse initiieren, fördern und begleiten, bei Projekten und auch bei meinen Mitarbeitern.« Heute würde man das Changemanagement nennen.

Sie selbst hat sich auch immer weiterentwickelt. Neben der Karriere von der Bodybuildingbraut zur Freizeitmanagerin ließ sie sich in Feng Shui und Aromatherapie ausbilden, rief ein virtuelles Netzwerk für Frauen in der Freizeitbranche ins Leben (www.ifis.net) und arbeitete ehrenamtlich im Wettkampf-Marketing der Special Olympics für geistig Behinderte.

Heute engagiert sich Dinter in der Nachwuchsförderung. Ihre SD Trendschmiede vermittelt Nachwuchspresenter an Sportstudios, die neue Trendsportarten wie Fitness-Kickboxen oder Salsaaerobic anbieten wollen. Zusätzlich veranstaltet sie Open-Space-Konferenzen zum Thema Frauenkarrieren in der Freizeit-, Fitness- und Wellness-Branche. Ihr Motto: »If you always do what you always did, you always get what you always got.«

Teil III
Workshop

Was hätte aus mir werden können, wären nicht Milliarden Gehirnzellen mit Fußballergebnissen blockiert!

Christian Eichler, Sportredakteur FAZ

Der Rizzitelli und ich – wir sind schon ein tolles Trio.

Jürgen Klinsmann, Ex-Stürmer der Fußballnationalmannschaft

Sportler teilen sich grundsätzlich in zwei Gruppen von Menschen: solche, die es im Kopf *und* in den Beinen haben. Und solche, bei denen man gar nicht weiß, wie die jemals lesen und schreiben gelernt haben.

Cynthia Segner, Tennistrainerin

12.
Workshop zur Individuellen Berufsfindung

In den vorangegangenen Kapiteln haben Sie gesehen, wie andere vor Ihnen aus der Begeisterung für den Sport einen Beruf gemacht haben. Trainerin, Talent-Scout, Fitness- und Event-Manager, Sportredakteurin, Sponsoring-Experte, Laufbahnberater und Personal Trainer. Je populärer die Themen Gesundheit und Fitness werden, desto vielfältiger die Möglichkeiten, mit Sport sein Geld zu verdienen.

Genau diese Vielfalt aber ist es, die einige fast zur Verzweiflung treibt. Wer alles machen kann, macht manchmal gar nichts. So wie Buridans Esel, der verhungert, weil er sich zwischen zwei gleich großen Heubündeln nicht entscheiden kann. Damit es Ihnen bei der Berufsfindung nicht ähnlich ergeht, zeigen wir jetzt, wie Sie aus all den Möglichkeiten das Richtige für sich auswählen.

Die folgenden zehn Schritte sind die Grundlage der Individuellen Berufsfindung. Wer es ausführlicher möchte und sich viele Anregungen und Beispiele wünscht, kann in der Berufsfindungsfibel *Der Job, der zu mir passt* nachschlagen.[29]

Die Grundfragen der Individuellen Berufsfindung lauten:

1. Was kann ich? (Fähigkeiten)
2. Was will ich? (Motivationen)
3. Wo gibt es Tätigkeiten, in denen ich meine Fähigkeiten und Motivationen gewinnbringend einsetzen kann?

Auch wenn die meisten Sportfreaks lieber trainieren als schreiben, sollten Sie die folgenden Schritte unbedingt schriftlich bearbeiten. Legen Sie einen Berufsfindungsblock oder einen Ordner an. Dort erarbeiten Sie eine Übersicht, die Ihnen hilft, ein individuelles Tätigkeitsgebiet für sich zu entwickeln. Begleiten wird Sie dabei das Beispiel von einer Sportbegeisterten namens Lisa, die aus ihrer Passion eine Profession gemacht hat.

Schritt 1: Was kann ich?

Sportfreaks tun sich oft schwer damit, ihre eigenen Stärken und Fähigkeiten jenseits der sportlichen Erfolge zu vermitteln. Viele fühlen sich unsicher, was das eigene Potenzial angeht. Deshalb stellen wir die Frage nach persönlichen Fähigkeiten hier einmal anhand konkreter Situationen Ihrer Biografie.

Und das geht so: Nehmen Sie Ihren Berufsfindungsblock zur Hand und schreiben Sie einige Situationen der letzten Monate und Jahre auf, in denen Sie stolz auf sich waren. Situationen, in denen Sie sich selbst auf die Schulter geklopft haben und dachten: »Das habe ich wirklich gut gemacht.« Wählen Sie dabei nicht nur sportliche Erfolge, sondern ziehen Sie auch das Leben jenseits von Training und Wettkämpfen in Betracht.

Nun schauen Sie sich diese Situationen einmal genauer an. Analysieren Sie: Welche Fähigkeiten habe ich damals eingesetzt? Ohne welche meiner Stärken hätte das Ganze nicht funktioniert?

Unser Beispiel: Die Basketballerin Lisa war stolz auf sich, als sie bei Streitigkeiten mit einem anderen Verein um einen »ausgeliehenen« Spieler vermitteln konnte. Zu Schulzeiten war sie stolz, Klassensprecherin zu sein und später, dass sie neben dem Training ein Studium absolviert hatte.

Lisas Stärken-Liste:

- kommunikative Stärken, gut reden können
- Ruhe bewahren
- Engagement, Schwierigkeiten aus dem Weg schaffen wollen
- Vermitteln zwischen verschiedenen Leuten/Interessengruppen
- keine Angst vor Autoritäten
- Verständnis von Vereinsstrukturen, was im Verein »abgeht«

- andere vertrauen mir, halten mich für fähig
- zwischenmenschliches Verständnis
- Geduld und Beharrlichkeit
- kann andere überzeugen
- guter schriftlicher Ausdruck
- Konflikte nicht eskalieren lassen
- diplomatisches Geschick
- Zeitmanagement
- schnell lernen können
- beruflicher Ehrgeiz

Schritt 2: Was will ich?

Die Antwort auf die Frage »Was will ich?« fällt den meisten noch schwerer als die Auflistung der eigenen Fähigkeiten. Daher untersuchen wir hier noch einmal Ihre Biografie. Diesmal geht es um Situationen, in denen Sie hoch motiviert waren. Schreiben Sie auf, wann Sie (außerhalb Ihrer Trainingseinheiten) über sich hinausgewachsen sind. Wann haben Sie unglaubliche Energie entwickelt und hatten das Gefühl, die Welt auf den Kopf stellen zu können? Es gibt sie nämlich, allen Unkenrufen zum Trotz: die Tage, an denen Sie wirbeln und an denen es Ihnen ganz leicht fällt, etwas zu tun.

Nun analysieren Sie wieder: Was genau hat Ihre Energiereserven in diesen Momenten mobilisiert? War es entscheidend, dass die Situation etwas mit einem bestimmten Thema zu tun hatte? Oder dass Sie anderen in einem schwierigen Augenblick zur Seite stehen konnten? Was genau hat Sie angetrieben? Fertigen Sie eine zweite Liste mit Ihren Motivationen an.

Unser Beispiel: Lisa hatte besonders viel Energie aufgebracht, um ein Wohlfahrtsturnier zugunsten der Aidshilfe zu organisieren. Mit anderen zusammen hatte sie eine Erklärung von Sportlern zum Umgang mit Aidskranken formuliert. Sie hatte sich intensiv mit Krankheitsbildern und medizinischen Möglichkeiten der Behandlung auseinandergesetzt. Lisa hatte außerdem gewirbelt, als es darum ging, für ein Jahr an einem amerikanischen College Basketball zu spielen.

Lisas Motivationsliste:

- sich für andere einsetzen
- Benachteiligten helfen
- Vorurteile abbauen
- mit anderen zusammenarbeiten
- medizinische Themen
- ins Ausland gehen
- mit Leuten aus anderen Ländern zusammenarbeiten
- aus dem alten Trott rauskommen, sich auf neue Umgebungen einstellen

Schritt 3: Was ich tun würde, wenn ich nicht scheitern könnte

Nach der Analyse Ihrer Fähigkeiten und Motivationen geben wir Ihnen noch drei Fragen mit auf den Weg. Auch diese dienen als Wegweiser auf der Suche nach einem beruflichen Wirkungsfeld, das Sie wirklich motiviert und zu außersportlichen Höchstleistungen anstachelt.

1. Von dem amerikanischen Berufsberater Richard Bolles stammt die folgende besonders kurze Form der Berufsfindung: Von allen Leuten, die Sie kennen, wessen Job hätten Sie am liebsten? Denken Sie dabei an Menschen, die Sie schon einmal im Fernsehen gesehen oder von denen Sie gehört oder in der Zeitung gelesen haben. Notieren Sie einen oder mehrere Namen. (Lisas Wahl: Nelson Mandela, Bill Gates, Hillary Clinton)

2. Viele Berufsuchende haben in ihrem Leben schon einmal Vorstellungen von einem erstrebenswerten Beruf gehabt, die sie dann irgendwann aufgrund äußerer Umstände aufgegeben haben. Wenn es einen solchen Berufswunsch bei Ihnen gab – bitte notieren. (Bei Lisa: Entwicklungshelferin, Profibasketballerin, Journalistin)

3. Eine der klassischen Berufsfindungsfragen lautet: Was würden Sie tun, wenn Sie *nicht* scheitern könnten? Stellen Sie sich vor, eines Tages erscheint die Berufsfee: »Du hast jetzt einen Berufswunsch frei.« Was wünschen Sie sich? (Lisas Wahl: Talent-Scout oder Mannschaftsärztin)

Zwischenergebnis: Die Anatomie Ihres Traumberufs

Aus den bisherigen Ergebnissen Ihrer Zielstrategie erstellen Sie nun ein Schaubild (siehe Grafik). Zur Erinnerung: Sie suchen nach einem Tätigkeitsgebiet, auf dem Sie Ihre Interessen und Fähigkeiten sinnvoll und gewinnbringend einsetzen können.

Fertigen Sie zu diesem Zweck Auszüge aus den Listen mit Ihren wichtigsten Fähigkeiten und Motivationen, und übertragen Sie diese in Ihr Schaubild. Wählen Sie von allen bisher notierten Situationen diejenigen Punkte Ihrer Biografie aus, die Ihnen am meisten bedeuten. Tragen Sie auch weitere Details Ihres Traumberufs zusammen: Möchten Sie einen Beruf, in dem Sie viel unterwegs sind oder in dem Sie nicht so früh aufstehen müssen? Oder lieber einen, den Sie von zu Hause aus erledigen können? Halten Sie (beispielsweise unter dem Punkt Extrawünsche) fest, durch welche Eigenschaften sich Ihr Traumberuf auszeichnen sollte.

Die Grafik auf der folgenden Seite dient als Vorschlag für die Zusammenstellung Ihrer Antworten. Wichtig ist, dass Sie Ihre bisher notierten Ergebnisse zusammenstellen und sortieren. Das Schaubild dient als Grundlage für das folgende Brainstorming. Lesen Sie daher erst weiter, wenn alles seinen Platz hat.

Nr. 6
Ungeahnte Aktivität habe ich
entwickelt bei ...

Auslandsaufenthalter, Syltfreizeit betreuen, Nebenjobs, Zielen

Nr. 5
Was ich besonders gut kann ...

zuhören, ehrgeizig, organisieren, ruhig, engagiert, neues kennen lernen

Nr. 3
Was ich schon einmal
werden wollte ...

Pianistin

Nr. 8
Extra-Wünsche ...

Beruf mit Bewegung, Freizeit, kein Bürojob, Umgang mit Menschen

Nr. 2
Wenn ich auf keinen Fall scheitern
könnte, würde ich am liebsten ...

Nr. 4
»Das habe ich wirklich gut
gemacht«, habe ich gedacht, als ...

Syltfreizeit betreuer, Führerschein, 10000m Bestzeit, Auslandsaufenthalte

Nr. 1
Wessen Beruf ich am
liebsten hätte ...

Nr. 7
Was mich motiviert ...

Spaß, Neues, Ausland, Teamwork, mit Kindern umgehen

Mein Traumberuf

Schritt 4: Welche Tätigkeitsfelder ergeben sich aus diesen Interessen und Motivationen?

Neue Ideen entstehen vor allem aus der Verknüpfung von bereits Bekanntem. Das ist der Grund, warum Sie Ihre bisherigen Ergebnisse aufgeschrieben haben. Ihnen stehen nun die einzelnen Resultate für ein spielerisches Zusammensetzen zur Verfügung. Wie das geht? Fantasieren Sie einmal:

- Wenn Sie besonders stolz waren, auch neben dem sportlichen Training Ihre Ausbildung mit sehr guten Ergebnissen zu absolvieren, und wenn Sie von Ihren Freunden in allen Lebenslagen um Rat gebeten werden, denken Sie über den Beruf eines Laufbahnberaters nach.
- Wenn Sie von Ihren Vereinskollegen bei Streitigkeiten immer vorgeschickt werden, wenn Ihre Stärken im schriftlichen und mündlichen Ausdruck liegen und Sie eigentlich immer Manager werden wollten, kommt ein Job in der Vereinsleitung oder in einer Spielergewerkschaft infrage.
- Wenn Sie bei den Sommerfesten Ihres Sportstudios schon einige Ideen eingebracht haben, um neue Mitglieder zu gewinnen und wenn Organisieren zu Ihren Hauptstärken zählt, ist vielleicht der Bereich des Eventmanagements etwas für Sie.
- Wenn Sie während eines Studentenstreiks an der Uni besonders viel Energie hatten, denken Sie über eine Tätigkeit in der Politik nach. Der Sport ist im Innenministerium angesiedelt.
- Wenn Sie am liebsten den Job des Motivationstrainers Anthony Robbins hätten und besonders stolz darauf sind, einen Freund aus der Krise geholt zu haben, dann denken Sie über den Arbeitsbereich Mental Training oder Coaching nach.
- Wenn Sie jeden Sommer auf Survivaltour in den Dschungel fahren und Naturerlebnisse Sie besonders motivieren, sollten Sie möglicherweise Abenteuerurlaube für Büromenschen anbieten.

Vielleicht ist Ihnen bei der bisherigen Beschäftigung mit Berufsbildern für Sportfreaks und Leute, die sich gern bewegen, bereits eine Idee gekommen. Falls nicht, tasten Sie sich vorsichtig an Ihren neuen Traumberuf heran. Veranstalten Sie zunächst ein ungezwungenes Brainstorming: Welche Tätigkeiten oder Bereiche wären Ihrer Traumberufgrafik nach genau das Richtige für Sie?

Gehen Sie dabei spielerisch und nicht schematisch vor. Nicht immer ergibt eine Kombination von A und B bereits Ihren Traumberuf. Experimentieren Sie stattdessen mit Ihren Ergebnissen und seien Sie kreativ! Formulieren Sie imaginäre Tätigkeitsfelder und echte Traumberufe, in denen Sie Ihre Fähigkeiten und Motivationen am liebsten einsetzen würden. Wandeln Sie die Lieblingssituation Ihres Lebens in ein berufliches Tätigkeitsfeld um!

Und Lisa? Sie entschließt sich, in der Laufbahnberatung zu arbeiten. Was genau sie dort tun wird und wie sie es schafft, den Fuß in die Tür zu bekommen – davon handeln die nächsten Schritte.

Schritt 5: Spezialisierung

Die meisten Berufswünsche sind viel zu allgemein. Unkonkrete Formulierungen wie »ich will etwas mit Fernsehen machen« oder »ich stelle mir etwas im Bereich Coaching vor« sind völlig ungeeignet, um sich zielgerichtet auf die Suche nach einem Arbeitsplatz zu machen. Daher geht es in diesem Schritt darum, Ihr Ziel weiter einzugrenzen.

Eine berufliche Spezialisierung bringt erhebliche Vorteile mit sich. Durch ein spezielles Thema oder eine spezielle Zielgruppe schafft man sich ein individuelles Profil, mit dem man sich bei einer Bewerbung oder einer Auftragsvergabe leicht von anderen abheben kann. Zur Erklärung einige Beispiele für gelungene Spezialisierungen:

• Personal Trainer für Leute mit Rückenproblemen
• Boxreporter
• Mental Coach bei Leistungsblockaden unmittelbar vor dem Wettkampf
• Sport- und Ernährungsberater für Herzinfarktgefährdete
• PR für Funsportarten
• Anbieter für Marathonreisen

Für die folgenden Überlegungen ist es wichtig, dass Sie Ihr berufliches Ziel inklusive Spezialisierung so konkret wie möglich fassen. Das bedeutet, dass Sie in einem klaren Satz formulieren, was Sie werden wollen, und nicht nur allgemeine Stichworte zum Thema Berufsfindung notieren. In der klaren Formulierung eines Ziels liegt die Kraft, dieses auch zu erreichen. Schauen Sie sich einmal die unterschiedliche Wirkung an zwischen dem Stichwort Beratung und der präzise und selbstbewusst formulierten Aussage: »Ich will Reisen zu sportlichen Großereignissen organisieren.« Oder: »Ich will ein Buch über die Geschichte des Behindertensports schreiben.«

Und Lisa? Sie wird sich als Laufbahnberaterin auf den Bereich Berufsberatung für die Zeit nach der aktiven Sportlerkarriere spezialisieren.

Notieren Sie Ihre Ziele dort, wo Sie sie regelmäßig zur Kenntnis nehmen: im Kalender, über Ihrem Schreibtisch oder sichtbar neben dem Bett (um sie vor dem Einschlafen immer wieder durchzusehen).

Schritt 6: Wo gibt es solche Tätigkeiten?

Die verbleibenden Schritte leiten Sie nun an, Ihr frisch formuliertes Ziel in die Tat umzusetzen. Denn ob man ein Ziel erreicht oder nicht, hängt in erster Linie von der eingesetzten Strategie ab. Wer nicht wohlüberlegt plant und organisiert, kann nichts erreichen.

Es ist nun an der Zeit, die Welt nach Einsatzmöglichkeiten für Sie zu durchforsten. Beginnen Sie wieder mit der Sammlung von Ideen. Fragen Sie: Wo werden solche Tätigkeiten gebraucht? Oder: An welchen Orten *könnten* solche Tätigkeiten gebraucht werden? Personal Trainer werden nicht nur in Fitness-Studios und Ferienclubs eingesetzt. Auch Privatleute, Rehazentren, Hotels, Kurbäder und Büros haben Bedarf an Personal Trainern. Persönliche Trainer müssen von anderen Trainern ausgebildet werden, jemand muss Lehrmaterial, Artikel und Fachbücher verfassen.

Fertigen Sie eine Liste sämtlicher Ideen an. Lisas Einsatzliste für

die berufliche Laufbahnberatung nach der aktiven Karriere sieht
folgendermaßen aus:

- Sportvereine
- Olympiastützpunkte
- Spielergewerkschaften
- physiotherapeutische Praxen (Karriereende nach Verletzungen)
- Marketingagenturen (Schwerpunkt Sportsponsering)
- Sportler-Manager
- Mental Coach
- freiberufliche Laufbahnberater/Agenturen
- Verlage und Redaktionen (für Publikationen zum Thema)
- Arbeitsämter
- Karriereberater
- Sportpsychologen
- Sportseelsorger
- Bundeswehr
- Unternehmen, die Sportler sponsern

Nach dem Zusammenstellen dieser Liste entscheidet Lisa, dass ihr
der Einstieg über die Mitarbeit in einer Spielergewerkschaft am
aussichtsreichsten und attraktivsten erscheint. Gehen Sie genauso
vor. Fertigen Sie eine Liste mit möglichen Einsatzgebieten an, und
wählen Sie dann einen Bereich aus. Formulieren Sie Ihr spezifi-
sches Ziel nun inklusive Einsatzgebiet. Einige Beispiele:

- Personal Trainer für Leute mit Rückenproblemen bei einer mo-
  bilen Rückenschule (für Büros)
- Reitlehrer für verhaltensauffällige Kinder in einem alternativen
  Bauernhofprojekt
- Medienberatung für Sportler in einer Agentur für Sponsoring
- Sport- und Ernährungsberatung für Herzinfarktgefährdete in ei-
  ner Sport- und Freizeitanlage
- Anbieter für Survivaltouren bei einem Incentive-Veranstalter
- Wohltätigkeitsturniermanager bei einer Eventagentur

Schritt 7: Informationsphase

Im vorangegangenen Schritt haben Sie ein konkretes Einsatzgebiet für Ihre Tätigkeit festgelegt. Es ist nun an der Zeit, Informationen über die Unternehmen zu beschaffen, die in genau diesem Bereich tätig sind. Beginnen Sie Ihre Recherche mit einer Liste aller Firmen, Auftraggeber oder Projekte, die möglicherweise für Ihr Vorhaben infrage kommen.

Glücklicherweise gibt es in der Bundesrepublik für fast alles einen Verein, eine Interessengemeinschaft oder Initiative. Man muss dann lediglich in der Presseabteilung anrufen und um Zusendung von Informationen bitten. Wenn Sie Eventmanagerin werden wollen, rufen Sie beim deutschen und beim internationalen Verband der Eventagenturen an. Dort kann man Ihnen eine Liste mit Agenturadressen zuschicken. Wollen Sie dagegen Fanbeauftragter werden, wenden Sie sich an die Vereinigung aktiver Fußballfans.

In einigen Fällen ist die Beschaffung erster Adressen zeitaufwändiger. Wer beispielsweise bei einer Agentur für Sportmodel-Vermittlung arbeiten möchte, ist möglicherweise auf die Berichterstattung in der Tages- und Fachpresse angewiesen. In manchen Fällen liegen die Adressen noch nicht an einer zentralen Stelle gesammelt vor, sondern müssen einzeln recherchiert werden. Übrigens hilft es auch, bewusst Augen und Ohren offen zu halten. Ist man erst einmal für bestimmte Themen sensibilisiert, findet man überall interessante Neuigkeiten. »Berufsfindung macht magnetisch für Informationen«, behaupten die Berufsberater Johanna Frank und Lorenz Wolff.[30]

Ein Anruf pro Firma

Wenn Sie eine Liste mit allen für Sie interessanten Arbeitgebern zusammengestellt haben, beginnen Sie damit, diese systematisch abzutelefonieren. Bitten Sie jede Firma, jedes Projekt um ausführliches Informationsmaterial. Wenn Sie beispielsweise Area-Manager in einem Ferienclub werden wollen, rufen Sie in den Presseabteilungen der Clubs an. Dort kann man Ihnen ausführliche Informationen über die einzelnen Anlagen und die Angebote zuschicken. Wenn Sie lieber Reitlehrerin für verhaltensausffällige Kinder in einem alternativen Bauernhofprojekt werden möchten, ist es mit einem Anruf möglicherweise nicht getan. Fahren Sie stattdessen hin und machen Sie sich vor Ort ein Bild von dem Projekt.

Manchen Berufssuchenden fällt es leichter, diese erste Informationsphase unter einem Vorwand durchzuführen. Um sich die Sache zu erleichtern, geben sie beispielsweise an, dass sie im Rahmen einer Hausarbeit eine Studie erstellen oder dass sie für einen Artikel recherchieren. Ob Sie eine Ausrede bemühen oder nicht, bleibt ganz allein Ihnen überlassen. Sagen Sie das, womit Sie sich wohl fühlen.

Die Informationen, die Sie auf diese Weise sammeln, arbeiten Sie sorgfältig durch. Heften Sie alles in Ihrem Berufsfindungsordner ab. Sie sollten jetzt bereits eine ganze Menge über die Unternehmen und Organisationen in Erfahrung gebracht haben, die sich möglicherweise für Ihre Arbeit interessieren. Allein die Beschäftigung mit diesen Informationen bietet Ihnen wertvolle Hinweise für Ihr weiteres Vorgehen.

Und Lisa? Sie recherchiert zunächst im Internet, in welchen Sportarten es Spielergewerkschaften und ähnliche Interessengemeinschaften gibt. Dann lässt sie sich Informationen und Veröffentlichungen zuschicken. Sie sucht nach Publikationen von Leuten, die in solchen Interessengemeinschaften organisiert sind oder waren, und recherchiert im Ausland, wie Spielergewerkschaften dort arbeiten und welche Art von Laufbahnberatung angeboten wird. Sie hält Ausschau nach Fachbüchern (ebenfalls auch auf dem amerikanischen Markt). Alle gesammelten Informationen heftet Lisa in ihrem Berufsfindungsordner ab.

Eine Auswahl treffen

Wenn Sie alle Informationen zu den für Sie interessanten Organisationen und Projekten auf Ihrer Liste durchgearbeitet haben, wählen Sie die zwei bis vier für Sie interessantesten Unternehmen aus. Diese Organisationen stehen von nun an im Zentrum Ihrer

Aufmerksamkeit. Sammeln Sie weiter gezielt alles über diese für Sie besonders attraktiven Unternehmen und Projekte! Je mehr Sie über Ihren zukünftigen Arbeitgeber wissen, desto stärker Ihre Position.

Wenn Sie sich als Fußballreporter bei einem neuen Internet-Sportservice bewerben wollen, sammeln Sie alles, was Sie über das Programm in Erfahrung bringen können, beispielsweise wie der Service vermarktet werden soll, welche Schwierigkeiten bereits aufgetreten sind, welche Personalpolitik dort verfolgt wird und welchen beruflichen Werdegang der Chefredakteur hat. Jede Information bringt Sie Ihrem Ziel ein kleines Stück näher.

Eine der besten Quellen für Informationen sind Leute, die in den betreffenden Projekten arbeiten oder einmal gearbeitet haben und die Auskunft über die internen Abläufe und Besonderheiten geben können. Wenn Sie nicht über entsprechende Kontakte verfügen, hören Sie sich in Ihrem Bekanntenkreis um, ob es nicht jemanden gibt, der Ihnen weiterhelfen kann.

Schritt 8: Gezielt persönliche Kontakte aufbauen

In nahezu jeder Phase Ihrer Berufsfindung, vor allem aber dann, wenn Sie das Gefühl haben, nicht weiterzukommen, werden Ihnen gute Kontakte helfen. Dabei geht es keinesfalls darum, dass Ihr Vater Sie in der Firma eines Studienkollegen unterbringt. Es geht vielmehr um die Beschaffung von nützlichen Informationen und manchmal auch darum, Türen für Sie zu öffnen. Hineingehen und »Guten Tag« sagen müssen Sie jedoch selbst.

Leute, die in »Ihrem« Bereich arbeiten oder gearbeitet haben, liefern Ihnen besonders interessante Informationen für Ihr berufliches Vorhaben: Welche Entwicklungen zeichnen sich in einer Branche ab? Was sind die mittel- und langfristigen Pläne bestimmter Unternehmen? Welche Probleme bestehen dort oder welche werden sich voraussichtlich entwickeln? Wann werden welche Stellen frei? Und: Welche Leute sind besonders wichtig? Wer in dem von

Ihnen angestrebten Bereich arbeitet, kann viele Detailinformationen geben, die von außen schwer zu bekommen sind.

Wie man solche Leute findet? Zunächst einmal müssen Sie sich überlegen, zu wem Sie einen Kontakt aufbauen wollen. Wenn es Sie beispielsweise ins Fernsehgeschäft zieht, ist es nützlich, sich mit Reportern, Redakteuren und Kameraleuten zu unterhalten. Auch Sportstatistiker oder Printjournalisten können interessante Gesprächspartner sein. Hören Sie sich in Ihrem Bekanntenkreis um, wer jemanden kennt, auf den diese Beschreibung zutrifft. Es wird sich schnell jemand finden, der einen Kontakt vermitteln kann.

Die erste Kontaktaufnahme

Den Kontakt zu einer konkreten Person herzustellen ist oft viel leichter als man denkt. Die Strategieberaterin Dr. Kerstin Friedrichs beschreibt das so: »Mit maximal vier Kontakten kann man praktisch jeden Menschen auf der ganzen Welt erreichen.« Spielen Sie es einmal im Kopf durch: Sie wollen einen Kontakt zu Boris Becker herstellen (oder zu Angela Merkel oder zu Til Schweiger). Wen könnten Sie fragen? Wie viele Kontakte würden Sie benötigen?

Lisa beispielsweise knüpft über eine ehemalige Studienkollegin den Kontakt zu einem Laufbahnberater in einem Olympiastützpunkt. Sie ruft an, etwa so: »Guten Tag, hier spricht Lisa Wendland. Ich habe Ihre Nummer von meiner Studienkollegin Sabine Wichmann, von der ich Sie ganz herzlich grüßen soll. Es geht um Folgendes: Ich habe mich bislang ehrenamtlich in unserem Sportverein im Bereich Berufsberatung für Jugendliche engagiert. Dabei habe ich mit anderen Vereinen zusammen einen kleinen Leitfaden herausgegeben. Teile davon wurden auch hier in der örtlichen Tageszeitung abgedruckt. Ich würde meine Erfahrungen auf diesem Gebiet gern erweitern und habe mich im Bereich Sportler-Laufbahnberatung umgeschaut. Dabei bin ich auch auf den Fall des Leichtathleten XY gestoßen, der von Ihnen beraten wurde. Darf ich Ihnen ein paar Fragen stellen? Es dauert auch nicht länger als zehn Minuten.« Da fast alle Leute sich freuen, wenn man sich ernsthaft für sie interessiert, stellen Sie Ihrem Gesprächspartner folgende Fragen:

1. Wie sieht Ihr ganz normaler Arbeitsalltag aus?
2. Wie sind Sie in diese Position gekommen?
3. Was muss man dafür können, fachlich und außerfachlich?
4. Was sind die besonderen Vorteile und Erfolgserlebnisse dieses Berufs?
5. Was sind die spezifischen Nachteile und Belastungen?
6. Haben Sie einen Tipp, mit wem ich mich noch unterhalten sollte?[31]

Die Auskünfte Ihrer Informanten liefern Ihnen weitere wertvolle Hinweise darüber, wie Sie Ihren Traumberuf realisieren können. Auch hier gilt: Jede einzelne Information bringt Sie Ihrem Ziel ein kleines Stück näher. Natürlich notieren Sie die wichtigsten Punkte des Telefonats in Ihrem Berufsfindungsblock.

Kontaktpersonen spielen nicht nur bei der Informationsbeschaffung eine große Rolle. Sie helfen auch bei der Anbahnung von ersten Bewerbungsgesprächen. Wer seinen Anruf beim Projektleiter beginnen kann mit: »Ich soll Sie herzlich von Frau Wartenberg vom Deutschen Journalistenverband grüßen«, wird schneller als andere auf offene Ohren treffen.

Überlegen Sie, auf wen Sie sich in einem ersten Gespräch berufen können. Vielleicht auf Ihren Trainer, den Pressesprecher Ihres Vereins, auf den Experten, den Sie auf einer Konferenz kennen gelernt haben oder auf eine andere wichtige Person, zu der Sie während Ihrer Recherche Kontakt aufgenommen haben. Selbstverständlich müssen Sie diese Menschen von Ihrem Vorhaben unterrichten.

Schritt 9: Erste Arbeitserfahrungen sammeln schon vor der Bewerbung

Wenn Sie sich bei Ihrem Traumunternehmen um einen Job oder einen Auftrag bewerben, sollten Sie in jedem Fall vorweisen können, dass Sie auf dem von Ihnen anvisierten Gebiet bereits etwas auf die

Beine gestellt haben. Das wirft die Frage auf, wie es möglich ist, die allerersten Erfahrungen auf einem Tätigkeitsgebiet zu machen.

Der beste Weg, diese Erfahrungen zu sammeln, ist ein eigenes kleines (oder großes) Projekt. Damit beweisen Sie von Anfang an unternehmerisches Denken, Eigeninitiative und Begeisterungsfähigkeit. Mit einem eigenen Projekt können Sie Ihr Engagement und Ihre Ziele mit strahlenden Augen kommunizieren. Sie werden erstaunt sein, wie schnell Sie auf einmal Arbeitgeber von sich einnehmen. Kaum jemand kann sich der Anziehungskraft entziehen, die Leute ausstrahlen, die mit Leib und Seele bei der Sache sind.

Wenn Sie also Mannschaftskoch werden wollen, beginnen Sie bei den Turnieren, Freizeitveranstaltungen oder Ausflügen Ihres Vereins. Sie sammeln so erste Erfahrungen und zeigen, dass Sie etwas auf die Beine stellen können. Der Erfolg wird sich herumsprechen, später kommen andere Veranstalter auf Sie zu. Auch zukünftige Eventmanager tun gut daran, erst einmal etwas im kleinen Rahmen zu veranstalten. Sie können beispielsweise in Zusammenarbeit mit Ihrer ehemaligen Schule einen Mädchentag ins Leben rufen. Auf dem Schulhof zeigen dann Gewichtheberinnen, Boxerinnen und Fußballerinnen ihre Kunst. In einem Klassenraum finden Krafttrainingskurse für Mädchen statt, in einem anderen berichten ehemalige Profisportlerinnen über ihren Weg. Zum Abschluss veranstalten Sie ein Spaßturnier mit Lehrerinnen, Schülerinnen, Sportlerinnen und Müttern.

Neben den beschriebenen Vorteilen eines eigenen Projekts zum Berufseinstieg kommt Ihnen höchstwahrscheinlich ein weiteres Phänomen zugute: Wer macht, was er wirklich gerne macht, wird in der Regel auch andere Jobangebote von außen erhalten. Viele Arbeitgeber suchen händeringend Leute, die etwas bewegen und Begeisterung vermitteln können. Diese Arbeitgeber werden aber nur dann auf Sie aufmerksam werden, wenn Sie sich mit Herzblut für Ihre Sache ins Zeug legen und Ihr Engagement auch deutlich zeigen.

Neben dem eigenen Projekt gibt es noch andere Möglichkeiten, die ersten Gehversuche auf einem neuen Gebiet zu machen: Praktika, Ehrenämter, die Teilnahme an Veranstaltungen von Arbeitgebern (Workshops, Aushilfstätigkeiten, Messeauftritte, Tage der offenen Tür). Entscheidend ist dabei immer, dass Sie einen Fuß in die Tür bekommen und erste Kontakte knüpfen.

Lisa plant als erstes Projekt einen Leitfaden zur Berufsberatung für Sportler. Für die Unterstützung gewinnt sie das Arbeitsamt, die deutsche Sportjugend und einen Journalisten der örtlichen Tageszeitung. Sie stellt den Reader zusammen, besorgt sich Zitate von ehemaligen Sportlern, die heute auf anderen Gebieten Karriere machen. Sie führt Interviews mit Trainern, Lehrern und Jugendwarten.

Zusätzlich organisiert Lisa alle drei Monate einen Gesprächskreis mit Laufbahnberatern, Berufsberatern des Arbeitsamtes, Jugendwarten, Trainern und Pressesprechern aus verschiedenen Vereinen. Sie selbst lädt ein und moderiert die Diskussion. Dadurch knüpft sie professionelle Kontakte zu allen Leuten, die sich in ihrer Region mit Fragen der Laufbahnberatung beschäftigen.

Schritt 10: Gezielt an den gewünschten Arbeitgeber herantreten

Das ist der Moment, auf den Sie in Ihrem persönlichen Workshop hingearbeitet haben! Bevor Sie den entscheidenden Schritt tun und Ihren Traumarbeitgeber kontaktieren, hier noch einmal das bisher Erarbeitete zusammengefasst:

1. In der Berufsfindung funktioniert nichts, bevor Sie nicht Ihre persönlichen Fähigkeiten ausgelotet haben und diese auch konkret benennen können. Schließlich werden Sie Ihrem potenziellen Arbeitgeber vermitteln müssen, warum er ausgerechnet Sie einstellen soll. Eine genaue Anleitung dazu finden Sie in Schritt 1 des Workshops.
2. Suchen Sie sich nicht irgendein Berufsfeld, das Ihnen gerade aussichtsreich erscheint. Wenn Sie in einem Bereich nicht wirklich arbeiten wollen, werden Sie dort nicht viel erreichen können. Finden Sie stattdessen heraus, was Ihnen wirklich Spaß macht und was Sie morgens aus dem Bett treibt, auch wenn Sie eigent-

lich hundemüde sind. Beruflich erfolgreich wird, wer mit echter Begeisterung bei der Sache ist. Dazu gehört auch eine Spezialisierung, die zu Ihnen und Ihren Wünschen passt. Diese einzelnen Elemente Ihres beruflichen Ziels haben Sie in den Schritten 2 bis 5 entwickelt.

3. Stellen Sie eine Liste mit sämtlichen Organisationen zusammen, an denen eine solche Tätigkeit gebraucht wird oder gebraucht werden könnte. Suchen Sie aus dieser Liste den Bereich aus, der Sie am meisten anspricht. Sammeln Sie nun Adressen von Firmen und Projekten, die dort tätig sind, und lassen Sie sich deren Unterlagen schicken. Wählen Sie die attraktivsten Organisationen aus und sammeln Sie über diese Traumarbeitgeber alle verfügbaren Informationen. Näheres dazu haben Sie in den Schritten 6 bis 8 gelesen.

4. Machen Sie Ihre ersten Erfahrungen mit einem eigenen Projekt, oder arbeiten Sie dort, wo es bereits Strukturen von ehrenamtlicher Arbeit gibt. Suchen Sie nach ganz einfachen Möglichkeiten, erste Erfahrungen zu sammeln. Auf diese Weise können Sie sich auch während einer Berufstätigkeit oder während eines Studiums Ihr (neues) berufliches Feld erarbeiten.

Wenn Sie alle Schritte bis hierhin erledigt haben, sind Sie bestens auf das entscheidende Telefonat vorbereitet. Wieso Telefonat?

Die meisten Bewerber scheuen sich vor einer ersten Kontaktaufnahme per Telefon. Dabei vergeben sie leichtfertig die wichtige Chance, durch einen persönlichen Anruf Initiative zu zeigen und einen guten Eindruck zu hinterlassen. Schließlich suchen die meisten Unternehmen heute kommunikationsstarke Mitarbeiter.

Vom unangekündigten Verschicken von Bewerbungsmappen ist dagegen abzuraten. Diese landen häufig wenig beachtet in irgendwelchen Ablagen. Die meisten Leute werden täglich mit Post zugeschüttet und müssen einen Weg finden, mit der Informationsflut fertigzuwerden. Dazu gehört leider in vielen Fällen, dass unaufgefordert eingesandte Bewerbungen keine große Beachtung finden.

Damit Ihr Gesprächspartner Ihnen auch zuhört, obwohl er Sie noch gar nicht kennt, sollten Sie im ersten Satz eine Trumpfkarte ausspielen, und das ist die Erwähnung eines persönlichen Kontakts oder der Bezug auf etwas, das Ihr Gegenüber geäußert oder getan hat. Wenn Sie beispielsweise in der Zeitung lesen, dass Ihre Zielperson in einem Interview eine bestimmte Meinung geäußert hat, dann können Sie sich im ersten Satz darauf beziehen: »Guten Tag, Frau Fischer, hier ist Thomas Krüger. In Ihrem Interview mit dem *Kölner Stadtanzeiger* habe ich gelesen, dass Sie die bisherige Nachwuchsförderung im deutschen Sport für gescheitert halten. Prinzipiell finde ich Ihre Begründung sehr interessant und richtig. Ich glaube, dass es ein großes Problem mit der Zukunftsplanung der jungen Athleten gibt. Gerade die Ungewissheit belastet viele, und das wirkt sich negativ auf die Leistung aus ...«

Der Mechanismus, den Sie hier nutzen, lautet: Jeder Mensch freut sich, wenn andere sich mit dem beschäftigen, was er gesagt, getan oder geschrieben hat. Wenn Sie sich bei einem Chef eines Sport-Online-Dienstes bewerben wollen, dann müssen Sie seine letzten Veröffentlichungen gelesen haben und seine Meinung zur Zukunft des Sportjournalismus oder der Internet-Berichterstattung kennen. Je mehr Sie über die Meinungen Ihrer Zielperson wissen, desto stärker ist Ihre Position bei Ihrem ersten Anruf und während der gesamten Bewerbungsprozedur.

Entscheidend ist, dass Sie es in Ihrem ersten Telefonat schaffen, die Aufmerksamkeit Ihres Gegenübers zu wecken und ihn für sich zu interessieren. Ein Beispiel:

»Guten Tag, Frau Schumann, hier ist Peter Fischer. Ich habe gerade Ihre Ausführungen zu neuen Visualisierungstechniken im *Bonner Generalanzeiger* gelesen. Ich habe mich sehr gefreut, dass Sie betonen, dass mentales Training nicht von heute auf morgen funktioniert. Auch die Thesen Ihres neuen Buchs dazu finde ich sehr interessant. Ich arbeite selbst mit zwei Arbeitsgemeinschaften in Schulen zusammen, wo wir erste Versuche mit Visualisierungen in der Schülermannschaft unternehmen. Da ich die Arbeit Ihres Instituts sehr interessant finde, würde ich mich gerne bei Ihnen um ein Praktikum bewerben. Kann ich Ihnen meine Unterlagen einmal vorbeibringen? Dann könnte ich Ihnen auch kurz einen Artikel von mir zum Thema ›Visualisierung als Disziplin‹ zeigen.«

Oder: »Guten Tag, Herr Schmitz, hier ist Lisa Wendland. Ich habe Ihren Artikel im Basketballsonderheft zu den neuesten Entwicklungen in der Professionalisierung des Sports gelesen. Ich finde Ihre Forderung nach Organisation der Vertragsspieler sehr richtig und habe auch in einigen Artikeln für eine kleine Tageszeitung hier vor Ort immer wieder auf die Bedeutung solcher Interessenvertretungen im Sport hingewiesen. Seit einem halben Jahr leite ich einen Gesprächskreis zum Thema ›Lust und Frust nach der aktiven Karriere‹, auf der schon X, Y und Z mit uns über aktuelle Entwicklungen gesprochen haben. Da ich nächste Woche in Berlin bin, würde ich mich gern kurz bei Ihnen vorstellen. Wenn Sie auf eine Tasse Kaffee Zeit haben, bringe ich auch die Dokumentation über die Diskussionen mit.«

Mit einem solchen Einstieg hat sich Lisa übrigens geschickt aus der Position der Bittstellerin herausmanövriert. Sie ist nun eine interessante Gesprächspartnerin. Eine strategisch viel günstigere Ausgangsposition für eine Bewerbung!

Natürlich ist die Vorbereitung eines solchen Einstiegs mit sehr viel Arbeit verbunden. Deshalb kommen die meisten Bewerber nicht über ein »Guten Tag, hier ist Peter Schmitz, ich wollte mal fragen, ob ich bei Ihnen ein Praktikum machen kann« hinaus. Doch genau *das* ist Ihre Chance!

Wenn Sie Ihr Telefonat detailliert vorbereiten, wird es Ihnen auch gelingen, ein persönliches Treffen anzubahnen, bei dem Sie sich und Ihre Arbeitskraft präsentieren. Dieses Ziel halten Sie sich kurz vor dem Gespräch noch einmal klar vor Augen.

Ihre Schritte auf der Zielgeraden in der Zusammenfassung:

- Beginnen Sie mit dem Bezug auf einen persönlichen Kontakt und/oder dem Bezug auf etwas, das Ihr Gegenüber gesagt oder getan hat. Damit erreichen Sie die Aufmerksamkeit Ihres Gesprächspartners, Ihrer Gesprächspartnerin.
- Zeigen Sie, dass Sie sich gut informiert haben, und dokumentieren Sie so, dass Ihr Interesse ernsthaft ist.
- Berichten Sie von Ihrem Engagement und transportieren Sie echte Begeisterung.
- Bitten Sie nicht unterwürfig um ein Gespräch, sondern vermitteln Sie, dass Sie Ihrem potenziellen Arbeitgeber etwas Interessantes anzubieten haben.

Wenn Sie die einzelnen Schritte des Workshops sorgfältig durchgearbeitet haben, werden Sie kein Problem damit haben, in all diesen Punkten zu glänzen.

Nicht für jedes berufliche Projekt lassen sich die Schritte des Workshops mit derselben Stringenz durchführen. Nehmen Sie die beschriebenen Lösungen daher als Wegweiser für Ihren ganz individuellen Kurs. Kleben Sie nicht an einzelnen Details, sondern benutzen Sie die aufgezeigte Systematik und Herangehensweise als Werkzeug.

Teil IV
Service

Zeitmanagement für Sportler

Die meisten Sportfreaks haben vor dem Frühstück bereits ihre erste Trainingseinheit hinter sich. Joggen, Schwimmen und Yoga sind am Morgen beliebt. Manche lassen sich gar von einem persönlichen Trainer bei Tagesanbruch von der Haustür abholen.

Falls Sie (noch) nicht zu den besonders tapferen Sportlern gehören, finden Sie im Folgenden einige Hinweise, wie Sie sportlich und karrieretechnisch in die Puschen kommen:

- Der Weg zur Arbeit ist ein ausgezeichnetes Trainingsfeld. Hier kann man Fahrrad fahren oder walken. Variieren Sie im Tempo, und überholen Sie so viele andere wie möglich (erst die schwachen Gegner aussuchen, dann die fitten). Das macht Spaß und trainiert besser als gleichmäßige Anstrengung. Auch Treppenstufen können zum Step-Aerobic genutzt werden.
- Falls es in Ihrer Firma noch keine Duschen und Umkleidekabinen für Fahrradpendler gibt, regen Sie einen Einbau an. Die meisten können nach dem Sport ruhiger, konzentrierter und damit auch effektiver arbeiten. Mit diesem Argument müssten Sie den Chef eigentlich überzeugen.
- Wichtig ist, dass Sie sich erst gar kein Monatsticket für Bus und Bahn und auch keinen Platz in der Tiefgarage besorgen. Dann ist die Versuchung zur Faulheit kleiner. Wenn Sie S-Bahn fahren, verlassen Sie Ihre Wohnung morgens und Ihr Büro abends so spät, dass Sie rennen müssen. Wenn die Kollegen Ihre sportlichen Aktivitäten mitbekommen, werden Sie sicher ausgefragt. Auch das erhöht die Verbindlichkeit.

- Wenn Sie sich in einem Sportstudio anmelden, wählen Sie ruhig ein teures, damit Sie sich auch wirklich aufraffen. Verbünden Sie sich mit einem Freund oder einer Freundin, auch das erzeugt hilfreichen Druck. Ein persönlicher Coach, der feste Termine mit Ihnen vereinbart, trägt ebenfalls zum konstanten Training bei. Regelmäßigkeit ist der Schlüssel zum Erfolg.

Wer sein sportliches Pensum bereits voll in den Arbeitsalltag integriert hat und noch ein paar Tipps für die persönliche Zeiteinteilung benötigt, kann sich im Klassiker *Wenn du es eilig hast, gehe langsam* von Lothar Seiwert[32] Anregungen holen.

Die Freizeit-Managerin Anja Richter aus Mettmann bei Düsseldorf hat ihr persönliches Sportler-Zeitmanagement daraus abgeleitet:

- Setzen Sie sich klare Ziele: Wann möchten Sie was erreicht haben? Etwa so: Bis zum Wettkampf am ... schaffe ich 10 km in ... Minuten; zur Prüfung am ... habe ich die Themen X, Y und Z erarbeitet.
- Erstellen Sie jeden Abend einen kurzen Spickzettel für den nächsten Tag. Er sollte ein messbares Teilziel aus dem großen langfristigen Plan vorgeben (zum Beispiel Seite 2 bis 20 der Sponsorunterlagen studieren).
- Erkennen Sie Zeitfallen und umgehen Sie diese, indem Sie Prioritäten setzen. Zu Zeitdieben dürfen Sie dann ruhig auch mal Nein sagen.
- Verplanen Sie nur die Hälfte Ihrer Zeit, um kleine Puffer und Pausen zu schaffen und selbst erzeugten Druck zu vermeiden; bauen Sie Ruhephasen ein!
- Nutzen Sie Ihren Biorhythmus und planen Sie danach die Lern- und Trainingsphasen. Wann können Sie besser denken und sich konzentrieren? Wann ist Ihr Körper am leistungsstärksten?
- Verbissen zu ackern ist nicht effektiv! Schaffen Sie als Ausgleich Zeiten zum Kopflüften und um neue Kraft zu schöpfen. Gehen Sie spazieren oder ins Kino, kümmern Sie sich um Freunde oder machen Sie Gartenarbeit. Mit etwas Abstand ist auch das Ziel wieder klarer erkennbar.
- Stellen Sie Ihre Schwachstellen heraus und planen Sie, wann und

wie Sie daran arbeiten. Analysieren Sie aus bereits erzielten Resultaten, was wie lange dauert.

- Mannschaftssportler richten ihre Trainingsphasen nach vorgegebenen Zeiten. Bestehen Sie darauf, dass alle pünktlich erscheinen. Inklusive Sie selbst.
- Überlasten Sie sich nicht mit allem auf einmal. Bei starker Arbeitsbelastung richten Sie ruhige Trainingseinheiten ein.
- Nutzen Sie je nach Biorhythmus – und Absprache mit dem Arbeitgeber – eine verlängerte Mittagspause zum Training. Arbeiten Sie dafür länger.
- Für Sport und Karriere gilt gleichermaßen: Vor den Erfolg haben die Götter und Göttinnen den Schweiß gesetzt. Arbeiten Sie mit der gleichen Intensität und Ausdauer an Ihrer sportlichen wie an Ihrer beruflichen Laufbahn. Und halten Sie es mit der griechischen Siegesgöttin Nike: Just do it!

Kleines Wörterbuch

Adduktor: Muskel im Schrittbereich

Adventure: Abenteuer
Aerodynamik: Lehre von der Bewegung gasförmiger Stoffe
Akquirieren: Anwerben, Werben von Kunden
Akquise: Kundenwerbung
Après-Sport: gemeinschaftliche Vergnügung nach dem Sport, zum
   Beispiel: Umtrunk in einer Skihütte nach dem Skilaufen
Aquaaerobic: Fitness-Training im Wasser
Aquagymnastik: Wassergymnastik
Aromatherapie: Heilbehandlung mit ätherischen Ölen
Ayurveda: indische Gesundheits- und Ernährungslehre

Basics: Grundanforderungen, -kenntnisse
Beachwear: Strandkleidung
Big Business: Geschäftswelt der Großunternehmer
Biken: Fahrrad-, Motorrad fahren
Board: Brett, Planke, Kurzform für diverse brettartige Sportgeräte,
   zum Beispiel: Snowboard, Wakeboard
briefen: jemandem wichtige Informationen und Eckdaten zukom-
   men lassen
Bungeejumping: Springen aus großer Höhe, wobei der Springer
   durch ein starkes Gummiseil gesichert ist
Bunker: Sandhindernis beim Golf
Butterfly: Sportgerät, an dem man die obere Rücken-, und Arm-
   muskulatur trainiert

Canyoning: Klettern in einer steilwandigen Schlucht

Carving: Ski laufen mit besonders schwung- und kurventauglichen Skiern

Casten: Auswählen von sich vorstellenden Kandidaten für eine Show, Moderatoren für eine neue Sendung, Schauspieler für einen Film

Celebrities: Berühmtheiten

Ciros: Zusammensetzung aus »City« und »Roller«, Stadtroller

Coach: persönlicher Berater und Trainer, meistens im psychologischen Sinne

Coachee: einer, der gecoacht (beraten oder trainiert) wird

Come together and act as a team: Kommt zusammen und handelt als Team

Community: Gemeinschaft

Controller: Prüfer

Convent/Convention: Zusammenkunft

Corporate Event Design: Erscheinungsbild einer Veranstaltung

Deckshand: Hilfskraft auf einem Schiff

Destination: Bestimmung, Ziel

Diashow-Presenter: kommerzieller Anbieter und Ausrichter von Diashows und Diavorträgen, meist zu Reisethemen

Doglegs: gekrümmte Spielbahnen beim Golf

Dojo: Meditationsraum, Raum in dem Kampfsportarten trainiert werden

doubeln: die Rolle eines Filmschauspielers bei gefährlichen Szenen übernehmen

eloquent: redegewandt

Enzyklopädie: Nachschlagewerk

Equipment: Ausstattung, Ausrüstung

eskortieren: begleiten

Event: Ereignis, besondere Veranstaltung

Event Design: Erscheinungsbild einer Veranstaltung

Face-to-Face-Beziehung: direkte Beziehung von Angesicht zu Angesicht

Fanzine: aus Fan und Magazin, Zeitung oder Zeitschrift von Fans
für Fans

Fatalismus: Glaube an ein vorherbestimmtes Schicksal, das man
hinzunehmen hat

Feedback: Rückmeldung

Feng Shui: chinesische Lehre von der Wirkung des natürlichen Le-
bensraums auf Menschen

Flyer: Flugblatt

Folder: Faltprospekt

Freelancer: Freiberufler

Functional Food: Nahrungsmittel, die gezielt das Leistungsvermö-
gen und Wohlbefinden steigern sollen

Fundraiser: Spendenwerber

Funsport: Sport, der vor allem zum Spaß betrieben wird

Gewinnmargen: Gewinnspannen

Good old Germany: gutes altes Deutschland

Golfpros: professionelle Golfer, auch Golflehrer

Greenkeeper: Rasenpfleger, -kontrolleur auf einer Golfanlage

Guide: (Reise-, Berg- etc.) Führer

Hippotherapie: Therapeutisches Reiten

Homestory: Bericht über das Zuhause eines Promis

Hooligan: Randalierer bei Massenveranstaltungen

How to-Bücher: Handbücher, häufig Anleitungen zum Selbermachen

*If you always do what you always did, you always get what you
always got:* Wenn du immer das tust, was du schon immer gemacht hast, dann bekommst du auch das, was du schon immer
bekommen hast.

Image: das Bild, das die Öffentlichkeit von etwas hat, zum Beispiel
von einer Person, einer Firma

Incentive: (wirtschaftlicher) Anreiz, Ansporn (meistens von einem
Unternehmen als Motivation für Mitarbeiter gedacht)

Insolvenzversicherung: Versicherung, die bei Zahlungsunfähigkeit
noch zu erbringende Leistungen finanziert

Instructor: Anleiter, Kursleiter
Interna: nicht für Außenstehende bestimmte Angelegenheiten
Invalidität: dauernde Arbeitsunfähigkeit

Kickboard: Funsportroller, eine Art Skateboard mit Lenkstange
Kite: Drachen
Kitesurfing: Windsurfen, bei dem sich der Surfer von einem Drachen ziehen lässt
Know-how: das Wissen, wie man eine Sache verwirklichen kann
Knowledge: Wissen, Kenntnis
Konferenz-Call: Telefongespräch zwischen mehreren Personen per Konferenzschaltung
Konkurs: Zahlungsunfähigkeit
Körperpeeling: kosmetische Schälung der Haut

Last but not least: zuletzt, aber nicht weniger wichtig
latent: vorhanden, aber nicht in Erscheinung tretend, verborgen
Learning by doing: Lernen, indem man es tut, lernen durch praktische Erfahrung
Legcurl: Sportgerät für die Beinmuskulatur
Level: Ebene, Niveau
Location: Ort, Veranstaltungsort
Lodge: Häuschen, Hütte, Herberge
Logo: Firmenzeichen, Signet

Match: Wettkampf, Wettspiel
Medienmogul: jemand, der die Medien durch Prestige, Macht, Kompetenz und/oder Geld dominiert
Mental Coach: psychologischer Berater
Merchandising: Verkauf von Nebenprodukten (beispielsweise Tassen mit Logo-Aufdruck und Anderes)
Muscle-Shirt: Unterhemd ohne Arme
mutieren: sich plötzlich erheblich verändern

Nine-to-five-Job: Tätigkeit von neun bis fünf, Beruf mit einem geregelten Achtstundentag.
No chewing gum: Kein Kaugummi

Nobody: (ein) Niemand
No-Name-Produkt: Produkt ohne Markennamen
Novum : Neuheit, Neuerung

obligatorisch: verbindlich
Offroadtour: Geländeausflug
Off-Road-Truck: Geländegängiger LKW
Olympionikin: Teilnehmerin an den Olympischen Spielen
One globe – one skate: »eine Welt – ein Skate«
Open Space Konferenz: amerikanische Konferenzmethode
Option: Möglichkeit
Outdoor-Guide: jemand, der Gruppen oder Einzelpersonen auf
    Wanderungen in der Natur oder Fahrten im Gelände begleitet
    und führt

Peanuts: Erdnüsse, Kleinigkeiten, unbedeutende Geldsumme
per pedes: zu Fuß
Personal Trainer: persönlicher Trainer, Privattrainer
peu à peu: nach und nach, allmählich
Player-Agent: Spielervermittler
Pool: Kurzform für Swimmingpool
Powerdrinks: Getränke, die Kraft spenden sollen
PR: Kurzform für Public Relations, Öffentlichkeitsarbeit
präventiv: vorbeugend
Print-Journalist: Journalist, der für die gedruckte Presse (Zeitun-
    gen, Zeitschriften) tätig ist
Privileg: Vorrecht, Sonderrecht
Promotion: Verkaufsförderung durch gezielte werbe- und absatz-
    politische Maßnahmen
Prototyp: Muster, erste Ausführung eines Flug- oder Fahrzeugs, ei-
    ner Maschine etc., nach der dann die Serie gebaut wird
Public-Relations-Manager: Leiter der Abteilung Öffentlichkeitsar-
    beit in einem Unternehmen, einem Verein etc.

Rafting: Wildwasserfahren
Regressforderung: Ersatzforderung
Reha: Kurzform für Rehabilitation, Wiederherstellung des ur-
    sprünglichen (körperlichen) Zustandes

Renaturierung: Rückführung in einen naturnahen Zustand
Reputation: Ansehen, Ruf
Ressort: Amts-, Geschäftsbereich, Aufgabengebiet
Rhetorik: Redekunst
Rollerblades: Rollschuhe mit schmalen, in einer Linie hintereinander angeordneten Rollen
Runningbekleidung: Laufsportbekleidung

Sandboarding: Fahren oder Gleiten auf Sand mit einem Brett (ähnlich wie Snowboarding)
Sanktionsmittel: Mittel, um Zwangsmaßnahmen durchzuführen
scannen: etwas – zum Beispiel ein Bild – mit einem elektronischen Gerät abtasten; auch: etwas durchsehen
Shareholder: Aktionär, Anteilseigner
Shooting: Fototermin
Slam Dunk: spezieller Wurf (Korbleger) im Basketball
Small Talk: beiläufige Konversation
SMS: Short Message Service, Nachrichtenversand per Handy
Sneaker: leichter Segeltuch-, Turnschuh
Snowboard: Sportgerät zum Gleiten auf Schnee
Spinning: Rad fahren auf einem festinstallierten Rad
Sponsor: Förderer, Geldgeber
Sport-Discount: Geschäft mit Sportartikeln zu stark herabgesetzten Preisen
Steroide Anabolika: den Muskelaufbau fördernde Hormone
Streetwear: Straßen-, Freizeitkleidung
Stretching: Dehnungsübungen
Stunt: gefährliche Filmszene, in der ein Stunt-(Ersatz-)man die Rolle des Schauspielers übernimmt
sukzessive: allmählich (eintretend), nach und nach
Support: Unterstützung
Survival-Outfit: Überlebensausrüstung, -ausstattung, -bekleidung

Tae Bo: auch: *Tae Box:* Fitness-Trendsportart (von Thai Boxen)
Talent-Scout: jemand, der nach begabtem Nachwuchs Ausschau hält
Tanktop: Hemd ohne Arme

Teamplayer: Mannschaftspieler (im Gegensatz zu Einzelkämpfer)
Thai-Chi: asiatischer Meditationssport
Timing: zeitliche Abstimmung
Törn: Segeltour
Touch: Berührung; auch: Anflug
Tour-Operator: jemand, der einen Ausflug, eine Wanderung, eine Reise, eine Fahrt organisiert
Training on the job: Schulung im Beruf, Lernen durch Praxiserfahrung
Trekking: Wandern
Trendscout: jemand, der Trends frühzeitig aufspürt

Van: Last-, Lieferwagen
VIP: Abkürzung für very important person, sehr wichtige Persönlichkeit
Volontär: jemand, der zur Ausbildung in einem Betrieb, einer Redaktion arbeitet

Wakeboarding: Wasserskifahren auf einem Ski
Walking: als Sport betriebenes zügiges Gehen
Wellness: Wohlbefinden
Workout: Fitness-Training
World-Tour: Weltreise

Youngster: Junger (Mensch)

Anmerkungen

1 *Stern*, 23/2000, S. 106.
2 *Jahrbuch des Sports 1999–2000*, hg. vom Deutschen Sportbund, Niedernhausen 1999.
3 Die Zitate von Eduard Geyer stammen aus der *Berliner Zeitung* vom 18.7.2000, S. 36.
4 Frei übersetzt aus: William Ray Heitzman, *Careers for Sports Nuts & Other Athletic Types*, Lincolnwood (IL) 1997, S. 11 ff.
5 Frei übersetzt aus: Heitzmann, *Careers for Sports Nuts & Other Athletic Types*, S. 34 f.
6 *EM Journal, Bild am Sonntag*, 4. Juni 2000, S. 18.
7 *Berliner Zeitung*, 25.7.2000, S. 34.
8 Auskunft der BAT Freizeitforschung, Hamburg.
9 Umschlagtext der amerikanischen Ausgabe des Buchs von Jon Krakauer, *Into Thin Air. A Personal Account of the Mount Everest Disaster*, New York 1997 (deutsche Ausgabe: *In eisige Höhen. Das Drama am Mount Everest*, München 1998).
10 *Der Tagesspiegel*, 4.6.2000, S. 15.
11 Angaben für 1999; *Berliner Zeitung*, 4.8.2000, S. 34.
12 Angaben für 1998; Statistisches Bundesamt.
13 Auskunft der AOK, Berlin.
14 *Berliner Zeitung*, 4.8.2000, S. 34.
15 Auskunft des Instituts für Handelsforschung, Köln, Daten von 1999.
16 Studie *Sponsoring Trends 2000* von Arnold Hermanns im Auftrag von Sponsor Partners, Bonn 2000.
17 *Sponsor News*, 7/2000, S. 15.
18 *Kicker Sonderheft: Bundesliga 2001*, S. 177; Zahlen teilweise geschätzt.
19 Quelle: www.sportplusmarkt.de.
20 Genau: 83 Prozent; Studie *Sponsoring Trends 2000* von Arnold Hermanns.
21 *Berliner Zeitung*, 20.4.2000, S. 3.

22 *Berliner Zeitung,* 20.4.2000, S. 3.
23 Auskunft des Deutschen Sportstudioverbands, Hamburg.
24 Mündliche Auskunft der DEULA Rheinland, Kempen.
25 *SZ-Magazin,* 13.3.1998.
26 Auskunft des Verbands Physikalische Therapie, Hamburg.
27 Auskunft des Deutschen Wellness-Verbands, Düsseldorf.
28 *Aral-Taschenbuch der Frauenpresse,* Remagen-Rolandseck 1998.
29 Uta Glaubitz, *Der Job, der zu mir passt. Das eigene Berufsziel entdecken und erreichen,* Frankfurt/New York 1999.
30 Lorenz Wolff, Johanna Frank, *Berufszielfindung und Umsetzungsstrategie für Studium/Ausbildung/Weiterbildung,* Speyer 1992, S. 25.
31 Ähnlich Richard Bolles in: *What color is your parachute?,* Berkeley 1997, S. 141; siehe auch Richard Bolles, *Durchstarten zum Traumjob. Das Bewerbungshandbuch für Ein-, Um- und Aufsteiger,* Frankfurt/New York 1999, S. 163.
32 Lothar J. Seiwert, *Wenn du es eilig hast, gehe langsam. Das neue Zeitmanagement in einer beschleunigten Welt. Sieben Schritte zur Zeitsouveränität und Effektivität,* Frankfurt/New York 2000.

Berufsverzeichnis

Aerobic-Instructor 15
Akrobat 190
Animateur 13, 54, 69 ff., 213
Aquaaerobic-Trainer 152
Aroma-Berater 149, 187, 199
Atemtherapeut 188

Bademeister 170, 180
Barkeeper 78 f., 148, 168 f.
Bereichsleiter 149 ff.
Bergführer 15, 59 ff.
Bewegungsberater 182 ff.
Bildjournalist siehe Sportreporter
Boxtrainer 15

Canyoning-Guide 59
Changemanagerin 190, 197 ff.
Choreograf 190, 193 ff.
Coach 13, 209

Diashow-Presenter 66 ff.
Dolmetscher 147

Einkäufer in Sportfirmen 100
Einzelhandelskaufmann/-frau siehe
    Verkäufer
Entwickler von Sportlernahrung
    117 ff.
Ernährungsberater 117 ff., 171 f.,
    177 ff., 210, 212

Eventmanager 100, 122 ff., 209,
    212 f., 218

Fahrrad-Guide 64 ff.
Fahrradmechaniker 128
Fahrradreise-Veranstalter siehe
    Reiseveranstalter
Fanartikelverkäufer 101, 128
Fanbeauftragter 50 ff., 213
Feng-Shui-Berater 149, 199
Fernsehreporter siehe Sportreporter
Fitness-Manager 151, 198, 203
Fitness-Trainer 80, 149 ff.
Finanzexperte 131
Flamenco-Lehrer siehe Tanzlehrer
Fluglehrer 73 ff.
Fußballkonferenzschaltungsreporter
    84 ff.

Gastronom/Hotelier 78 f., 149
Gleitschirm- und Drachenfluglehrer
    73
Greenkeeper 149, 166 ff.

Hausmeister 148 f.
Hundebetreuer 170

Investitionsberater für Sportanlagen
    190, 197 ff.

Jugendtrainer 32 ff., 36, 140
Jugendwart 34 ff., 219

Kellner 149
Koch 52, 175 ff., 218
Klettertrainer 59

Laufbahnberater 137 ff., 203, 209,
    216, 219

Manager 13, 31 f., 47 f., 128, 130,
    147, 149, 209
Mannschaftsarzt 53
Mannschaftskoch 52
Marketingspezialist 53, 100, 116, 149
Maskenbildnerin im Tanztheater
    190, 195 ff.
Masseur 40, 170, 172, 180 ff., 188
Medientrainer 99, 144 ff.
Medizinischer Bademeister 40
Mental Coach 53, 134 ff., 209 f.

Nachwuchsförderer 31

Online-Redakteur 99, 131
Organisator von Fahrten zu großen
    Wettkämpfen siehe
    Reiseveranstalter
Outdoor-Guide 59 ff.

Personal Trainer 172 ff., 203,
    210 ff., 227
Physiotherapeut 39 ff., 63, 165
Player-Agent 134
Pressesprecher 31, 45 ff., 97, 119 ff.,
    130, 219
Privater Dolmetscher siehe
    Dometscher
Produktmanager 115 ff.
Public Relations-Manager 120, 122,
    210, 212

Rasenmanager im Stadion 149,
    153 ff.

Rechtsanwalt mit Spezialisierung
    auf Sportrecht 53, 134
Reiseleiter 60
Reiseveranstalter 13, 54 ff., 75 ff.,
    209 f., 212
Reitlehrer 15 f., 54, 79, 149, 162 ff.,
    212, 214
Reitlehrer für therapeutisches Reiten
    164 ff.
Ressortleiter Wellness 186 ff.
Rettungsschwimmer 80

Schiedsrichter 13, 38, 42 ff.
Segler-Deckshand 80
Sekretärin 148
Selbstverteidigungstrainer siehe Per-
    sonal Trainer
Showtänzer 190
Sicherheitskraft 147, 149
Skilehrer 15, 71 ff.
Snowboardlehrer siehe Skilehrer
Sparten-TV (Produzent) 96 ff.
Spezialreise-Anbieter siehe Reisever-
    anstalter
Spielergewerkschafter 13, 130,
    141 ff., 209, 214
Spielermanager 131 ff
Spielervermittler 133
Sponsoring-Experte 13, 100, 123-
    126, 141, 203
Sportbuchautor 93 ff.
Sport-Discount (Betreiber) 105 ff.
Sport-Eventmanager 122 ff.
Sportfotograf 88
Sportgeräteentwickler 108 ff.
Sportjournalist 46, 59, 81, 86 ff.,
    130, 221
Sportlehrer 76
Sportlerberater siehe Manager
Sportmasseur siehe Masseur
Sportmediziner 177
Sportmodedesigner 101, 112 ff.
Sportmodel-Vermittler 91 ff., 213

Sportphysiotherapeut siehe Physio-
therapeut
Sportpsychologe 142, 165
Sportreiseveranstalter siehe Reise-
veranstalter
Sportreporter 13, 77, 82 ff., 96 ff.,
144, 203, 210, 215 f.
Sportsbar-Manager 78 f., 168
Sportsponsoring-Berater 15, 100,
123-126, 141
Sportstatistiker 99
Stadionsprecher 156 ff.
Stadion-TV-Moderator 149, 158 ff.
Stuntman/-woman 190-193
Survival-Ttrainer 62 ff.

Talent-Scout 13, 132, 140 ff., 203
Tanzlehrer 149, 160 ff., 193 ff.
Tauchleher 15, 35
Techniker für Sportanlagen 149
Tennislehrer 15 f.

Tour-Operator 55 ff.
Trainer 13, 31, 35-38, 40, 81, 135,
138, 149, 151, 203, 219
Trekkingführer 54, 60
Trendscout 100
TV-Sportmoderator 72, 82 ff.

Vereinsmanager 47 f.
Vereinspressesprecher 45 ff.
Verkäufer im Sportgeschäft 102 ff.,
105 f., 170
Vertriebsspezialist in Sportfirmen
103
Verwaltungsmitarbeiter/Sportbe-
reich 129, 149

Wellness-Redakteur 185 f.
Wellness-Trainer 183 ff.

Zeugwart 39

Beruf und Karriere

Uta Glaubitz
Der Job, der zu mir paßt
Das eigene Berufsziel entdecken und erreichen
3. Auflage, 2000. 197 Seiten
ISBN 3-593-36167-1

Für orientierungslose Akademiker hat Uta Glaubitz
einen praktischen Ratgeber verfasst, der Schritt für
Schritt den Weg zur individuellen Berufsfindung
darlegt. Die Autorin konzentriert sich auf die Beant-
wortung folgender Fragen:

- Was kann ich, und was will ich?
- Wie entdecke ich meine spezifischen Begabungen?
- Welches Betätigungsfeld paßt zu meinen
  Qualifikationen und Begabungen?
- Wie beschaffe ich mir Informationen über
  mögliche Arbeitgeber?
- Wie baue ich gezielt persönliche Kontakte auf?
- Was muß ich beachten, wenn ich an den
  gewünschten Arbeitgeber herantrete?

Dieses Schritt-für-Schritt-Programm kann jede Studentin
und jeder Student individuell umsetzen. Es hilft, den
maßgeschneiderten Beruf zu finden oder eine Nische in
der Berufswelt zu entdecken, die ein sicheres
Einkommen garantiert.

Gerne schicken wir Ihnen unsere aktuellen Prospekte:
Campus Verlag · Heerstr. 149 · 60488 Frankfurt/M.
Hotline: 069/97 65 16 -12 · Fax -78 · www.campus.de

campus
Frankfurt / New York

Beruf und Karriere

Uta Glaubitz
**Jobs für Kommunikationstalente
und Quasselstrippen**
Machen Sie Ihre Stärke zum Beruf
2001. Ca. 230 Seiten
ISBN 3-593-36547-2

Wenn Kommunikation Ihre Stärke ist, dann bieten sich
zahlreiche Karrieren an: Wie wäre es denn mit einer
Laufbahn als Kontakter einer Werbeagentur? Oder wären
Sie lieber Talkshowmaster oder Kabarettist, Autover-
käufer, Künstleragentin, Promoter, Politiker,
Kommunikationstrainerin? Diese und viele weitere Jobs
stellt Uta Glaubitz Ihnen vor.

Uta Glaubitz
Jobs für Bücherwürmer und Leseratten
Machen Sie Ihre Leidenschaft zum Beruf
2001. Ca. 180 Seiten
ISBN 3-593-36549-9

Haben Sie schon einmal ins Auge gefasst, Verlagslektorin
zu werden? Oder Buchkritiker? Lizenzfachfrau oder
Hersteller? Warum nicht Dozentin für Autorenfort-
bildung? Natürlich können Sie auch Schriftstellerfotograf,
Verlagsvertreter oder Buchhändlerin werden. In diesem
Buch finden Sie zahlreiche weitere Anregungen.

Gerne schicken wir Ihnen unsere aktuellen Prospekte:
Campus Verlag · Heerstr. 149 · 60488 Frankfurt/M.
Hotline: 069/97 65 16-12 · Fax -78 · www.campus.de

campus
Frankfurt / New York